21世纪高职高专规划教材
财经类专业基础课系列

统计基础

Statistical Basis

主　编 ◎ 赵雪梅
副主编 ◎ 李　慧　汪晓静
彭梦冉　唐义杰

中国人民大学出版社
· 北京 ·

图书在版编目（CIP）数据

统计基础/赵雪梅主编．—北京：中国人民大学出版社，2019.7
21世纪高职高专规划教材．财经类专业基础课系列
ISBN 978-7-300-26781-4

Ⅰ.①统… Ⅱ.①赵… Ⅲ.①统计学-高等职业教育-教材 Ⅳ.①C8

中国版本图书馆CIP数据核字（2019）第037680号

21世纪高职高专规划教材·财经类专业基础课系列
统计基础
主　编　赵雪梅
副主编　李　慧　汪晓静　彭梦冉　唐义杰
Tongji Jichu

出版发行	中国人民大学出版社		
社　　址	北京中关村大街31号	邮政编码	100080
电　　话	010－62511242（总编室）		010－62511770（质管部）
	010－82501766（邮购部）		010－62514148（门市部）
	010－62515195（发行公司）		010－62515275（盗版举报）
网　　址	http：//www. crup. com. cn		
经　　销	新华书店		
印　　刷	北京密兴印刷有限公司		
规　　格	185 mm×260 mm　16开本	版　　次	2019年7月第1版
印　　张	15. 75 插页1	印　　次	2023年2月第4次印刷
字　　数	375 000	定　　价	35. 80元

前　言

《统计基础》作为高校经济管理类专业的必修课程，是一门阐述如何搜集、整理和分析统计数据的方法论科学，其目的是探索数据的内在数量规律性，运用统计的思维去发现数据、分析数据，其理论与方法在几乎所有的自然科学和社会科学领域都有广泛的应用。本书将统计理论、统计方法、统计实践过程组成一个较为完整的体系，吸收本学科新的、比较成熟的研究成果，扩展统计学的内容，注重统计原理、统计方法的阐述和统计技能的训练，以提高学生的统计应用能力为目标，本着易学易用和学以致用的原则，对课程结构及内容进行了全面创新，内容翔实，富有趣味性，并针对各财经管理类专业的特点，强调了各种统计方法在经济管理领域中的应用。本书的每一项目都由一个案例开始，引入相关内容的介绍，各项目结尾处有小结和思考与练习，在结构安排、概念关系表述、图形表格选取、案例分析等方面均围绕教学需要展开，集编者们十年以上的教学科研经验，从实用的角度构造了一个在管理活动中较常用的统计方法体系，将统计方法艺术运用与典型应用案例有机融合，让学生在轻松的氛围中掌握实用统计工具的应用方法。本书既可以作为高等院校经济管理类专业基础课教材，也可以作为实际工作者的参考用书。

本书共有十个项目，其内容主要包括绪论、统计调查、统计整理、综合指标分析、抽样估计、相关与回归分析、时间序列分析、统计指数与因素分析、统计分析报告、Excel 在统计中的应用。项目一和项目九由安徽工商职业学院赵雪梅老师编写，项目二和项目三由安徽工商职业学院汪晓静老师编写，项目四和项目八由安徽工商职业学院李慧老师编写，项目五由安徽工商职业学院彭梦冉老师编写，项目六、项目七和项目十由安徽工商职业学院唐义杰老师编写。赵雪梅老师负责全书的总体设计和统稿。

本书对应的 MOOC 教学视频在安徽省网络课程学习中心平台上线运行。同时，本书是 2016 年安徽省高校优秀青年人才支持计划重点项目（gxyqZD2016432）、2016 年安徽省高等学校省级质量工程项目大规模在线开放课程“统计学”（2016mooc053）的阶段性成果。

在编写过程中，我们参考了国内外出版的大量相关教材和专著，并一一敬列于参考文献，在此向相关作者表示崇高的敬意和衷心的感谢！

编　者

2019 年 1 月

目　录

项目一

绪　论

案例导入与问题提出

无处不在的统计

目前我们已经进入大数据时代，统计对大数据的生命力和应用价值都有着至关重要的作用。很多数据的价值得以体现，例如：全球零售业巨头沃尔玛在对消费者购物行为进行分析时发现，男性顾客在购买婴儿尿片时，常常会顺便搭配几瓶啤酒来犒劳自己，于是尝试推出了将啤酒和尿布摆在一起的促销手段，没想到这个举措居然使尿布和啤酒的销量都大幅增加了。如今，"啤酒＋尿布"的统计数据分析成果早已成了大数据技术应用的经典案例，被人津津乐道。

由于战争，德国曾有一个时期的物资特别紧缺，因此对面包实行配给制——政府把面粉发给指定的面包房，面包师傅烤好了面包再发给居民。有一个统计学家怀疑他所在区域的面包师傅私扣面粉，于是就天天称自己的面包重量。几个月以后，他去找面包师傅，说："政府规定配给的面包是400克，因为模具和其他因素，你做的面包可能是398、399克，也可能是401、402克，但是按照统计学的正态分布原理，这么多天的面包重量平均应该等于400克，可是你给我的面包平均重量是398克。我有理由怀疑你使用较小的模具，私吞了面粉。"面包师傅承认确实私吞了面粉，再三道歉并保证马上更换正常的模具。又过了几个月，统计学家又去找这个面包师傅，说："虽然这几个月你给我的面包都在400克以上，但是这可能是因为你没有私吞面粉，也可能是因为你从面包里特意挑大的给我。同样根据正态分布原理，这么多天不可能没有低于400克的面包，所以我认为你只是特意给了我比较大的面包，而不是更换了正常的模具。我会立刻要求政府检查你的模具。"面包师傅只好当众认错道歉，接受处罚。这个故事用到了正态分布原理，是不是很有趣？其实统计学离我们的生活并没有那么遥远，很多时候可以利用统计学解决一些生活中的小问题。

何为统计？统而计之：确定研究主题，收集数据信息。"统"是前期研究，"计"是观察调查。计而统之：整理分析数据，得出有关结论。"计"是计算分析，"统"是形成结论。以统定计，以计达统。1869年第7次国际统计会议上，关于统计学的定义有180余种。《英国大不列颠百科全书》："统计是收集和分析数据的科学与艺术"。

资料来源：https://zhidao.baidu.com/question/477956515.html.

思考：统计的真正含义是什么？统计的研究对象和研究方法是什么？

学习目标

1. 掌握统计的含义、性质和职能。
2. 了解统计的研究对象和方法。
3. 掌握统计学的几个基本概念。

任务一

统计的意义

一、统计的含义

统计是一种社会调查活动。不论是宏观社会的整体调查研究，还是微观事物的观察分析，都需要统计。在日常生活中“统计”有着多种含义。例如：开学时，辅导员要统计一下到校的学生人数；篮球比赛中，教练员要统计每个队员的投篮命中率、犯规的次数；农户在农作物收获后统计其产量等。这时“统计”是一个动词，我们一般称其为统计工作，它是指搜集、整理和分析数字资料的工作，具有计数的含义。

统计工作的结果形成的一系列数字资料，也称统计资料或统计数据，这是“统计”的另一个含义。它和前面讲的统计工作是紧密相连的，是统计工作的结果。例如：我们班的学生人数 120 人，女生占 30%，男女生的比例为 7∶3；国家统计局每年出版统计年鉴，用来反映国家的经济、文化教育以及科技发展等情况。这些都是在这个意义上的统计。

除了上面所讲的两个方面的含义之外，“统计”一词还有另外的含义，即作为一门科学的统计学，是研究如何对统计资料进行搜集、整理和分析的理论与方法的科学。

“统计”一词虽有上述三方面含义，但它们之间又是具有密切联系的——统计资料是统计工作的成果，统计学是统计实践活动的经验总结和理论概括，统计工作是在统计理论的指导下进行和完成的。

二、统计学的性质

(1) 统计学研究的对象是客观现象的数量。早期统计所研究的问题有人口调查、出生与死亡的登记等，后来又扩大到社会经济和生物实验等方面。目前不论社会范围、自然范围、或实验范围，凡是有大量数据出现的地方，都要用到统计学。凡能以数量来表现的均可作为统计学的研究对象。统计学已渗透到其他科学领域，成为当前最活跃的学科之一。

(2) 统计学研究的是总体的数量特征及其分布的规律性。总体是由许多个体组成的，各个个体在数量特征上受必然和偶然两种因素的支配，必然因素反映了该总体的特征，但由于受偶然因素的影响，个体间又是有差异的，如何通过这些个体的差异来描述或推断总体的特征就催生了统计学。

(3) 统计学是一门方法论的科学。在统计学界对统计学的性质存在实质性科学和方法论科学之争。人们通常认为统计学是实用性很强的方法论科学——就统计工作来说，它总是研究实际问题的，统计的方法也是从现实问题中产生的。然而统计学的发展有一个过程。早期的国势学派和政治算术学派虽然也利用一些统计方法来记述和分析现实问题，但这时还没有形成独立的统计学。随着统计方法的应用日益增多，统计学的内容也不断得到发展和充实，尤其是概率论的发展为统计方法提供了理论基础，使统计的方法相对独立地形成了自己的科学体系，即统计学。其内容包括如何去搜集资料，如何对搜集的资料加以整理、概括和表示，以及如何对取得的数据进行分析和推断等一系列方法。这些方法和原理构成了统计学的基本内容。目前统计方法已成为科学研究和各种管理的重要工具，统计学是一门年轻而引人入胜的科学，并且还在不断地发展。

三、统计的工作职能

随着社会经济的发展，人类进入信息社会和知识经济社会，政府各级统计部门成为知识型的产业部门。随着政府职能的改变及现代化管理体制的完善，统计的职能逐步扩大，在认识和管理方面所发挥的作用日益增强，主要表现为统计的信息、咨询、监督三大职能。

（一）信息职能

统计的信息职能就是全面正确地反映国民经济和社会发展的水平、规模、结构、布局、速度、比例和效益，预测其发展趋势，阐明经济和社会发展的规律，为各级党政领导决策、进行有效的宏观调控和科学管理提供依据，为社会各界提供信息服务。

信息职能是统计的基本功能。

（二）咨询职能

统计的咨询职能就是利用已掌握的统计信息资源，运用科学的分析方法和先进的技术手段，深入开展综合分析和专题研究，为科学决策和管理提供各种可供选择的建议和对策方案。在对统计信息进一步加工整理的基础上，对其分析研究，开发利用，即可发挥统计咨询职能。统计信息咨询可以为各级政府管理部门制定规划、政策和管理决策提供依据，可作为企业制定生产经营管理措施的依据，并且是科学研究机构、高等院校结合定性分析，进行定量分析和预测分析的资料来源。

（三）监督职能

统计的监督职能就是根据统计调查结果，系统地检查国家政策的实施和计划完成进度，分析政策和计划执行情况，阐明国民经济与社会发展的平衡情况，评价经济效益、社会效益和工作实绩，揭示国民经济和社会发展中出现的问题，并对其实行全面、系统的检查、监督和预警。

统计的信息职能、咨询职能和监督职能是一个相互促进、相互制约、紧密联系的有机整体。收集和提供统计信息是统计最基本的职能。统计的信息职能是保证咨询和统计监督职能有效发挥的基础和前提，没有准确、丰富、系统、灵敏的统计信息，咨询和监督职能就是无源之水、无本之木。统计的咨询职能是信息职能的延续和深化，使统计信息能在科学决策、管理和人们的实践方面发挥作用。统计的监督职能是在信息、咨询职能基础上的进一步拓展，它可以通过对统计信息的分析研究来评价和检验决策、计划方案是否科学、可行，并及时对决策、计划执行和管理过程中出现的偏差提出矫正意见。监督职能的强化，必然会对信息和咨询职能提出更高的要求，从而促进信息和咨询职能的优化。统计的信息、咨询、监督职能三者之间存在相辅相成的关系，只有形成合力，提高三者的整体水平，才能使统计在现代化管理中发挥重要的作用。

四、统计的工作过程

我国统计的基本任务是：对国民经济和社会发展情况进行统计调查、统计分析，提供统计资料和统计咨询意见，实行统计监督。

统计的工作过程包括统计设计、统计调查、统计整理和统计分析四个阶段。

（一）统计设计

统计设计是在正式进行具体统计工作之前，根据统计研究的目的和统计对象的性质，对统计工作的各个方面和各个环节所进行的总体规划和全面安排。统计设计的结果表现为各种设计方案，如国民经济核算体系方案、统计指标体系、统计分类目录、统计报表制度、统计调查方案、资料汇总或整理方案及统计分析提纲等。统计设计是统计工作的第一阶段，它是整个统计工作协调、有序、顺利进行的必要条件，是保证统计工作质量的重要前提。

（二）统计调查

统计调查是根据统计研究的任务和统计设计规定的调查方案的要求，运用科学的调查方法，有组织、有计划地搜集研究对象的各项数字或文字资料的工作过程。统计调查是认识事物的起点，这个阶段所搜集的资料是否完整、准确、及时，直接关系到统计整理的好坏，关系到统计分析的结果正确与否，决定着统计工作的质量优劣，因此，它是整个统计工作的基础。

（三）统计整理

统计整理是指根据统计研究的目的，将统计调查所得的资料进行科学的分组、汇总、列表等加工处理的过程。统计整理使分散的、不系统的原始资料条理化、系统化，从而能够说明现象总体的特征，为统计分析打下基础。统计整理处于统计工作的中间环节，起着承前启后的作用。

（四）统计分析

统计分析是根据统计研究的目的，综合运用各种分析方法和统计指标，对加工整理后的资料和具体情况进行定性和定量的分析，并对未来进行趋势预测的工作。统计分析能揭示出现象本质和得到事物发展变化规律的结论，是统计工作获取成果的阶段。

统计的认识过程是：从定性认识（统计设计）到定量认识（统计调查和统计整理），再到定量认识与定性认识相结合（统计分析）。这种质—量—质的认识过程是统计的完整过程，虽然每个阶段有各自的独立性，但它们又是相互连接的统计过程，缺哪个环节结果都会出现偏差。

五、统计的研究方法

（一）大量观察法

统计要认识社会经济现象发展的特征和规律性，必须从总体上（其含义包括“全及总体”和“抽样总体”）进行观察，即对研究总体的全部或足够多数量的单位进行调查并进行综合分析，这种方法称为大量观察法。这是由统计研究对象的大量性和复杂性决定的。大量复杂的社会经济现象是在诸多因素的综合作用下形成的，各单位的特征及其数量表现有很大的差别，不能任意抽取个别或少数单位进行观察。必须在对研究对象的全面分析的基础上，确定调查对象的范围，观察全部或足够多数量的调查单位，借以对客观现象的规律性有所了解。运用大量观察法对同类社会经济现象进行调查和综合分析，使次要的、偶然的因素作用相互抵消，从而排除其影响，以研究主要的共同起作用的因素所呈现的规律性。统计调查中的许多方法，如统计报表、普查、抽样调查、重点调查等，都是通过对大量单位进行观察研究，来了解社会经济现象及其发展情况的。

（二）综合指标法

综合指标法是指对大量观察所获得的资料，运用各种综合指标的方法，以反映总体一般的数量特征，并对综合指标进行分解和对比分析，以研究总体的差异和数量关系。通过对大量原始数据进行整理汇总，计算各种综合指标，显示出现象在具体时间、地点以及各种因素共同作用下所表现的规模、水平、集中趋势和差异程度等，概括地描述总体的综合特征和变动趋势。常用的综合指标有总量指标、相对指标、平均指标、标志变异指标、动态指标等。

（三）统计分组法

根据统计研究的任务和事物内在的特点，将所研究的社会经济现象划分为性质不同的几个部分，称为统计分组法。统计分组法是统计整理阶段的专门方法，也是贯穿统计研究全过程的方法。通过对总体各个不同组成部分及其相互关系的分析，可以补充、丰富和深化对总体的认识。

（四）归纳推理法

归纳是指由个别到一般、由事实到概括的推理方法。归纳推理法可以使我们从具体的事实得出一般的知识，从而扩大知识领域，增长新的知识，所以归纳推理法是统计研究中常用的方法。归纳推理法区别于演绎法，是由一般到个别、由全体到个体的研究方法。

任务二

统计数据的类型

统计数据是对所要研究的现象进行观察、测量的结果，例如：对某地消费者进行观测可以得到关于该地消费者的消费需求数据，对某班学生的成绩进行观测可得到成绩数据，对某校学生的民族成分观察可以得到诸如汉族、回族、蒙古族等定性数据，对某地的增加值进行观测可得到该地增加值的动态数据……这些都是统计数据。

统计学所要研究的现象既可以是社会现象、经济现象，也可以是自然现象，这里主要讨论社会经济现象。所以，从这个角度讲，统计数据就是关于社会经济现象的数据。

一、统计数据的分类

统计数据可分为定类数据、定序数据、定距数据和定比数据等不同的类型。

（一）定类数据

定类数据是指对现象进行分类而得到的统计数据，这些数据只有类别属性，没有次序、程度等属性，也就是说，该类数据只反映类别。如“民族成分”的数据表现为汉族、回族、蒙古族……这些数据只反映类别，数据没有大小、次序等属性，是定类数据。又如“性别”的数据表现为男、女两类，所以反映性别的“男”“女”，这些数据也是定类数据。如果用数学特性来概括，定类数据只具有“一”或“≠”的性质。

（二）定序数据

定序数据是指在对现象进行分类的基础上，进一步对类别排出顺序而得到的统计数据。也就是说，定序数据不仅有类别属性，而且反映次序、程度等属性。如反映“文化程度”的数据表现为“文盲”“小学”“初中”“高中”“大专及以上”五类，这些类别之间还有高低次序的属性，因而属于定序数据。又如消费者对某产品售后服务的满意度，可分为非常满意、满意、一般、不满意、非常不满意五类，这些数据也是定序数据。如果用数学特性来概括，定序数据除具有“一”或“≠”的性质外，还具有“>”或“<”的性质。

定类数据和定序数据实际上是定性数据，是对事物品质属性的反映。

（三）定距数据

定距数据是一种数值性数据，是使用自然单位或度量衡单位对现象进行观察而得到的结果。这类数据除具有类别属性、顺序属性外，还具有距离的属性，也就是说，两个数据之间的距离可用一定的标准化尺度来度量。例如反映“年龄”“身高”“收人”等方面的数据都是定距数据。如果用数学特性来概括，定距数据除具有“=”或“≠”以及“>”或“<”的性质外，还具有“+”或“−”的性质。

（四）定比数据

定比数据也是一种数值性数据，除具有定距数据的属性外，该类数据还具有绝对零点，因而，两个数据的比值构成一个有意义的比率。如果用数学特性来概括，定比数据除具有“=”或“≠”、“>”或“−”、“+”或“−”的性质外，还具有“×”或“−”的属性。在社会经济现象的研究中，绝大多数定距数据都是定比数据，因此，一般把定距数据和定比数据合并为一类。

前两类数据说明的是事物的品质特征，不能用数据表示，其结果均表现为类别，也称为定性数据或品质数据；后两类数据说明的是现象的数量特征，能够用数值来表现，因此也称为定量数据或数量数据。由于定距尺度和定比尺度属于同一测度层次，所以可以把后两种数据看作同一类数据，统称为定量数据或数值型数据。

区分测量的层次和数据的类型是十分重要的，因为不同类型的数据要采用不同的统计方法来处理和分析。例如：对定类数据，通常计算出各组的频数或频率，计算其众数和异众比率，进行列联表分析和卡方检验等；对定序数据，可以计算其中位数和四分位差，计算等级相关系数等非参数分析；对定距或定比数据还可以用更多的统计方法进行处理，如计算各种统计量、进行参数估计和检验等。我们处理的大多为数量数据。

这里需要特别指出的是，适用于低层次测量数据的统计方法，也适用于较高层次的测量数据，因为后者具有前者的数学特性。例如：在描述数据的集中趋势时，对定类数据通常是计算众数，对定序数据通常是计算中位数，但对定距和定比数据同样也可以计算众数和中位数。反之，适用于高层次测量数据的统计方法，则不一定能用于较低层次的测量数据，因为低层次数据不具有高层次测量数据的数学特性。例如：定距和定比数据可以计算平均数，但定类数据和定序数据则不能计算平均数。理解这一点，对于选择统计分析方法是十分有用的。

二、统计数据的其他分类

（一）观察数据和实验数据

统计数据收集方法可分为观察数据和实验数据。观察数据是通过调查或者观测而收集到的数据，这类数据是在没有对事物人为控制的条件下所得出的，有关社会经济现象的统计数据几乎都是观察数据。实验数据是指在实验中控制实验对象而收集到的数据，统计学在自然科学领域中应用时所使用的统计数据大多是实验数据。

（二）截面数据和时间序列数据

统计数据按描述对象与时间之间的关系可分为截面数据和时间序列数据。截面数据是指在相同或近似相同的时间点所收集的数据，用来描述现象在某一时刻的变化情况。时间序列数据是指在不同时间点所收集到的数据，用来描述现象随时间而变化的情况。由一系列时间序列数据排列而得出的一组数据我们称为时间序列，又称为动态数列。关于时间序列的研究是统计学中的一个重要的内容。

区分数据的分类是十分重要的，因为对于不同类型的数据需要采用不同的统计方法来处理和分析。

任务三

统计学中的基本概念

统计学中的基本概念包括总体与总体单位、标志与指标、变异与变量。

一、总体与总体单位

（一）总体

凡是客观存在的，在同一性质基础上结合起来的许多个别事物的整体就是统计总体，简称总体。例如：研究一个学校的学生学习情况，那么该学校的所有学生就是总体——它由许多学生组成，每个学生都是该校的，其性质是相同的。

总体按包含单位的数量，可以分为有限总体和无限总体。总体所包含的单位数是有限的，称为有限总体，如人口数、企业数、商店数等；总体所包含的单位数是无限的，称为无限总体，如连续生产的某种产品的生产数量、大海里的鱼资源数等。在实际生活中，全面了解总体的情况往往难以办到，如不可能对所有灯泡进行试验，记录每一个灯泡的使用寿命。所以常通过观测部分个体，以获得总体的信息。

总体的主要特点如下：

1. 同质性

同质性是指总体中的各个单位必须具有某种共同的属性或标志数值。如国有企业总体中每个企业的共同标志属性是国家所有。同质性是总体的根本特征，只有个体单位是同质的，统计才能通过对个体特征的观察研究，归纳和揭示出总体的综合特征和规律性。

2. 大量性

大量性是指总体中包括的总体单位有足够多的数量。总体是由许多个体在某一相同性质基础上结合起来的整体，个别或很少几个单位不能构成总体。总体的大量性，可使个别单位某些偶然因素的影响——如表现在数量上的偏高、偏低的差异——相互抵消，从而显示出总体的本质和规律性。

3. 差异性（或称变异性）

差异性是指总体的各单位之间有一个或若干个可变的品质标志或数量标志，从而表现出的差异。例如：某领域的职工总体中各单位间有男、女的性别属性差异，有 20 岁、21 岁、22 岁、23 岁、24 岁、25 岁、26 岁等年龄标志数值的差异。

（二）总体单位

构成统计总体的个别事物称总体单位，又称个体。例如上面提到研究一个学校的学生学习情况，那么该学校的每一个学生就是总体单位。

总体是由总体单位构成的，但是总体和总体单位的概念不是固定不变的。研究目的不同，总体和总体单位也会有所不同。在研究社会经济问题时，一定要从统计研究的目的出发，正确地把握总体单位的概念。只有这样，才能更好地研究事物的数量特征。

二、标志与指标

（一）标志

标志，又称统计标志，是说明总体单位特征的名称。标志按照特征的性质不同，可分为品质标志和数量标志。品质标志表明事物质的特征，通常不能用数值表示，如性别、民族、籍贯等；数量标志表明事物量的特征，可以用数值表示，如年龄、体重、工资等。

（二）指标

指标是说明总体数量特征的概念和范畴，显示总体的属性和特征。例如：在工业普查中，所有工业企业构成总体，工业企业总数、工业企业职工总数、工资总额、平均工资、固定资产总值、利润总额等就是指标，它们都从不同的方面反映总体的数量特征。

指标是十分重要的统计学基本概念。指标一般由指标名称和指标数值两部分组成，它体现了事物质的规定性和量的规定性两个方面的特点。例如：某企业固定资产原值为 9.1 亿元人民币，这就是指标，是说明总体综合数量特征的，它包括指标名称即固定资产原值和指标数值即 9.1 亿元人民币两个方面。

指标有以下 3 个特点：

1. 数量性

所有的指标都是可以用数值来表现的，这是指标最基本的特点。指标所反映的就是客观现象的数量特征，这种数量特征是指标存在的形式，没有数量特征的指标是不存在的。

2. 综合性

综合性是指指标既是同质总体大量个别单位的总计，又是大量个别单位标志差异的综合，是许多个体现象数量综合的结果。指标的形成都必须经历从个体到总体的过程，它是通过个别单位数量差异的抽象化来体现总体综合数量的特点的。

3. 具体性

指标的具体性有两方面的含义。一是指标不是抽象的概念和数字，而是一定的具体的社会经济现象的量的反映，是在质的基础上的量的集合。这一点使社会经济统计和数理统计、数学相区别。二是指标说明的是客观存在的、已经发生的事实，它反映了社会经济现象在具体地点、时间和条件下的数量变化。

（三）标志与指标的关系

标志与指标的关系体现在区别与联系两个方面。

1. 二者区别

指标是说明总体特征的；而标志是说明总体单位特征的。标志可以分为不能用数值表示的品质标志与能用数值表示的数量标志两种；而指标都是用数值表示的，没有不能用数值表示的指标。

2. 二者联系

有许多指标的数值是由总体单位的数量标志值汇总而来的。指标与数量标志之间存在变换关系。

三、变异与变量

（一）变异

标志或指标的表现不尽相同，即存在差异。例如：对某地区所有工业企业这个总体来说，其不变标志是“某个地区”“工业”，这两个标志对总体各单位包括的范围进行了具体的界定，构成企业的同质性；而每个企业的职工人数、产量、产值等都可能不同，是变异标志，就是可变的。再有，例如以每个职工为总体单位时，性别就是品质变异标志，因为性别分男、女，年龄、工资等是数量变异标志。

（二）变量

可变的数量标志称为变量。数量变异标志的表现形式是具体的数值，称为变量值。例如：某公司有员工 650 人，那么人就是变量，650 就是变量值。

变量按照其值是否连续可分为连续变量和离散变量。连续变量的值是连续的，可以无限分割，就是能使用小数点；离散变量则不能用小数点分割。例如：职工人数、工厂数，这些数值是不能有小数点的；工资数、年龄，这些可以用小数点表示。

任务四

统计软件简介

一、SAS 统计软件

SAS 是英文 Statistical Analysis System 的缩写，翻译成中文是统计分析系统，最初由美国北卡罗来纳州立大学两名研究生开始研制。于 1976 年创立的 SAS 公司，2003 年全球员工总数达近万人，其统计软件采用按年租用制，年租金收入近 12 亿美元。SAS 系统具有十分完备的数据访问、数据管理和数据分析功能。在国际上，SAS 被誉为数据统计分析的标准软件。SAS 系统是一个模块组合式结构的软件系统，共有三十多个功能模块。SAS 是用汇编语言编写而成的，通常使用 SAS 需要编写程序，比较适合统计专业人员使用，而对于非统计专业人员而言学习 SAS 比较困难。SAS 系统中提供的主要分析工具包括统计分析、经济计量分析、时间序列分析、决策分析、财务分析和全面质量管理工具等。

SAS 系统是一个组合的软件系统，它由多个功能模块配合而成，其基本部分是 BASE SAS 模块。BASE SAS 模块是 SAS 系统的核心，承担着主要的数据管理任务，并管理着用户使用环境，进行用户语言的处理，可以调用其他 SAS 模块和产品。也就是说，SAS 系统的运行，首先必须启动 BASE SAS 模块。BASE SAS 模块除了本身所具有的数据管理、程序设计及描述统计计算功能以外，还是 SAS 系统的中央调度室。它除了可单独存在外，也可与其他产品或模块共同构成一个完整的系统。各模块的安装及更新都可通过其安装程序比较方便地进行。

SAS 系统具有比较灵活的功能扩展接口和强大的功能模块，在 BASE SAS 的基础上，还可以增加如下不同的模块从而增加不同的功能：SAS/STAT（统计分析模块）、SAS/GRAPH（绘图模块）、SAS/QC（质量控制模块）、SAS/ETS（经济计量学和时间序列分析模块）、SAS/OR（运筹学模块）、SAS/IML（交互式矩阵程序设计语言模块）、SAS /FSP（快速数据处理的交互式菜单系统模块）、SAS/AF（交互式全屏幕软件应用系统模块）等。

SAS 提供的绘图系统，不仅能绘各种统计图，还能绘出地图。SAS 提供多个统计过程，每个过程均含有极丰富的任选项。用户还可以通过对数据集的一连串加工，实现更为复杂的统计分析。此外，SAS 还提供了各类概率分析函数、分位数函数、样本统计函数和随机数生成函数，使用户能方便地实现特殊统计要求。

目前 SAS 软件对 Windows 和 Unix 两种平台都提供支持，最新版本分别为 8. X 和 6. X。与以往的版本比较，6. X 版的 SAS 系统除了功能增加和性能提高外，对 GUI 界面也做了进一步加强。在 6. 12 版中，SAS 系统增加了一个 PC 平台和三个新的 Unix 平台，使 SAS 系统这一支持多硬件厂商、跨平台的大家族又增加了新成员。6. 12 版的另一个显著特征是通过对 ODBC、OLE 和 MailAPIs 等业界标准的支持，大大加强了 SAS 系统和其他软件厂商的应用系统之间相互操作的能力，为各应用系统之间的信息共享和交流奠定了坚实的基础。

虽然在我国 SAS 的逐步应用还是近几年的事，但是随着计算机应用的普及和信息事业的不断发展，越来越多的单位采用了 SAS 软件。尤其在教育、科研领域的大型机构，SAS 软件已成为专业研究人员普遍使用的进行统计分析的标准软件。

然而，由于 SAS 系统是从大型机上的系统发展而来的，其操作至今仍以编程为主，人机对话界面使用不方便。要想系统地学习和掌握 SAS，需要花费一定的精力。而对大多数实际部门工作者而言，需要掌握的仅是如何利用统计分析软件来解决自己的实际问题，因此往往会与大型 SAS 软件系统失之交臂。但不管怎样，SAS 作为专业统计分析软件中的巨无霸，现在鲜有软件在规模系列上能与之抗衡。

二、SPSS 统计软件

SPSS 是英文 Statistical Package for the Social Science 的缩写，作为仅次于 SAS 的统计软件工具包，其在社会科学领域有着广泛的应用。SPSS 由于操作容易，输出漂亮，功能齐全，价格合理，因此很快地应用于自然科学、技术科学、社会科学等各个领域，世界上许多有影响力的报刊杂志纷纷就 SPSS 的自动统计绘图、数据的深入分析、使用方便、功能齐全等方面给予了高度的评价与称赞。迄今，SPSS 在全球约有 28 万家产品用户，分布于通讯、医疗、银行、证券、保险、制造、商业、市场研究、科研教育等多个领域和行业，是世界上应用最广泛的专业统计软件。在国际学术界有条不成文的规定，即在国际学术交流中，凡是用 SPSS 软件完成的计算和统计分析，可以不必说明算法，由此可见该软件影响之大和信誉之高。

SPSS 是世界上最早的统计分析软件。20 世纪 60 年代末，美国斯坦福大学的三位研究生研制开发了最早的统计分析软件 SPSS，同时成立了 SPSS 公司，并于 1975 年在芝加哥组建了 SPSS 总部。20 世纪 80 年代以前，SPSS 统计软件主要应用于企事业单位。1984 年 SPSS 总部推出了世界第一套统计分析软件微机版本 SPSS/PC+，开创了 SPSS 微机系列产品的先河，从而确立了个人用户市场第一的地位。它使用 Windows 的窗口方式展示各种管理和分析数据方法的功能，使用对话框展示各种功能选择项，只要掌握一定的 Windows 操作技能，粗通统计分析原理，就可以使用该软件进行各种数据分析，为实际工作服务。同时，SPSS 公司推行本土化策略，目前已推出 9 个语种版本。

SPSS for Windows 是一个组合式软件包，目前已经开发出 SPSS 12 版本，它集数据整理、分析功能于一身。用户可以根据实际需要和计算机的功能选择模块，以降低对系统硬盘容量的要求，有利于该软件的推广应用。SPSS 的基本功能包括数据管理、统计分析、图表分析、输出管理等。SPSS 统计分析过程包括描述性统计、均值比较、一般线性模型、相关分析、回归分析、对数线性模型、聚类分析、数据简化、生存分析、时间序列分析、多重响应等几大类，每类中又分好几个统计过程，例如回归分析中又分线性回归分析、曲线估计、Logistic 回归、Probit 回归、加权估计、最小平方法、非线性回归等多个统计过程，而且每个过程中又允许用户选择不同的方法及参数。SPSS 也有专门的绘图系统，可以根据数据绘制各种统计图形和地图。

SPSS for Windows 的分析结果清晰、直观、易学易用，而且可以直接读取 Excel 及 DBF 数据文件，现已推广到多种操作系统的计算机上，最新的版本采用分布式分析系统（Distributed Analysis Architecture，DAA），全面适应互联网，支持动态收集、分析数据和 HTML 格式报告，领先于诸多竞争对手。

方便易用是 SPSS for Windows 的主要优点，同时也是 SPSS 不够全面的原因所在。

1988 年，中国高教学会首次推广了这种软件，其从此成为国内教育科研人员最常用的工具。

SPSS 具有如下特点：

（1）集数据录入、资料编辑、数据管理、统计分析、报表制作、图形绘制为一体。从理论上说，只要计算机硬盘和内存足够大，SPSS 可以处理任意大小的数据文件，无论文件中包含多少个变量，也不论数据中包含多少个案例。

（2）统计功能囊括统计学中所有的项目，包括常规的集中量数和差异量数、相关分析、回归分析、方差分析、卡方检验、t 检验和非参数检验；也包括近期发展的多元统计技术，如多元回归分析、聚类分析、判别分析、主成分分析和因子分析等，并能在屏幕（或打印机）上显示（打印）如正态分布图、直方图、散点图等各种统计图表。从某种意义上讲，SPSS 软件还可以帮助数学功底不够好的使用者学习运用现代统计技术。使用者仅需要关心某个问题应该采用何种统计方法，并初步掌握对计算结果的解释，而不需要了解其具体运算过程，可以在使用手册的帮助下定量分析数据。

三、Excel

Excel 严格说来并不是统计软件，但作为数据表格软件，必然有一定的统计计算功能。而且凡是安装 Microsoft Office 的计算机，基本上都装有 Excel。但要注意，有时在装 Microsoft Office 时没有装数据分析的功能，那就必须要补装上。当然，画图功能是计算机都具备的。对于简单分析，Excel 使用还算方便，但随着问题的深入，Excel 就需要使用函数，甚至根本没有相应的处理方法。专业的统计推断问题还需要专业的统计软件来处理。

※ 小结 ※

统计是随着社会生产力的发展逐步产生和发展起来的，习惯上，对“统计”一词有统计工作、统计资料和统计学三种解释。

统计是一个由统计设计、统计调查、统计整理和统计分析四个环节组成的完整的过程。

其中，统计设计是统计的先导，统计调查是统计的基础，统计整理是联结统计调查和统计分析的桥梁和纽带，统计分析是统计的目的和归宿。在研究大量社会经济现象总体数量特征的过程中，也要使用专门的统计方法，包括大量观察法、综合指标法、统计分组法、归纳推理法等。其中，大量观察法是针对统计调查的，统计分组法针对统计整理的，综合指标法、归纳推理法等则是针对统计分析的。

统计的职能包括信息职能、咨询职能和监督职能。其中信息职能是咨询职能和监督职能的基础和前提，是统计最基本的职能；咨询职能和监督职能则是对信息职能的进一步延伸和深化。

统计学中的基本概念包括总体与总体单位、标志与指标、变异与变量。总体是由总体单位构成的，但是总体和总体单位的概念不是固定不变的。研究目的不同，总体和总体单位也会有所不同。在研究社会经济问题时，一定要从统计研究的目的出发，正确地把握总体单位的概念。只有这样，才能更好地研究事物的数量特征。有许多指标的数值是由总体单位的数量标志值汇总而来的。指标与数量标志之间存在变换关系。变量按照其值是否连续可分为连续变量和离散变量。

※ 思考与练习 ※

一、单项选择题

1. “统计”一词的基本含义是（　　）。

A. 统计调查、统计整理、统计分析

B. 统计设计、统计分组、统计计算

C. 统计方法、统计分析、统计预测

D. 统计学、统计工作、统计资料

2. 统计学是一门（　　）。

A. 方法论的社会科学　　B. 方法论的自然科学

C. 实质性科学　　D. 方法论的工具性科学

3. 对某市高等学校科研所进行调查，则统计总体是（　　）。

A. 某市所有高等学校　　B. 某一高等学校科研所

C. 某市所有高等学校的科研所　　D. 某一高等学校

4. 欲了解 200 名从业人员的劳动报酬收入情况，则总体单位是（　　）。

A. 200 名从业人员　　B. 200 名从业人员的工资总额

C. 每名从业人员　　D. 200 名从业人员的平均年龄

5. 某小组学生数学考试成绩分别为 60 分、68 分、75 分和 85 分。这里的数学考试成绩是（　　）。

A. 总体　　B. 样本　　C. 指标　　D. 变量

6. 用图形、表格和概括性数字对数据进行描述的方法属于（　　）。

A. 理论统计学　　B. 应用统计学　　C. 描述统计学　　D. 推断统计学

7. 下面属于连续变量的是（　　）。

A. 工厂数　　B. 职工人数　　C. 工资总额　　D. 产品数

8. 属于数量指标的是（　　）。

A. 粮食总产量　　B. 粮食平均亩产量

C. 人均粮食生产量　　D. 人均粮食消费量

9. 工业企业的设备台数、产品产值是（　　）。

A. 连续变量　　B. 前者是离散变量，后者是连续变量

C. 前者是连续变量，后者是离散变量　　D. 离散变量

10. 在调查居民对某企业产品的看法时，居民年龄、性别（　　）。

A. 都是数量标志　　B. 都是品质标志

C. 前者是数量标志，后者是品质标志　　D. 前者是品质标志，后者是数量标志

11. 几位学生的某门课成绩分别是 67 分、78 分、88 分、89 分和 96 分，则“成绩”是（　　）。

A. 品质标志　　B. 数量指标　　C. 标志值　　D. 数量标志

12. 对某地区工业企业职工收入情况进行研究，统计总体是（　　）。

A. 每个工业企业　　B. 该地区全部工业企业

C. 每个工业企业的全部职工　　D. 该地区全部工业企业的全部职工

13. 下列指标中属于质量指标的是（　　）。

A. 总产值　　B. 总成本　　C. 合格率　　D. 人口数

14. 某工业企业的劳动生产率为 1.5 万元/人，这是（　　）。

A. 数量指标　　B. 质量标志　　C. 数量标志　　D. 质量指标

15. 指标是说明总体特征的，标志是说明个体特征的，所以（　　）。

A. 标志和指标之间的关系是固定不变的

B. 标志和指标之间的关系是可以变化的

C. 标志和指标都是可以用数值表示的

D. 只有指标才可以用数值表示

16. 要了解某市国有工业企业生产设备情况，则统计总体是（　　）。

A. 该市国有的全部工业企业　　B. 该市国有的每一个工业企业

C. 该市国有的某一台设备　　D. 该市国有制工业企业的全部生产设备

17. 变量是（　　）。

A. 可变的质量指标　　B. 可变的数量标志和指标

C. 可变的品质标志　　D. 可变的数量标志

18. 构成统计总体的个别事物称为（　　）。

A. 标志　　B. 总体单位　　C. 指标　　D. 总体

19. 统计总体的基本特征是（　　）。

A. 同质性、大量性、差异性　　B. 数量性、大量性、差异性

C. 数量性、综合性、具体性　　D. 同质性、大量性、可比性

20. 下列属于品质标志的是（　　）。

A. 工人年龄　　B. 工人性别　　C. 工人体重　　D. 工人工资等级

21. 标志是说明（　　）。

A. 总体单位特征的名称　　B. 总体单位量的特征的名称

C. 总体单位质的特征的名称　　D. 总体特征的名称

22. 在职工生活状况的研究中，“职工的收入”是（　　）。

A. 连续变量　　B. 离散变量　　C. 随机变量值　　D. 连续变量值

23. 下列属于连续变量的是（　　）。

A. 中等学校数　　B. 国有企业数　　C. 国民生产总值　　D. 学生人数

24. 下列属于无限总体的是（　　）。

A. 全国的人口总数　　B. 水塘中所养的鱼

C. 城市流动人口数　　D. 工业连续大量生产的产品产量

25. 某人月工资 500 元，则“工资”是（　　）。

A. 数量标志　　B. 品质标志　　C. 质量指标　　D. 数量指标

26. 某单位有 500 名工人，把他们的工资额加起来除以 500，则这是（　　）。

A. 对 500 个标志求平均数　　B. 对 500 个变量求平均数

C. 对 500 个变量值求平均数　　D. 对 500 个指标求平均数

27. 要了解全国人口情况，总体单位是（　　）。

A. 每个省的人口　　B. 每一户　　C. 每个人　　D. 全国总人口

28. 已知某种商品每件的价格是 25 元，这里的“商品价格”是（　　）。

A. 指标　　B. 变量　　C. 品质标志　　D. 数量标志

29. 某地区四个企业的工业总产值分别为 20 万元、50 万元、65 万元和 100 万元，这里的“工业总产值”是（　　）。

A. 变量　　B. 变量值　　C. 数量标志　　D. 品质标志

30. 有四名工人的月工资额分别为 125 元、140 元、165 元和 200 元，这四个数字是（　　）。

A. 数量指标　　B. 变量　　C. 变量值　　D. 品质标志

31. 某企业职工人数为 1 200 人，这里的“职工人数 1 200 人”是（　　）。

A. 标志　　B. 变量　　C. 指标　　D. 标志值

32. 下列说法正确的是（　　）。

A. 标志值有两大类——品质标志值和数量标志值

B. 品质标志才有标志值

C. 数量标志才有标志值

D. 品质标志和数量标志都有标志值

二、多项选择题

1. 变量按其是否连续可分为（　　）。

A. 确定性变量　　B. 随机变量　　C. 连续变量　　D. 离散变量

2. 某企业是总体单位，则数量标志有（　　）。

A. 所有制　　B. 职工人数　　C. 月平均工资　　D. 产品合格率

3. 下列说法正确的有（　　）。

A. 数量标志可以用数值表示　　B. 品质标志可以用数值表示

C. 数量标志不可以用数值表示　　D. 品质标志不可以用数值表示

4. 下列属于品质标志的是（　　）。

A. 工人人数　　B. 性别　　C. 文化程度　　D. 企业经济类型

5. 下列属于离散变量的有（　　）。

A. 人数　　B. 身高　　C. 工厂数　　D. 机器台数

6. 要调查某地区全部成年人口的就业情况，那么（　　）。

A. 全部成年人是研究的总体

B. 成年人口数是统计指标

C. 成年人口就业率是统计标志

D. "职业"是每个人的特征，"职业"是数量标志

7. 设某地区五家全民所有制企业的工业总产值分别是 25 万元、22 万元、40 万元、33 万元和 65 万元，则（　　）。

A. "所有制"是企业的品质标志　　B. "工业总产值"是企业的数量标志

C. "工业总产值"是企业的统计指标　　D. 25、22、40、33、65 是变量值

8. 总体、总体单位、标志和指标这几个概念间相互关系表现为（　　）

A. 没有总体单位也就没有总体，总体单位无法离开总体而存在

B. 总体单位是标志的承担者

C. 统计指标的数值来源于数量标志

D. 指标是说明总体特征的，标志是说明总体单位特征的

E. 指标和标志都是只能用数值表现的

9. 下列属于品质标志的有（　　）。

A. 民族　　B. 职业　　C. 职称

D. 文化程度　　E. 工作年限

10. 要调查 1 000 户养鸡专业户的生产经营情况，可选用的数量标志有（　　）。

A. 养鸡专业户的户数　　B. 每一养鸡专业户的养鸡数

C. 1 000 户养鸡专业户的养鸡数　　D. 每一养鸡专业户的收入

E. 1 000 户养鸡专业户的总收入

三、判断题

1. 统计研究客观事物现象时，是以客观事物现象的定量认识为基础的。（　　）

2. 统计研究客观事物的现象，要定量分析和定性分析相结合。（　　）

3. 统计总体分为有限总体和无限总体。（　　）

4. 工资是离散变量。（　　）

5. 统计研究客观事物现象时，着眼于个别的数量特征而不是总体的数量特征。（　　）

6. 某生产组有 5 名工人，日产零件数分别为 60 件、61 件、62 件、63 件、64 件，因此有 5 个变量。（　　）

7. 用文字表示的指标叫质量指标，用数字表示的指标叫数量指标。（　　）

8. 品质数据用文字表示，但有时也用数值表示。（　　）

9. 标志和指标是两个不同的概念，两者没有任何的联系。（　　）

10. 统计总体是由客观存在的、具有某种共同性质的许多个体构成的整体。（　　）

项目二

统计调查

案例导入与问题提出

外国公司怎样才能更加稳妥地进入中国市场?

哈根达斯是一个国际著名的冰淇淋品牌，其在进入中国冷饮市场前曾经做了大量细致的市场调查工作。公司认为首先要确定进入中国市场的“登陆滩”。其从居民的收入水平、消费习惯、对外来产品的接受能力等方面对中国几个大城市做了调查，结果表明上海是最理想的首选地。同时调查结果表明，上海对中国其他地方的消费观念的影响作用也十分明显。

接下来应该着手研究的是通过什么渠道将产品推进上海的千家万户。调查结果显示上海市民选购冷饮的基本地方有食品商场、大卖场、超市和便利店，但是在具体的品牌选择上有明显的“购买场所与品牌”的倾向。一些早期进入上海冷饮市场的国际品牌有自己的专卖店(与著名零售商业合作)。而中外合资的便利店中顾客都是较高收入者和追求新奇的年轻人，这部分人是国际品牌在上海的领先采用者。所以，哈根达斯选择了在特定便利店与顾客“见面”的销售方式。其最早可以选择那些开设在高中、大学校园附近和高档住宅区邻近的便利店，稳定一段时间使顾客形成购买习惯。

产品包装设计的调查结果表明，哈根达斯若像可口可乐那样“中国化”，可能影响它的品牌形象，所以他们决定在包装设计上尽量维持原有特征。

最后的调查目标是“上海消费者会接受的价格水平”。和路雪也是外来者，它已经成为上海消费者最熟悉的食品品牌，价格已经做了几次调整，成为大众化冷饮。而哈根达斯想要独树一帜，就必须差异化营销。由于哈根达斯的产品定位是高档冰淇淋，价格不能低，这样才能避免原定目标顾客陷入“价廉无好货”的思维定式。

近两年的实践证明，哈根达斯制定的营销策略实现了既定目标。该品牌在年轻人中的普及率、获得的忠诚度都达到并稳定在一定的水平。

资料来源：王维龙：《在市场中找到自己的模式》，载《销售与市场》，2005 (08).

思考：在统计调查的过程中，需要调查哪些数据？从哪里能得到这些数据？如何获得这些数据？

学习目标

1. 了解统计调查方案设计的作用及主要内容。

2. 掌握统计调查的组织方式的特点和适用条件，以及各种统计调查的方法和技术。

3. 能根据统计研究目的和研究对象制定统计调查方案，并结合实际情况灵活地选择适宜的调查方法来搜集资料。

任务一 统计调查方案

搜集统计数据的过程又称为统计调查，它是整个统计过程的起点，是统计分析的前提和基础。

一、统计调查方案的含义

统计调查的过程中，要着重考虑的问题是：调查哪些数据？从哪里能得到这些数据？如何获得这些数据？归结起来，就是关于调查内容、调查方式和调查方法的问题。统计调查方案是统计调查前所制订的实施计划，是全部调查过程的指导性文件，是调查工作有计划、有组织、有系统进行的保证。在调查之前应该制定出一套周密、完整的行动方案，使得调查过程按照统一内容、统一认识、统一方法、统一步调进行，以便顺利完成任务。

二、统计调查方案的内容

一份完整的统计调查方案应包括调查目的、调查对象与调查单位、调查项目与调查表、调查时间和调查工作的组织实施计划等内容。

（一）调查目的

调查目的是指统计调查所要完成的任务或要达到的目标，它所回答的是“为什么调查”“要解决什么样的问题”等。“调查目的是什么”是统计调查方案设计中应首先解决的问题。只有调查目的确定后，才能据此确定调查对象、调查单位和应采取的调查方法，才能做到有的放矢、节约人力、缩短调查时间、提高调查资料的实效性。调查目的应尽可能规定得具体明确、中心突出，以确保调查得来的资料正是我们所需的，避免人、财、物的浪费。

例如2010年我国第六次全国人口普查的目的：“查清2000年以来我国人口在数量、结构、分布和居住环境等方面的变化情况，为科学制定国民经济和社会发展规划，统筹安排人民的物质和文化生活，实现可持续发展战略，构建社会主义和谐社会，提供科学准确的统计信息支持”。

（二）调查对象与调查单位

调查对象是指要调查的社会经济现象的总体，它由性质相同的许多调查单位所组成，是统计总体在统计调查阶段的具体化。例如：我国的人口普查，调查对象就是具有中华人民共和国国籍并在中华人民共和国境内居住的人；工业普查，调查对象就是全部工业企业。需要注意的是，调查对象应该有明确、严格的定义，明确所要调查的社会经济现象总体的界限，避免界限不清而产生调查资料的重复和遗漏，以保证调查资料的准确性。

调查对象确定之后，就要确定调查单位。调查单位是构成调查对象的基本单位，也就是在调查对象中所要调查的具体单位，是总体单位在统计调查阶段的具体化。例如：我国人口普查的调查单位就是每一个国民；在进行工业普查时，调查单位就是每一个工业企业。确定了调查单位，才能明确有关调查的内容和资料由谁来提供，这对于保证资料的准确性和完整性至关重要。

在确定调查单位的同时，还应规定报告单位。报告单位也叫填报单位，也是调查对象的组成要素，是指负责回答或提交调查资料的单位，一般是基层企事业组织。例如：进行工业普查，报告单位就是每一个企业。

调查单位和报告单位有时一致，有时不一致。倒如：进行全国工业企业普查时，调查单位是每一个工业企业，报告单位也是每一个工业企业，两者一致；但在进行工业企业设备普查时，调查单位是每一台设备，而报告单位则是每一个企业，两者不一致。

（三）调查项目与调查表

1. 调查项目

调查项目要解决的问题是“调查什么”，也就是调查的具体内容。在特定的统计调查中，调查项目取决于调查目的和调查对象的性质和特点。

例如：第三次全国工业普查的调查项目包括工业企业基本情况，财务状况，劳动情况，工业产品生产、销售、库存总值，主要工业产品产、销、存的情况，附营工业单位生产情况，工业企业原材料、能源消费与库存，能源加工转换，工业企业科技活动情况，主要工业技术经济指标，主要工业产品生产能力，主要工业生产设备及其新旧程度（已安装设备），主要工业生产设备技术状况（已安装设备），主要工业产品质量，主要工业产品销售收支情况和工业企业部分合资基本经营情况等 16 个方面。

2. 调查表

按照一定的逻辑关系和排列顺序，将调查项目进行整合，就形成了调查表。设计调查表的目的是保证统计资料的规范化和标准化。调查表一般由表头、表体和表外附加三部分组成。表头是调查表的名称，用来说明调查的内容和调查单位的名称、性质、隶属关系等；表体是调查表的主要部分，它是调查内容的具体体现；表外附加通常由填表人签名、填报日期、填表说明等内容组成。

（四）调查时间

调查时间作为统计调查方案的要素之一，关系到参与调查工作的所有部门、机构和人员能否在各自的职责范围内步调一致地开展工作，以及能否如期获得调查资料。一般情况下，调查时间有调查资料所属的时间和调查工作期限两方面的含义。

从资料的性质来看，有的资料反映现象在某一时点的状态（时点现象），而有的资料反映现象在一段时期内发展过程的结果（时期现象）。如果是时点现象，统计调查必须规定统一的标准时刻，如 2010 年第六次人口普查的标准时间是 11 月 1 日零时。如果是时期现象，就要明确规定资料所反映的是调查对象从何年何月何日起到何年何月何日止的资料。

调查工作期限是指整个调查工作所需要的全部时间，即从制定调查方案开始到形成调查报告为止所需要的时间。

在实际统计调查工作中，调查资料有时候需要报告单位逐级上报来完成，因此，尤其要就调查工作期限中的调查资料登记时间作出具体、明确的规定。例如：第六次全国人口普查资料的登记工作从2010年11月1日开始，到11月15日结束。

（五）调查工作的组织实施计划

为了保证整个统计调查工作的顺利进行，在调查方案中还应该制定调查的组织实施计划。调查工作的组织实施计划主要包括以下几项内容：

（1）调查工作的组织领导；

（2）调查机构和调查人员；

（3）调查方法的选择；

（4）调查工作的规则和流程；

（5）调查前的准备工作，包括宣传教育、人员培训、调查文件的准备、调查经费预算、制定费用开支办法、调查试点及公布调查汇总结果的时间和方式等。

任务二

统计调查的组织方式

统计调查的组织方式是指组织收集调查数据的形式与方法。常用的统计调查的组织方式主要有五种，即统计报表、普查、抽样调查、典型调查、重点调查。各种方式各有其特点和作用，适用于不同的调查对象。在统计实践中，只有科学并综合利用多种调查方式，才能达到满意效果。

一、统计报表

（一）统计报表的概念

统计报表是一种以全面调查为主的调查方式，它是由政府主管部门根据统计法规，以统一的规格形式和行政手段自上而下布置，而后由企事业单位自下而上层层汇总上报，逐级提供基本统计数据的调查方式。

（二）统计报表的特点和优点

统一性是统计报表的基本特点，具体体现为：第一，统计报表的内容和报送的时间是由国家统一规定的，以保证调查资料的统一性；第二，统计报表的指标含义、计算方法、计算口径也是一样的。

统计报表具有以下三个显著的优点：

（1）来源可靠。它是根据国民经济和社会发展宏观管理的需要而周密设计的统计信息系统，从基层单位日常业务的原始记录和台账（即原始记录分门别类的系统积累和总结）到一系列登记项目和指标，都可以力求规范和完善，使调查资料具有可靠的基础，保证资料的统一性，便于在全国范围内汇总、综合。

（2）回收率高。它是依靠行政手段执行的报告制度，要求严格按照规定的时间和程序上报，因此，具有100%的回收率。填报的项目和指标具有相对的稳定性，可以完整地积累，形成时间序列资料，便于进行历史对比和社会经济发展变化规律的系统分析。

（3）方式灵活。它既可以越级汇总，也可以层层上报、逐级汇总，以便满足各级管理部门对主管系统和区域统计资料的需要。

（三）统计报表的类型

（1）按调查范围不同，分为全面统计报表和非全面统计报表。全面统计报表要求调查对象中的每一个单位都要填报，非全面统计报表只要求调查对象的一部分单位填报。

（2）按填报单位不同，分为基层统计报表和综合统计报表。基层统计报表是由基层企事业单位填报的报表，综合统计报表是由主管部门根据基层报表逐级汇总填报的报表。综合统计报表主要用于搜集全面的基本情况，此外，也常为重点调查等非全面调查所采用。

（3）按报送周期长短不同，分为日报、周报、旬报、月报、季报、半年报和年报。报送周期短的，要求资料上报迅速，填报的项目比较少；周期长的，要求内容全面一些。年报具有年末总结的性质，反映当年企业的方针、政策和计划贯彻执行的情况，内容要求更全面和详尽。日报和旬报也称为进度报表，主要用来反映生产、工作的进展情况。月报、季报和半年报主要用来掌握企业经济发展的基本情况，检查月、季、半年的生产工作情况。年报是每年上报一次，主要用来全面总结全年经济活动的成果、检查年度企业经济计划的执行情况等。

（4）按报表内容和实施范围不同，分为国家统计报表、部门统计报表、地方统计报表和基本单位统计报表。国家统计报表是国民经济基本统计报表，由国家统计部门统一制发，用以搜集全国性的经济和社会基本情况，包括农业、工业、基建、物资、商业、外贸、劳动工资、财政等方面最基本的统计资料；部门统计报表是为了适应各部门业务管理需要而制定的专业技术报表；地方统计报表是针对地区特点而补充制定的地区性统计报表，是为本地区的计划和管理服务的；基本单位统计报表则是根据国家、部门和地方统计报表制度的要求，向上报送的反映本单位基本情况的统计报表。

二、普查

（一）普查的概念

普查是为了某种特定的目的而专门组织的一次性全面调查。它主要用来搜集某些不能够或不适宜用其他方式搜集的统计资料，一般用来调查一定时点的社会经济现象的总量，如全国人口数、科技人员总数、第三产业状况等。普查也可以用来反映一定时期的现象总量，如出生人口总数、死亡人口总数等。

（二）普查的特点

（1）普查通常是一次性的或周期性的。普查涉及的面广，调查单位多，需要耗费大量的人力、物力、财力和时间，因此，需要间隔较长的时间，一般每隔 10 年进行一次。如我国的人口普查从 1953 年到 2010 年共进行了六次。目前，我国的普查已规范化、制度化，即每逢年末的末尾数字为“0”的年份进行人口普查，每逢“3”的年份进行第三产业普查，每逢“5”的年份进行工业普查，每逢“7”的年份进行农业普查，每逢“1”或“6”的年份进行统计基本单位普查。

（2）普查一般需要规定统一的调查时间，以避免调查数据的重复或遗漏，保证普查结果的准确性。如我国前四次人口普查的标准时间为普查年份的 7 月 1 日零时，第五次人口普查的标准时间为 2000 年 11 月 1 日零时，农业普查的标准时间定为普查年份的 1 月 1 日零时。标准时间一般定为调查对象比较集中、相对变动较小的时点。

（3）普查的数据一般比较准确，规范化程度也较高，因此可以为抽样调查或其他调查提供基本的依据。

（4）普查的适用范围比较狭窄，只能调查一些最基本的、特定的现象。普查要耗费较多的人力、物力和时间，因而不宜经常进行。

三、抽样调查

（一）抽样调查的概念

抽样调查是按照随机原则从总体中抽选一部分单位进行调查，并根据样本数据对调查对象总体数量特征做出估计和推断的一种非全面调查。

（二）抽样调查的适用范围

（1）不能进行全面调查的事物。有些事物在测量或试验时有破坏性，不可能进行全面调查，如电视的抗震能力试验、灯泡的耐用时间试验等。

（2）有些总体从理论上讲可以进行全面调查，但实际上不能，如某个森林树木数量、职工家庭生活状况等。

（3）抽样调查方法也可以用于工业生产过程中的质量控制。

（4）利用抽样推断的方法，可以对某种总体的假设进行检验，来判断这种假设的真伪，决定取舍。

四、典型调查

（一）典型调查的概念

典型调查是根据调查目的和要求，在对调查对象进行初步分析的基础上，有意识地选取少数具有代表性的典型单位进行深入细致的调查研究，借以认识同类事物的变化规律及特征的一种非全面调查。典型调查要求搜集大量的第一手资料，理清所调查的典型中各方面的情况，做系统、细致的解剖，从中得出用以指导工作的结论和办法。

（二）典型调查的特点

（1）典型单位是根据调查目的有意识选择出来的少数具有典型性的单位，便于从典型入手，逐步扩大到认识事物的一般性和普遍性。

（2）典型调查单位少，调查方法机动灵活，省时省力，调查效率高。

（3）典型调查是一种深入、细致的调查，通过典型调查既可以搜集有关数字资料，又可以掌握具体、生动的情况，探索事物发展变化的规律性。

（三）典型调查的操作要点

（1）正确地选择典型单位。根据调查的目的，在已对事物和现象总体情况有初步了解的基础上，综合分析，对比研究，从事物的总体上和相互联系中分析有关现象及其发展趋势，选出典型。典型可分为中间典型、先进典型和后进典型。当研究目的是探索事物发展的一般规律或了解一般情况时，应选择中间典型；当研究目的是要总结推广先进经验时，就应选取先进典型；当研究目的是帮助后进单位总结经验时，就应选择后进典型。

（2）注意点与面的结合。典型虽然是同类事物中具有代表性的部分或单位，但毕竟是普遍中的特殊、一般中的个别情况。因此，对于典型单位的情况及调查结论，要注意哪些属于特殊情况、哪些可以代表一般情况。要慎重对待调查结论，对于其适用范围要做出说明，特别是对于要推广的典型经验，必须考察、分析是否具备条件、条件是否成熟，切忌“一刀切”。

（3）必须将定性分析与定量分析结合起来。进行典型调查时，不仅要通过定性分析，找出事物的本质和发展规律，而且要借助定量分析，从量上对调查对象的各个方面进行分析，以提高分析的科学性和准确性。

五、重点调查

（一）重点调查的概念

重点调查是指在全体调查对象中选择一部分重点单位进行调查，据此判断总体基本情况的一种非全面调查方法。

重点调查取得的数据只能反映总体的基本情况和一般趋势，无法用来推断总体指标，因而只能作为补充性的调查方法与其他方法结合使用。

（二）重点单位的选取

重点单位是指在调查对象总体中占较小比重而标志量在总体中占较大比重的单位。通过对这部分重点单位进行调查所取得的统计数据，能够反映整个研究对象的基本情况和社会经济现象发展变化的基本趋势。因此，当调查任务只要求对总体的基本情况进行了解，而部分重点单位又能集中反映所研究问题时，便可采用重点调查的方式。

重点单位的选取需要考虑三个要点：一是要紧密结合统计调查目的；二是要从调查对象本身的实际情况出发；三是要优先选取那些管理比较健全、统计工作基础较好的单位。

任务三

统计调查的方法与技术

统计调查方法是指从调查对象那里取得统计数据的具体方法。常见的统计调查方法有访问法、观察法和实验法。

一、访问法

（一）访问法的含义

访问法，又称询问法，是通过调查者与被调查者直接或间接地接触，将所要调查的事项以当面询问、邮寄、电话等方式，向被调查者提出询问，以获得所需资料的一种方法。

（二）访问法的种类

访问法按接触方式的不同，分为面谈访问、网络调查、电话调查、留置调查、座谈会、个别深度访问等。

1. 面谈访问

面谈访问是调查者与被调查者通过面对面交谈的方式取得所需资料的调查方法。面谈访问有标准式访问和非标准式访问两种。标准式访问又称结构式访问，是指调查者按照事先设计好的、有固定格式的标准化调查问卷或表格，有顺序地依次提问，并由被调查者作出回答。其优点是能够对调查过程加以控制，从而获得比较可靠的调查结果。标准式访问的调查结果便于归类、汇总、分析。非标准式访问又称非结构式访问，是指事先不制作统一的问卷或表格，没有统一的提问顺序，调查者只是给出一个题目或提纲，由调查者和被调查者自由交谈，以获取所需资料的调查方法。非结构式访问的优点是调查内容的自由度大，如果引导得当，可以获得大量有用信息；缺点是调查结果难以归类汇总，不便于统计分析。

2. 网络调查

随着信息技术的发展，电脑和网络越来越频繁地出现在人们的眼前，渐渐地在人们的生活中占据了一个很重要的地位。于是，在传统的面对面的市场调查中衍生出一个新兴的网络调查，这种通过网络的市场调查方式极大地扩大了我们做市场调查的人群数及地域度，让更多的人能够参与到该市场调查中来，既节省了人力物力，能够使该调查数据更符合现今的市场状况。

网络调查是通过互联网平台发布问卷，由上网的消费者自行选择填答的调查方法。网络调查是互联网日益普及的背景下经常采用的调查方法，其主要优势是访问者与被访者可以互动，即访问者可以即时浏览调查结果。从样本来源角度看，网络调查可以在更为广泛的范围内，对更多的人进行数据收集，资料庞大，同时调查中主要的误差包括系统误差、对目标总体的覆盖程度以及测量误差等。

3. 电话调查

电话调查是调查者利用电话同被调查者进行语言交流，从而获得信息的一种调查方式。电话调查是近些年随着电话在普通家庭中的普及而迅速发展起来的调查方法。其优点是操作方便，可以节省时间，资料回收率高，调查的成本低，且不受地区的限制；缺点是对调查者的要求较高，调查内容难以深入全面，同时，拒答率高，不容易取得被调查者的合作。

电话调查分为传统电话调查和计算机辅助电话调查（Computer-Assisted Telephone Interviewing，CATI）。传统电话调查是借助于普通电话、普通的印刷问卷和普通的书写用笔，由经过培训的调查者按照规定的随机拨号方法和规定的提问方式（严格按照问卷中问题顺序，以规定的语气和语速逐字逐题访问）来搜集资料。计算机辅助电话调查是在电话调查时，调查的问卷、答案都由计算机显示，整个调查的过程包括电话拨号、调查记录、数据处理等也都借助于计算机来完成。

目前，计算机辅助电话调查已在一些发达国家和地区得到广泛应用，并已开发出了各种计算机辅助电话调查系统（Computer-Assisted Telephone Interviewing System，CATIS）。该系统使电话调查更加便利和快捷，也使调查的质量大大提高。目前，该系统的开发正朝着简单化的方向发展，调查者只要戴上耳机式电话，坐在计算机终端前，调查的问题（问卷）就可显示在屏幕上，调查者可将计算机屏幕上显示的问题读给被调查者，并将受访者的回答输入计算机。而且，问题的用词和分类，以及问题的输入、优先权的选择都可利用计算机控制。调查员输入答案后，可以即时修正编辑上的错误和明显的逻辑错误，从而大大缩短调查的时间，提高调查的效率。

4. 留置调查

留置调查是将调查问卷当面交给被调查者，说明填写要求，并留下问卷，让被调查者自行填写，由调查者按时收回的一种调查方法。留置调查是“面谈访问”和“邮寄调查”相结合的一种调查方法。其优点是调查问卷回收率高，被调查者可以当面了解填写问卷的要求，避免由于误解调查内容而产生的误差；而且被调查者的意见可以不受调查者意见的影响，其填写问卷的时间较充足，便于思考回忆。留置调查的缺点是：调查地域范围有限，调查费用较高，不利于对调查者的活动进行有效的监督。

5. 座谈会

座谈会又称集体访谈法，是指挑选一组具有代表性的被调查者集中于调查现场，在主持人的组织下，让他们对调查的主题（如一种产品、一项服务或其他话题等）进行讨论、发表意见，从而获得所需资料的调查方法。座谈会需要注意的问题有：

（1）挑选主持人时要注意其驾驭会议的能力，既要鼓励和引导每个与会者充分发言，又要避免谈话偏离主题。主持人应和善、大方、热情、灵活，对与会者的发言要敏感。

（2）参加座谈会的人数和会议时间视座谈会内容和主持人能力而定，一般控制在8～12人，时间控制在1.5～3小时。

（3）要注意与会人员的代表性。被调查者应当是有关调查问题的专家或有经验的人。

（4）做好座谈会的会前准备、会中记录和会后整理分析工作。

座谈会的优点是资料搜集快、效率高，取得的资料广泛深入、结构灵活，如果主持人引导得当可搜集到大量有用信息；缺点是对主持人的素质能力要求高，涉及隐私和敏感话题时难以取得有效资料，调查结果难以归类汇总。

6. 个别深度访问

个别深度访问是一种一次只有一名被调查者参加的特殊的定性研究。“深访”这一技术也暗示着要不断深入被调查者的思想当中，努力发掘其行为的真实动机。深度访问是一种无结构的个人访问，调查者运用大量的追问技巧，尽可能让被调查者自由发挥，表达其想法和感受。深度访问常用于动机研究，如消费者购买某种产品的动机等，以发掘被调查者非表面化的深层意见。这一方法最宜于研究较隐秘的问题，如个人隐私问题；较敏感的问题，如政治性的问题。对于一些不同人之间观点差异极大的问题，小组讨论只会把问题复杂化，这时也可采用深度访问。

座谈会和个别深度访问属于定性方法，通常围绕一个特定的主题取得有关定性资料。此类研究，是从挑选的少数被调查者中取得有关意见。这种方法和定量方法是有区别的：定量方法是从总体中按随机方式抽取样本取得资料，其研究结果或结论可以进行推论；而定性研究着重于对问题的性质和未来趋势的把握，而不是对研究总体数量特征的推断。座谈会和个别深度访问主要用于市场调查和研究。

二、观察法

（一）观察法的含义

观察法是指调查者根据一定的研究目的、研究提纲或观察表，深入调查现场，用自己的感官和辅助工具去直接观察处于自然状态下的被调查者，从而获得资料的一种方法，也称直接观察法。例如：农产品产量的测算，商品库存盘点，商场客流量调查，售货员售货时的态度、语言、行为的观察等。科学的观察具有目的性和计划性、系统性和可重复性。由于人的感觉器官具有一定的局限性，观察者往往要借助各种现代化的仪器和手段，如照相机、录音机、显微录像机等。

（二）观察法的种类

（1）按照观察者的身份，可把观察法分为参与观察和非参与观察。参与观察是指观察者直接加入某个群体中，以内部成员的角色参与他们的各项活动，在共同生活中进行观察、搜集资料。非参与观察是指观察者以旁观者的身份，置身于调查群体之外进行观察。

（2）按照标准化程度，可将观察法分为结构式观察和无结构式观察。结构式观察是事先制定好观察计划并严格按照规定的内容和程序实施的观察。其优点是标准化程度高，便于操作实施，也便于归类分析。无结构式观察是指对观察的内容、程序事先不做严格规定，依现场的具体情况随机决定观察。无结构式观察的优点是灵活机动，信息量大，如果观察者的能力强、素质高，可探寻出现象内在的属性。缺陷是对观察者的素质和能力要求高，且所得资料不系统、不规范，难以归类、分析。

（3）按照观察的方式，可将观察法分为直接观察和间接观察。直接观察是指观察者直接对被观察者的活动进行观察。间接观察是指通过对自然物品、社会环境、行为痕迹等进行观察，以便间接反映被调查者的状况和特征。例如：通过对某个城市市容卫生的观察，就能从侧面了解该市居民的精神面貌。

（三）观察法的优点

（1）直观性。观察法是直接观察、记录现象的发生，不需其他中间环节，获得的资料及时、直接、具体、生动。

（2）真实性。观察法的观察结果是当时正在发生的、处于自然状态下的现象，没有人为制造的假象，在这种情况下取得的观察结果可以客观真实地反映实际情况。

（3）简便易行，适应性强，灵活性大，可随时随地进行，观察人员可多可少，观察时间可长可短。因此，观察法是一种使用广泛的调查方法。

（四）观察法的缺点

（1）表面性。观察法只能观察到表面现象，或者说只能限于对被调查者外部行为的观察，而观察不到被调查者内在的因素。如心理活动、动机等是无法通过观察得知的。

（2）观察时受时间、空间等客观条件的限制。实地观察的对象和范围有很大的局限性，有些行为记录在调查时会受到限制或拒绝。如在某些家庭安装调查仪器，做电视节目收视率和收听记录，调查员在安装时可能遇到困难或被拒绝。

（3）需要花费较多的人力和时间，获得的资料往往不利于进行定量研究。

（4）不可避免地会产生一定的观察误差，而且观察结果往往取决于观察者的主观状况。

“神秘购物法”（Mystery Shopping Studies）是观察法在实际经营管理中的一种具体应用。具体做法是：由对被调查行业有较深了解的调查员，以普通顾客的身份亲历被调查企业的服务及产品，在真实的消费环境中以专业的视角感知企业与顾客接触的每一个真实时刻，并将其消费经历、感受、评价等以“顾客经历报告”的形式反馈给委托人。由于被检查或需要被评定的对象无法确认“神秘”顾客，较之领导定期或不定期的检查，“神秘的物法”能够更真实、客观并系统地反映目标对象的真实状况。

三、实验法

（一）实验法的含义

实验法是根据自然科学中科学实验的原理，从影响调查对象的若干因素中选出一个或几个因素作为实验因素，在其他因素不变化的条件下，了解实验因素的变化对调查对象的影响程度的一种方法。

（二）实验法的优、缺点

实验法的优点是：通过实验获得的数据比较真实客观，调查结果具有较强的说服力，可以探索现象之间是否存在相关关系。缺点是：调查时间长、费用高，由于影响调查对象的因素较为复杂，因此对实验因素的控制比较困难。

例如：一位日本咖啡店的老板发觉不同的颜色能使人产生不同的感觉，于是就做了一个实验。他请来30位受试者，请他们每人喝四杯相同的咖啡，但这四个装咖啡的杯子的颜色是不同的，有红色、黄色、青色和咖啡色。然后询问每个受试者：“哪种杯子的咖啡浓度正好?”大家异口同声地回答:“青色杯子的咖啡太淡”“黄色杯子的咖啡正好”“红色杯子的咖啡太浓”，还有一部分人认为“咖啡色杯子的咖啡太浓”。于是，咖啡店就改用了黄色的杯子，因此减少了原料，降低了成本。这就是实验法的一种应用。

※ 小结 ※

统计调查是按照统计工作任务的要求，采用科学的调查方法，有组织、有计划地向调查对象进行资料搜集的过程。统计调查是统计信息资料的重要来源，是统计的基础环节。统计调查工作的质量直接影响整个工作的质量。

收集统计数据需要一套完善的统计调查方案，以保证数据的真实可靠。一套完整的统计调查方案应包括调查目的、调查对象与调查单位、调查项目与调查表、调查时间和调查工作的组织实施计划等内容。调查目的应说明调查所要达到的具体目标是什么；调查对象与调查单位是确定要向谁调查；调查项目与调查表说明的是调查的具体内容；调查时间包括调查资料所属的时间和调查工作期限；调查工作的组织实施计划是整个调查工作顺利实施的必要保证。

统计调查是取得社会经济数据的主要方式，也是获得直接统计数据的重要手段。实际中常用的统计调查的组织方式主要有统计报表、普查、抽样调查、典型调查和重点调查等。统计报表是搜集统计数据的一种报表制度，是我国收集统计数据的一种重要方式。普查是为某一特定目的而专门组织的一次性全面调查，它是适用于特定目的、特定对象的一种调查方式。抽样调查是从调查对象的总体中随机抽取一部分单位作为样本进行调查，并根据样本调查结果来推断总体数量特征的一种数据搜集方法。典型调查是根据调查目的和要求，在对所要研究总体进行全面分析的基础上，有意识地从中选择少数具有典型性的单位或具有代表性的单位进行深入细致研究的一种非全面调查。重点调查是专门组织的一种非全面调查，它在总体中选择一部分重点单位进行调查，其目的是了解总体的基本情况。

无论采取何种方式进行调查，在取得统计数据时，都有一些具体的数据收集方法。常用的统计调查数据搜集方法归纳起来可以分为访问法、观察法和实验法三大类。访问法是调查者与被调查者直接或间接接触以获得数据的一种方法，具体包括面谈访问、邮寄调查、电话调查、留置调查、座谈会、个别深度访问等。观察法是指就调查对象的行动和意识，调查人员边观察边记录以收集信息的方法。按照观察者的身份，可将观察法分为参与观察和非参与观察；按照标准化程度，可将观察法分为结构式观察和无结构式观察；按照观察的方式，可将观察法分为直接观察和间接观察。实验法是一种特殊的观察调查方法，是在所设定的特殊实验场所、特殊状态下，根据一定的研究目的、研究提纲或观察表，深入调查现场，对调查对象进行实验以取得所需资料的一种调查方法。

※ 思考与练习 ※

一、单项选择题

1. 对某市全部商业企业职工的生活状况进行调查，调查对象是（　　）。

A. 该市全部商业企业　　　　B. 该市全部商业企业职工

C. 该市每一个商业企业　　D. 该市商业企业每一名职工

2. 计划普查人口 2010 年 11 月 1 日零时的状况，要求将调查单位的资料在 2010 年 11 月 10 日前登记完成，则普查的标准时间是（　　）。

A. 2010 年 10 月 31 日 24 时　　B. 2010 年 11 月 10 日零时

C. 2010 年 11 月 9 日 24 时　　D. 2010 年 11 月 1 日 24 时

3. 某市规定 2018 年工业经济活动成果年报呈报时间是 2019 年 1 月 31 日，其调查时间为（　　）。

A. 一天　　B. 一个月　　C. 一年　　D. 一年零一个月

4. 调查鞍钢等几家大型钢铁制造企业，了解我国钢铁生产的基本情况，这种调查方式属于（　　）。

A. 普查　　B. 重点调查　　C. 抽样调查　　D. 典型调查

5. 有意识地选取若干块水田，测算其粮食产量来估算该地区的粮食收成，这种调查属于（　　）。

A. 抽样调查　　B. 典型调查　　C. 普查　　D. 重点调查

6. 下列调查属于全面调查的是（　　）。

A. 对某厂连续生产的奶粉质量进行抽查

B. 山东省对工业企业设备进行普查

C. 对全国钢铁生产中的重点单位进行调查

D. 抽取部分耕地地块进行土壤污染调查

7. 了解月末商品的库存情况，调查人员进行实地盘存，这种搜集资料的方法属于（　　）。

A. 观察法　　B. 报告法　　C. 访问法　　D. 实验法

8. 要了解某种产品在改变了其包装、设计、价格、广告宣传、陈列等因素后销售的情况，可使用（　　）。

A. 实验法　　B. 观察法　　C. 电话调查　　D. 访问法

二、多项选择题

1. 工业普查属于（　　）。

A. 全面调查　　B. 非全面调查

C. 专门调查　　D. 经常性调查

E. 一次性调查

2. 要检查节日市场上肉制品质量，有关部门任意抽取部分肉制品进行调查，此项调查属于（　　）。

A. 全面调查　　B. 非全面调查

C. 典型调查　　D. 抽样调查

E. 专门调查

3. 下列调查中，属于一次性调查的有（　　）。

A. 第三产业作业人数调查　　B. 职工家庭收支情况调查

C. 全国人口普查　　D. 企业利润调查

E. 银行存款余额调查

4. 要调查全国民营企业情况，则全国每一个民营企业是（　　）。

A. 调查单位　　B. 调查对象
C. 调查项目　　D. 填报单位
E. 总体单位

5. 通过对开滦、大同、抚顺等几个大型矿务局的调查，了解我国煤炭生产的基本情况，这种调查属于（　　）。

A. 典型调查　　B. 重点调查
C. 抽样调查　　D. 全面调查
E. 非全面调查

6. 访问法包括（　　）。

A. 面谈访问　　B. 邮寄调查
C. 座谈会　　D. 电话调查
E. 留置调查

三、案例分析

某床上用品公司为了解某市床上用品、布艺品、睡衣等产品的市场竞争环境和客户需求等情况，决定进行一次市场调查。这次调查的主要目的包括以下几点：

（1）获得某市以及调查对象的个性化特征，包括年龄、性别、收入、职业、教育、婚姻、家庭人口、居住城区等信息，并作为分析变量与其他因素结合，深入分析某市消费者行为特征。

（2）了解相关产品在市场上主要竞争品牌的品牌知名度、客户最喜欢的品牌、目前使用的品牌、打算购买的品牌等。

（3）了解相关产品的消费者行为特征，包括获得采购信息的主要途径、购买时间选择、购买渠道选择、购买动机、价格段分布（包括单件、套件）、影响购买决策的主要因素、客户最喜欢的促销方式、产品规格、花色、款式、质地、包装等。

（4）结合消费者的购买渠道选择倾向，了解该市主要商圈的租金、人流量等信息。

（5）结合消费者获得采购信息的主要途径，提供该市相关媒体的受众和价格信息。

要求：根据以上调查目的，确定调查对象及调查单位，确定具体调查项目，通过适当的组织方法，选择具体调查方式，设计出一套完整的统计调查方案。

项目三

统计整理

案例导入与问题提出

不同原因引起的寿命损失

统计研究表明，某种原因会使寿命缩短。我们用三种方式来描述统计研究的结果。

第一种方式是用文字来描述，例如：未结婚的男性寿命会减少 3 500 天，女性则减少 1 600 天；吸烟的男性寿命会减少 2 250 天，女性则减少 800 天；饮酒会使寿命减少 130 天；体重超重 30%会使寿命减少 1 300 天；滥用药物会使寿命减少 90 天……

第二种方式是用表格来描述不同原因引起的寿命减少的天数，结果如表 3-1 所示：

表 3-1　　不同原因引起的寿命减少天数　　单位：天

原因	寿命减少的天数
未结婚（男性）	3 500
惯用左手	3 285
吸烟（男性）	2 250
未结婚（女性）	1 600
体重超重 30%	1 300
体重超重 20%	900
吸烟（女性）	800
抽雪茄	300
危险工作、事故	300
交通事故	200
饮酒	130
滥用药物	90
一般工作、事故	74
自然放射性	8
喝咖啡	6
医疗 X 射线	6

第三种方式是用图形来描述这些结果，这里使用柱形图，如图 3-1 所示：

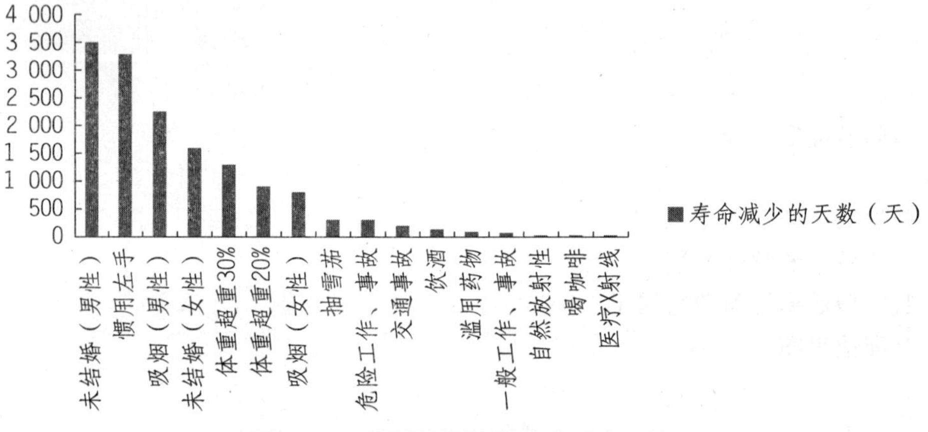

图 3-1　不同原因引起的寿命减少天数

（资料来源：凌明雁：基础统计，北京，高等教育出版社，2014。）

思考：比较上述三种方式，你认为哪种方式更好？

学习目标

1. 了解数据预处理的相关内容，包括数据审核、数据筛选、数据排序等。
2. 掌握品质数据和数值型数据的整理与展示方法。
3. 了解制作和使用图表应注意的问题。

任务一

数据的预处理

数据的预处理是数据整理的先前步骤，它是在对数据分类或分组之前所做的必要处理，内容包括数据的审核、筛选、排序等。

一、数据审核

为了保证统计资料的质量，在对搜集的统计资料进行汇总之前，必须对其进行审核，以便发现问题，及时纠正。从不同渠道取得的数据，在审核的内容和方法上有所不同；不同类型的统计数据，在审核的内容和方法上也有所差异。

对于通过调查取得的原始数据，主要从准确性和完整性两个方面去审核。准确性审核主要包括以下两方面。第一，计算检查。计算检查就是审核资料的统计口径和范围、计算方法和计量单位等是否符合要求，计算结果是否准确、是否符合实际情况。第二，逻辑检查。逻辑检查就是根据理论或常识来判断调查资料内容是否合情合理，各个项目之间是否有矛盾等。如在人口调查表中，“与户主关系”填“父子”，而在“性别”一栏中却填“女”，这其中必有一栏填错。完整性审核主要是检查调查中应调查的单位或个体是否有遗漏或重复，调查表中应填的项目是否填写齐全等。如果调查单位不全、调查项目缺报，据此整理出的资料就会不正确。

对于通过其他渠道取得的二手数据，应着重审核数据的适用性和实效性。二手数据可以来自多种渠道，有些数据可能是为特定目的通过专门调查而取得的，或者是已经按特定目的的需要做了加工整理。对于使用者来说，首先应弄清楚数据的来源、数据的口径以及有关的背景材料，以便确定这些数据是否满足各地区、各部门分析研究的需要，是否具有现实意义，不能盲目生搬硬套。此外，还要对数据的时效性进行审核，对于有些时效性较强的问题，要严格审核资料是否按规定的时间上报，如果所取得的数据时效过于滞后，可能就失去了研究的意义。

二、数据筛选

数据筛选是根据需要找出符合特定条件的某类数据。例如找出利润总额在 2 000 万元以上的企业，找出某大二年级是党员的学生等。下面通过一个简单的例子说明用 Excel 进行数据筛选的过程。

例 3-1

表 3-2 是某会计学院 8 名学生的考试成绩数据（单位：分）。试找出英语成绩等于 89 分的学生、大学语文成绩最高的前 2 名学生和三门课程成绩都合格的学生。

表 3-2　　某会计学院 8 名学生考试成绩表　　单位：分

姓名	英语	语文	高等数学
李小丽	77	96	90
张俊荣	85	67	83
葛伟华	98	69	73
阎晓宏	67	58	88
周继红	89	99	87
汪小峰	55	45	74
袁玉荣	68	86	64
高钱飞	72	55	58

下面给出用 Excel 进行数据筛选的具体步骤。

第 1 步，将光标放在任意数据单元格，然后点击【数据】，再点击【筛选】，这时会在数据的第一行出现下拉箭头。点击【数字筛选】，结果如图 3-2 所示。

图 3-2　Excel 的数据筛选命令

第 2 步，选择筛选条件。例如要筛选出英语成绩等于 89 分的学生，选择【等于】，并在出现的对话框【等于】后选择 89，得到的结果如图 3-3 所示。

要筛选出大学语文成绩最高的前 2 名学生，可选择【前 10 项】，并在对话框中的【最大】后输入数据 2，结果如图 3-4 所示。

	A	B	C	D
1	姓名	英语	大学语	高等数
6	周继红	89	99	87

图 3-3　选出英语成绩等于 89 分的学生

	A	B	C	D
1	姓名	英语	大学语	高等数
2	李小丽	77	96	90
6	周继红	89	99	87

图 3-4　筛选出大学语文成绩最高的前 2 名学生

第 3 步，要筛选出三门课程成绩都合格的学生，由于设定的条件比较多，需要使用【高级筛选】命令。使用【高级筛选】时，必须建立条件区域。这时需要在数据清单上面至少留出三行作为条件区域。然后选择【数据】，再选择【高级】。在列表区域输入要筛选的数据区域；在条件区域输入条件区域。出现的界面如图 3-5 所示。

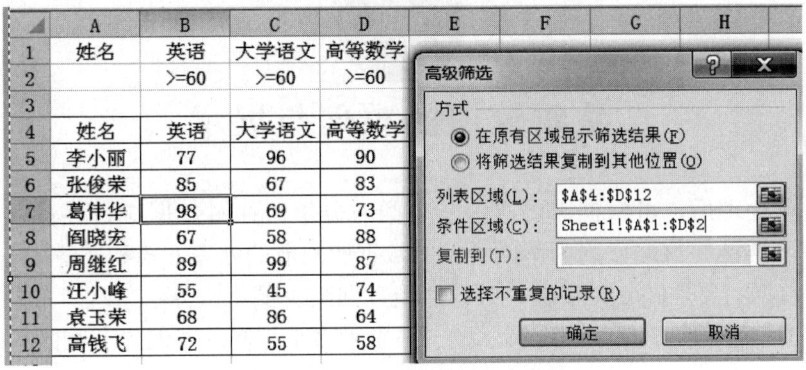

图 3-5　多条件的高级筛选过程

点击【确定】后出现的结果如图 3-6 所示。

	A	B	C	D
1	姓名	英语	大学语文	高等数学
2		>=60	>=60	>=60
3				
4	姓名	英语	大学语文	高等数学
5	李小丽	77	96	90
6	张俊荣	85	67	83
7	葛伟华	98	69	73
9	周继红	89	99	87
11	袁玉荣	68	86	64

图 3-6　高级筛选结果

三、数据排序

数据排序是指按一定顺序将数据排列，以便研究者通过浏览数据发现一些明显的特征或趋势，找到解决问题的线索。除此之外，排序还有助于对数据进行检查和纠错，以及为重新归类或分组等提供方便。在某些场合，排序本身就是分析的目的之一，例如了解究竟谁是中国汽车生产业的三巨头，对于汽车生产厂商而言，不论这三巨头是伙伴还是竞争者，这一排序都是很有用的信息。美国的《财富》杂志每年都要在全世界范围内排出500强企业，通过这一信息，企业不仅可以了解自己所处的位置，清楚自己的差距，还可以从侧面了解竞争对手的状况，从而有效制定企业的发展规划和战略目标。

对于分类数据，如果是字母型数据，排序则有升序、降序之分，但习惯上升序用得更多，因为升序与字母的自然排列相同；如果是汉字型数据，排序方式则很多，例如按汉字的首字拼音字母排列，这与字母型数据的排序完全一样，也可按姓氏笔画排序，其中也有笔画多少的升序、降序之分。交替运用不同方式排序，在汉字型数据的检查和纠错过程中十分有用。

对于数值型数据，排序只有两种，即递增和递减。设一组数据为x_1，x_2，…，x_n，递增排序后可表示为$x_{(1)}<x_{(2)}<\cdots<x_{(n)}$；递减排序后可表示为$x_{(1)}>x_{(2)}>\cdots>x_{(n)}$。排序后的数据也称为顺序统计量。无论是分类数据还是数值型数据，排序均可借助Excel很容易地完成。

任务二

品质数据的整理与展示

数据经过预处理后，可根据需要进一步分类或分组。在对数据进行整理时，首先要确认所面对的是什么类型的数据，因为不同类型的数据所采取的处理方式和所适用的处理方法是不同的。对品质数据主要是做分类整理，对数值型数据则主要是做分组整理。品质数据包括分类数据和顺序数据，它们在整理和图形展示的方法上大多是相同的，但也有些微小差异。

一、分类数据的整理与图示

分类数据本身就是对事物的一种分类，其类别本身就是分组，因此，对于分类数据只需按照各个类别的含义进行汇总，计算出每一类别的频数和频率，即可形成一张频数分布表，最后根据需要选择适当的图形进行展示，以便对数据及其特征有一个初步的了解。

（一）频数与频数分布

频数是指分布在某一特定类别或各组中的总体单位数，亦称次数；频数与总频数的比值，叫做比率，亦称频率。频数分布是指在统计分组的基础上，把总体全部单位按组归类整理，汇总出各组的总体单位数，并将其按分组顺序加以排列而形成的统计数列。表3-3反映的是某企业职工文化程度的频数分布。

表3-3　某企业职工文化程度的频数分布表

文化程度	频数（人）	比例（%）
初中	27	14.2
高中	36	19.0
本科	67	35.3

续前表

文化程度	频数（人）	比例（%）
硕士研究生	42	22.1
博士	18	9.4
合计	190	100

下面通过一个例子说明如何使用 Excel 来制作分类数据的频数分布表。

例 3-2

为研究大学生购买和使用电脑的行为动机，调查人员对随机抽取的 50 名大学生进行调查。表 3-4 是随机观察的 50 名大学生的性别和购买电脑主要用途的记录。将记录生成频数分布表，观察大学生购买电脑的主要用途和性别的分布状况，并进行描述性分析。

表 3-4　学生性别及购买电脑的主要用途

学生性别	主要用途	学生性别	主要用途	学生性别	主要用途
女	上网聊天	男	游戏	男	游戏
男	游戏	女	学习	女	其他
男	学习	男	电子商务	男	游戏
女	电子商务	女	电子商务	女	游戏
男	其他	男	上网聊天	男	游戏
男	游戏	女	电子商务	男	游戏
女	游戏	男	学习	男	游戏
男	学习	女	其他	女	电子商务
女	上网聊天	女	上网聊天	男	其他
男	电子商务	男	电子商务	男	上网聊天
女	游戏	女	其他	女	上网聊天
男	游戏	男	其他	女	电子商务
女	学习	女	上网聊天	男	游戏
男	游戏	男	游戏	女	电子商务
女	学习	女	电子商务	女	电子商务
男	游戏	男	学习	男	学习
女	学习	女	电子商务		

用 Excel 生成定性数据频数分布表有几种途径，其中最简单的办法是使用数据透视表进行计数和汇总。具体的操作步骤如下。

第 1 步，选择【插入】，然后选择【数据透视表】。

第 2 步，在【表/区域】框内选定数据区域（在操作前将光标放在任意数据单元格内，系统会自动选定数据区域）。选择放置数据透视表的位置。系统默认是新工作表，如果要将透视表放在现有工作表中，则选择【现有工作表】，并在【位置】框内点击工作表的任意单元格（不要覆盖数据）。点击【确定】，结果如图 3-7 所示。

第 3 步，用鼠标右键单击数据透视表，选择【数据透视表选项】，在弹出的对话框中点击【显示】，并选中【经典数据透视表布局】，然后点击【确定】，结果如图 3-8 所示。

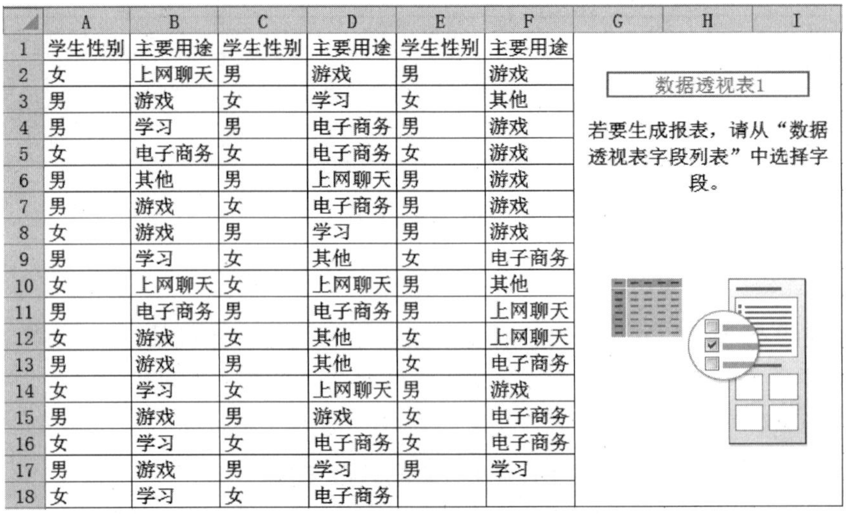

	A	B	C	D	E	F
1	学生性别	主要用途	学生性别	主要用途	学生性别	主要用途
2	女	上网聊天	男	游戏	男	游戏
3	男	游戏	女	学习	女	其他
4	男	学习	男	电子商务	男	游戏
5	女	电子商务	女	电子商务	女	游戏
6	男	其他	男	上网聊天	男	游戏
7	男	游戏	女	电子商务	男	游戏
8	女	游戏	男	学习	男	游戏
9	男	学习	女	其他	女	电子商务
10	女	上网聊天	女	上网聊天	男	其他
11	男	电子商务	男	电子商务	男	上网聊天
12	女	游戏	女	其他	女	上网聊天
13	男	游戏	男	其他	女	电子商务
14	女	学习	女	上网聊天	男	游戏
15	男	游戏	男	游戏	女	电子商务
16	女	学习	女	电子商务	女	电子商务
17	男	游戏	男	学习	男	学习
18	女	学习	女	电子商务		

图 3－7　数据透视表的操作步骤（一）

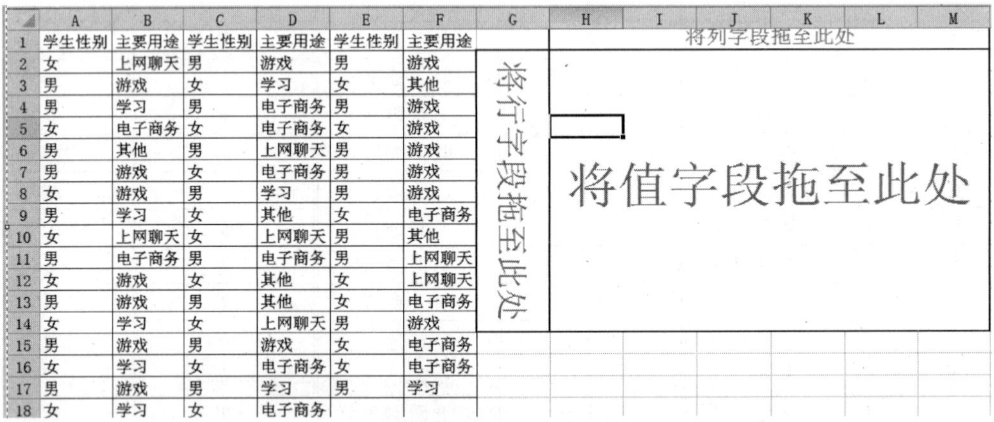

	A	B	C	D	E	F
1	学生性别	主要用途	学生性别	主要用途	学生性别	主要用途
2	女	上网聊天	男	游戏	男	游戏
3	男	游戏	女	学习	女	其他
4	男	学习	男	电子商务	男	游戏
5	女	电子商务	女	电子商务	女	游戏
6	男	其他	男	上网聊天	男	游戏
7	男	游戏	女	电子商务	男	游戏
8	女	游戏	男	学习	男	游戏
9	男	学习	女	其他	女	电子商务
10	女	上网聊天	女	上网聊天	男	其他
11	男	电子商务	男	电子商务	男	上网聊天
12	女	游戏	女	其他	女	上网聊天
13	男	游戏	男	其他	女	电子商务
14	女	学习	女	上网聊天	男	游戏
15	男	游戏	男	游戏	女	电子商务
16	女	学习	女	电子商务	女	电子商务
17	男	游戏	男	学习	男	学习
18	女	学习	女	电子商务		

图 3－8　数据透视表的操作步骤（二）

第 4 步，将数据透视的一个字段拖至“行字段”的位置，将另一个字段拖至“列字段”的位置（行、列可以互换），再将要计数的变量拖至“值字段”的位置，即可生成需要的频数分布表。本例题中在【数据透视表】对话框中，依次将“主要用途”拖至左边的“行字段”（或列字段）区域，将“性别”拖至“列字段”（或行字段）区域，将“性别”拖至“值字段”区域。结果如图 3－9 所示。

G	H	I	J
计数项:学生性别		计数项:主要用途	
主要用途	汇总	学生性别	汇总
电子商务	2	男	9
其他	1	女	8
上网聊天	2	总计	17
学习	5		
游戏	7		
总计	17		

图 3－9　例 3－2 的数据透视结果

对于品质数据，除用频数分布表进行描述之外，还可以使用比例、百分比、比率等统计量进行描述。比例，也称构成比，它是指一个总体中各个部分的数量占总体数量的比重，用于反映总体的构成或结构。百分比是指将对比的基数抽象化为100而计算出来，它表示每100个分母中拥有多少个分子，通常用%表示。比率是样本（或总体）中不同类别数据之间的比值，它反映的不是部分与整体之间的关系，而是一个整体中各部分之间的关系，因而比值可能大于1。

（二）分类数据的图示

上面介绍了如何通过建立频数分布表来反映分类数据的频数分布。如果用图形来显示频数分布，就会更形象和直观。一张好的统计图往往胜过冗长的文字表述。适用于分类数据的图形主要有饼图、条形图、环形图等。如果有两个样本（或总体）的分类相同且问题可比时，还可以绘制环形图。

1. 饼图

饼图也称圆形图，是用圆形及圆内扇形的面积来表示数值大小的图形。饼图主要用于表示总体中各组成部分所占的比例，对于研究结构性问题十分有用。

在绘制饼图时，总体中各部分所占的百分比用圆内的各个扇形面积表示，这些扇形的圆心角度数是按各分组（即各类）的百分比乘以360°来确定的。例如：关注服务广告的人数占总人数的百分比为30%，那么其对应的扇形圆心角度数就应为360°×30%=108°。

例3-3

为研究广告市场的状况，一家广告公司在某城市随机抽取200人就广告问题做了问卷调查，其中一个问题是："您比较关心下列哪一类广告？A. 商品广告；B. 服务广告；C. 金融广告；D. 房地产广告；E. 招生招聘广告；F. 其他广告"。

这里的变量就是"广告类别"，不同类型的广告就是变量值。调查数据经分类整理后形成频数分布表，见表3-5。

表3-5　某城市居民关注广告类型的频数分布

广告类型	人数（人）	比例	频率（%）
商品广告	112	0.560	56.0
服务广告	51	0.255	25.5
金融广告	9	0.045	4.5
房地产广告	16	0.080	8.0
招生招聘广告	10	0.050	5.0
其他广告	2	0.010	1.0
合计	200	1	100

表3-5的频数分布表可用饼图来表达，这里也可以借助Excel中的"图表"功能来操作，具体操作步骤如下。

第1步，打开"某城市居民关注广告类型频数分布表"原始文件，选中A1:A7和B1:B7，见图3-10。

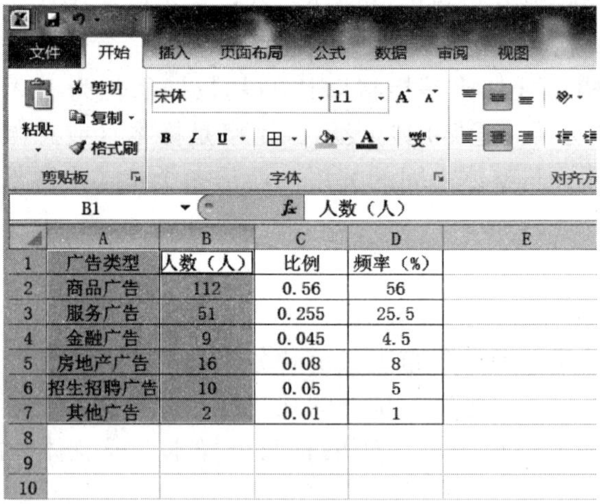

图 3-10　选定指定区域

第 2 步，单击【插入】选项卡，在【图表】组中单击【饼图】按钮，在弹出的下拉列表中选择【二维饼图】选项，见图 3-11。

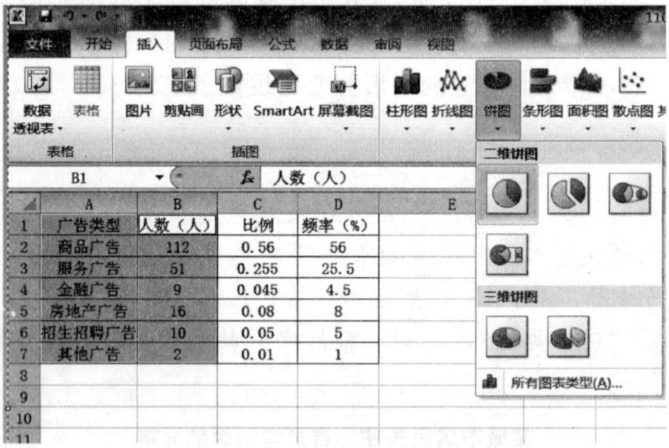

图 3-11　选择二维饼图操作

第 3 步，根据数据创建一个二维饼图，见图 3-12。

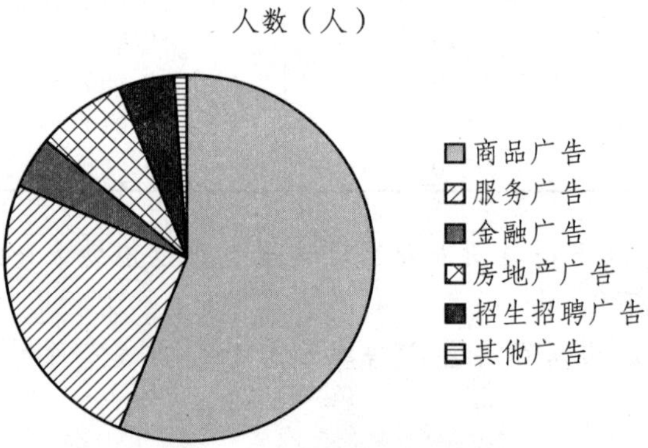

图 3-12　创建二维饼图

2. 条形图

条形图是用宽度相同的条形的高度或长度来表示数据变动的图形。

在表示分类数据的分布时，用条形图的高度来表示各类别数据的频数或频率。绘制时，各类别可放在纵轴，称为条形图；也可以放在横轴，也称为柱形图。

根据表 3－5 绘制的条形图如图 3－13 所示。

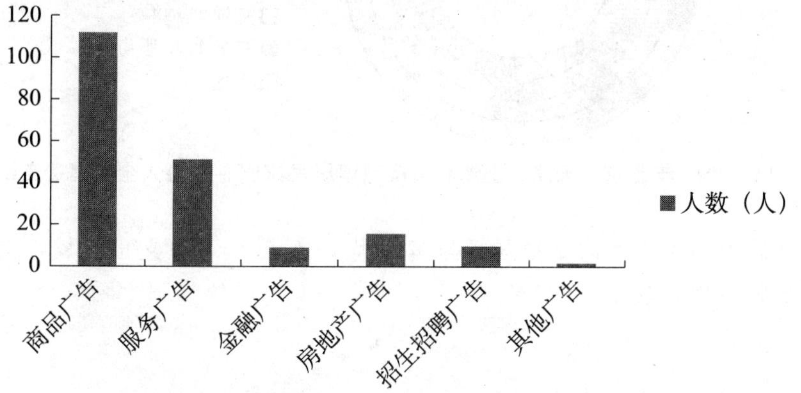

图 3－13　某城市居民关注广告类型频数分布的条形图

3. 环形图

饼图只能显示一个样本各部分所占的比例。例如把 5 个地区的人口分别按高收入、中等收入和低收入划分为 3 部分，要比较 5 个地区不同收入的人口构成，则需要绘制 5 个饼图，这种做法既不经济也不便于比较。能否用一个图形比较 5 个地区不同收入的人口构成呢？把饼图叠在一起，挖去中间的部分就可以了，这就是环形图。

环形图与饼图类似，但又有区别。环形图中间有一个“空洞”，每个样本用一个环来表示，样本中的每一部分数据用环中的一段表示。因此环形图可显示多个样本各部分所占的相应比例，有利于对构成做比较分析。

例 3－4

表 3－6 是 2012 年北京、天津、上海和重庆四个直辖市的城镇居民家庭平均每人全年消费支出数据（单位：元）。通过绘制环形图，比较四个直辖市的消费结构。

表 3－6　2012 年北京、天津、上海和重庆城镇居民家庭平均每人全年消费支出　单位：元

地区	食品	衣着	居住	家庭设备及用品	医疗保健	交通与通信	文教娱乐服务	其他
北京	7 535.3	2 638.9	1 970.9	1 610.7	1 658.4	3 781.5	3 696.0	1 154.2
天津	7 343.6	1 881.4	1 854.2	1 151.2	1 556.4	3 083.4	2 254.2	899.9
上海	9 655.6	2 111.2	1 790.5	1 906.5	1 016.7	4 563.8	3 723.7	1 485.5
重庆	6 870.2	2 228.8	1 177.0	1 196.0	1 101.6	1 903.2	1 470.6	625.7

资料来源：www.stats.gov.cn

根据表 3－6 的数据绘制的环形图如图 3－14 所示。

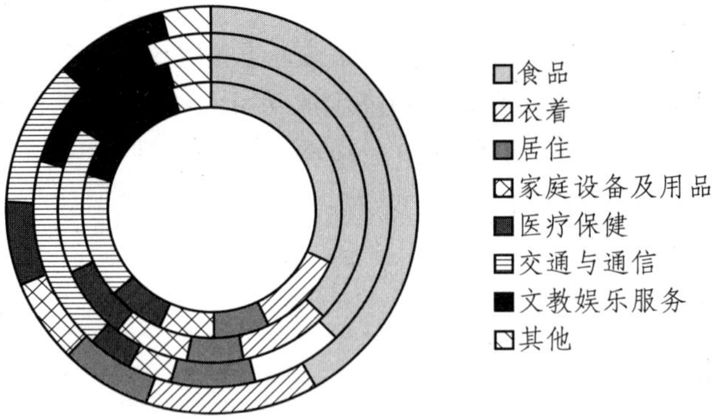

图 3-14 2012 年北京、天津、上海和重庆城镇居民家庭平均每人全年消费支出构成

图中最里面的环为北京的城镇居民家庭平均每人全年消费支出构成，向外依次是天津、上海和重庆的相关数据。

二、顺序数据的整理与图示

上面介绍的分类数据的频数分布表和图示方法，如频数、比例、百分比、比率、饼图和条形图等，也都适用于对顺序数据的整理与图示。但一些适用于顺序数据的整理和图示方法，并不适用于分类数据。对于顺序数据，除可汇总计算出频数分布和频率分布以外，还可以计算累积频数和累积频率。

（一）累积频数

累积频数就是依分组顺序将各组频数逐级累加起来。其方法有两种：一是从变量值小的分组向变量值大的分组累加频数，称为向上累积；二是从变量值大的分组向变量值小的分组累加频数，称为向下累积。通过累积频数，可以很容易地看出某一类别（或数值）以下及某一类别（或数值）以上的频数之和。

（二）累积频率

累积频率（或累积百分比）就是将各分组的频率或百分比逐级累加起来，也有向上累积和向下累积两种方法。

例 3-5

在一项有关住房问题的研究中，研究人员在甲、乙两个城市各抽样调查 300 户家庭，其中有一个问题：“您对您家庭目前的住房状况是否满意？A. 非常不满意；B. 不满意；C. 满意；D. 非常满意”。

调查结果经整理如表 3-7 和表 3-8 所示。

表 3-7 甲城市家庭对住房状况的评价

回答类型	甲城市					
	户数（户）	百分比（%）	向上累积		向下累积	
			户数（户）	百分比（%）	户数（户）	百分比（%）
非常不满意	24	8	24	8.0	300	100
不满意	108	36	132	44.0	276	92
一般	93	31	225	75.0	168	56
满意	45	15	270	90.0	75	25
非常满意	30	10	300	100.0	30	10
合计	300	100	—	—	—	—

表 3-8 乙城市家庭对住房状况的评价

回答类型	乙城市					
	户数（户）	百分比（%）	向上累积		向下累积	
			户数（户）	百分比（%）	户数（户）	百分比（%）
非常不满意	21	7.0	21	7.0	300	100.0
不满意	99	33.0	120	40.0	279	93.0
一般	78	26.0	198	66.0	180	60.0
满意	64	21.3	262	87.3	102	34.0
非常满意	38	12.7	300	100.0	38	12.7
合计	300	100.0	—	—	—	—

（三）顺序数据的图示

根据累积频数或累积频率，可以绘制累积频数分布图或累积频率分布图。例如：根据表 3-7 的数据绘制的累积分布图如图 3-15 所示。

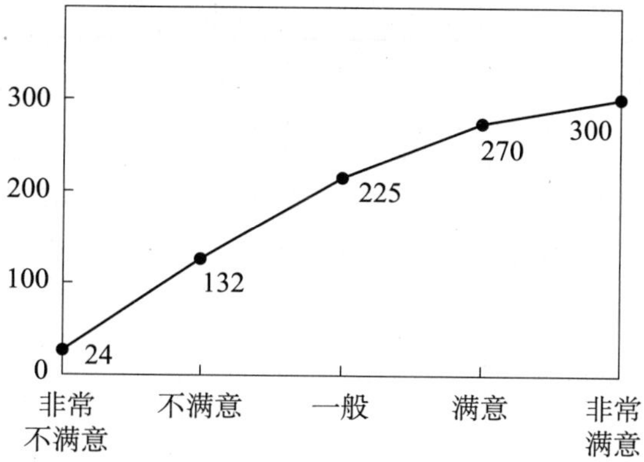

(a) 向上累积

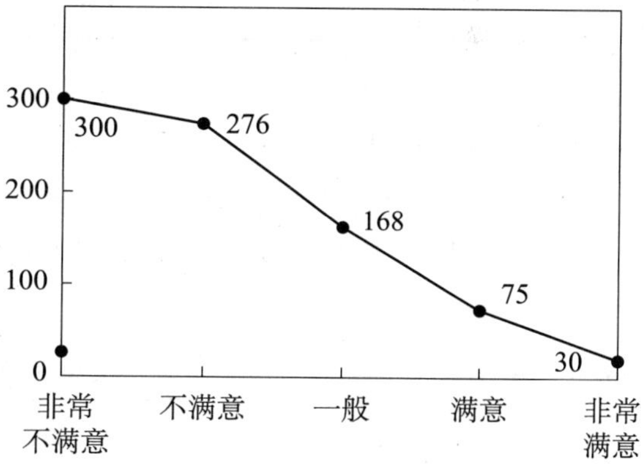

(b) 向下累积

图 3-15 甲城市家庭对住房状况评价的累积分布图

任务三

数值型数据的整理与展示

上个任务介绍的分类数据和顺序数据的整理与图示方法也都适用于数值型数据。但数值型数据还有一些特定的整理和展示方法，它们并不适用于分类数据和顺序数据。

一、数值型数据的分组

数值型数据的分组方法有两种：单项分组和组距分组。

（一）单项分组

单项分组就是每一组中只有一个变量值。它适用于离散变量的数据并且在数据的范围不太大的情况下的分组。它是按变量大小顺序排序的，一般有多少个不同的变量值就分为多少组。如表 3-9 就是一个单项分组。

表 3-9　　某班同学年龄分布

年龄（岁）	人数（人）	比例（%）
15	3	3.75
16	23	28.75
17	45	56.25
18	9	11.25
合计	80	100.00

（二）组距分组

单项分组是用变量值变动的一定范围作为一组所形成的变量数列，对于连续变量或者变量值变动范围较大且项数又较多的离散变量都要采用组距分组。如表 3-10 就是一个组距分组。

表 3-10　　某班同学数学成绩分布

成绩（分）	人数（人）	比例（%）
60 以下	2	2.50
60～70	15	18.75
70～80	36	45.00
80～90	20	25.00
90 以上	7	8.75
合计	80	100.00

（三）组距数列的编制

1. 组距数列的要素

组距数列的要素有组数、组限和组距。

（1）组数，就是指变量数列共分多少组。

（2）组限，就是各组两端的数值，一个组的最大值为该组的上限（U），最小值为该组的下限（L）。

（3）组距，就是各组所包含的变量值变动的范围，即组距＝上限－下限。在组距数列中，各组组距可以是相等的（即等距数列），也可以是不等的（即异距数列），本书主要涉及等距数列。如表 3－10 中，组数共有 5 组，第二组 60～70 的上限为 70，下限为 60，组距就是 10（即 70－60）。

2. 组中值

在进行数据分析时，如计算均值时，组距数列中每个组需要找一个代表值，这个代表值就是组中值，实际上就是每组上限和下限之间的中点值。

组中值＝(上限＋下限)÷2

如表 3－10 中，第二组的组中值＝(70＋60)÷2＝65。

编制组距数列中，为了避免空白组，同时又能使个别特大或特小的变量值的个体不至于无组可归，常使用像“××以上”或“××以下”这样不确定组限的组，称为开口组。开口组的组中值按下列公式计算：

缺下限组的组中值＝上限－相邻组的组距÷2

缺上限组的组中值＝下限＋相邻组的组距÷2

如表 3－10 中，第一组的组中值＝60－(70－60)÷2＝55，第五组的组中值＝90＋(90－80)÷2＝95。

3. 组距数列的编制步骤

结合【例 3－6】资料，编制组距数列。

例 3－6

某地区市场部汪经理想了解该地区 50 个超市的销售额情况，负责人小王通过统计调查获得 50 个超市的销售额资料（见图 3－16），他准备整理一下交给汪经理。小王该如何对其整理呢？

A	B	C	D	E	F	G	H	I	J
1750	700	1240	1480	2900	1600	1730	1470	1200	680
1500	740	200	1260	1820	1870	1550	1280	830	350
1710	640	1190	1450	2500	600	1140	1420	1670	2300
1050	2200	1630	1390	580	500	1000	1360	1600	2100
1560	400	850	1320	1930	450	950	1340	1570	2000

图 3－16　某地区 50 个超市销售额情况（单位：万元）

具体步骤如下：

第 1 步，给数据排序。

上述原始资料杂乱无章，将其按从小到大的顺序排列后不仅可以确定最大值和最小值，还可以大致看出集中趋势，以便为编制组距数列提供有序的数据。现根据图 3-16 数据进行排序，结果见图 3-17。

A	B	C	D	E	F	G	H	I	J
200	350	400	450	5000	580	600	640	680	700
740	830	850	950	1000	1050	1140	1190	1200	1240
1260	1280	1320	1340	1360	1390	1420	1450	1470	1480
1500	1550	1560	1570	1600	1600	1630	1670	1710	1730
1750	1820	1870	1930	2000	2100	2200	2300	2500	2900

图 3-17　排序后结果

第 2 步，确定组数和组距。

组数和组距是相互制约的，二者之间成反比例关系。总体规模一经确定，组数越多，组距就越小；反之，组数越少，则组距就越大。为了便于分析，对于组数与组距的计算结果，最好取整数。在采用等距分组的情况下，其计算关系如下：

$$d=\frac{R}{k}$$

$$k=\frac{R}{d}$$

式中：k 为组数，d 为组距，R 是全距（=原数列的最大值−最小值）。

确定组数的基本原则：一是根据现象的性质和特点确定组数；二是根据原数据的分布特征及集中趋势确定组数；三是具体操作时，组数既不能太多，也不能太少。一般而言，组数应不少于 5 组，不多于 15 组。这里介绍一种确定组数的经验公式，这一公式是美国学者斯特杰斯（H. A. Sturges，1926）提出的，即：

$$K=1+3.322\lg n$$

式中：n 为总体数据个数（即总体单位数）。

从图 3-17 的资料中可以看出 50 个超市的销售额分布比较集中在 1 000～1 800 万元，如果组距确定为 800 或者 1 000，那么这些超市便会集中于一个组内，而且组数只有 3 个或 4 个，似乎太少了。我们用斯特杰斯公式计算 $k=1+3.332\lg 50\approx 7$ 组，则组距 $d=(2\,900-200)\div 7\approx 386$，因此可以取大整数为 400 万元。

第 3 步，确定组限。

组限的确定要注意以下几点：一是最小值的下限应不大于原始资料中的最小值，最大组的上限应不小于原始资料中的最大值，以保证分组的完备性，在确定相邻两组的组限时，要保证其互不相容；二是对于等距数列，如果组距是 5，10，100，……则每组的下限最好是它们的倍数；三是分组变量有离散变量和连续变量之分，其组限的表示方法也有所不同。对于连续变量（如体重、身高等），划分组限时，相邻组的组限必须重叠。划分离散变量（学校数、人数等）的组限时，相邻组限必须间断。但是，在实际工作中，为了保证总体单位不重不漏，对于离散变量，一般也采用重叠组限。

确定最小组的下限，有两种方法。一种是将原始资料中的最小变量值确定为最小组的下限，另一种方法是把原始资料中的最小变量值放在最小组的组中值地位，那么最小组的下限便等于最小变量值减去组距的一半，在本例中就是 $200-400\div 2=0$。在实际应用中，上述两种方法究竟采用哪个，要看哪种方法确定的组限符合现象的质的分界线，而且最大组的上限能符合完备性的要求。从本例来看，如果以 0 为最小组的下限，最大组的上限便是 2 800 万元，不能涵盖最大变量值 2 900 万元，显然是不妥的，因此可以确定最小组的下限为 200 万元，而最大组的上限为 3 000 万元。

第 4 步，分组计算次数。

计算结果用频数或频率表示，也可以用二者共同表示。在统计次数时，遵循“上组组限不在内”原则，要把恰好重叠在相邻两组的上、下限的对应次数归入下限的一组，即每一组的变量值 x 满足 $a \leqslant x < b$。

使用 Excel 来生成定量数据的频数分布表时，可以使用【数据分析】工具中的【直方图】命令来完成。注意：用 Excel 在生成频数分布表时，每一组的频数包括一个组的上限值，即 $a < x \leqslant b$。因此，为满足通常的统计要求，需要单独输入一列各组的上限值 599，999，…，2599，2999 作为【接收区域】，然后按下列步骤操作。

第 1 步，选择【工具】菜单中的【数据分析】命令。

第 2 步，在【数据分析】对话框中选择【直方图】命令，单击【确定】按钮。

第 3 步，当出现对话框时，在【输入区域】方框内输入原始数据所在的区域；在【接收区域】方框内输入上限值所在的区域；在【输出区域】方框内输入结果输出的位置；选择【图表输出】命令，单击【确定】按钮。表 3－11 是利用 Excel 生成的频数分布表。

表 3－11　　某地区 50 个超市销售额的频数分布

按销售额分组（万元）	频数（个）	频率（%）
200～600	6	12.0
600～1 000	8	16.0
1 000～1 400	12	24.0
1 400～1 800	14	28.0
1 800～2 200	5	10.0
2 200～2 600	3	6.0
2 600～3 000	2	4.0
合计	50	100.0

如果数据量大，归组的工作量会很大，通过 Excel 中的【FREQENCY】函数也可以完成这一频数统计任务。

二、数值型数据的图示

上面介绍的条形图、饼图、环形图及累积分布图等都适用于显示数值型数据。此外，数值型数据还有以下一些图示方法，这些方法并不适用于分类数据和顺序数据。

（一）分组数据

1. 直方图

直方图是用矩形的宽度和高度来表示频数分布的图形。在平面直角坐标系中，以横轴表示数据分组，纵轴表示频数或频率，各分组以组距为宽，以频数或频率为高（异距分布中，以频数密度或频率密度为高）画矩形，即得直方图。例如：根据表 3－11 的频数分布绘制成的直方图如图 3－18 所示。

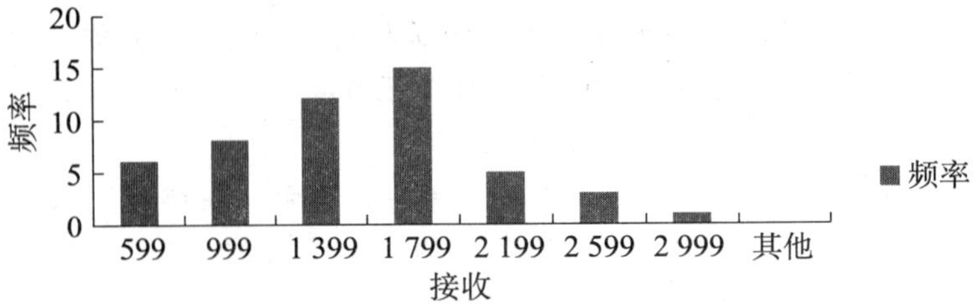

图 3－18 某地区 50 个超市销售额分布的直方图

直方图与条形图不同，条形图是用条形的长度（横置时）表示各类别频数的多少，其宽度（表示类别）是固定的；直方图是用面积表示各组频数的多少，矩形的高度表示每一组的频数密度，宽度则表示各组的组距，因此其高度与宽度均有意义。此外，由于分组数据具有连续性，因此直方图中的矩形必须连续排列，而条形图则可以分开排列。

2. 折线图

折线图一般用来显示随时间而变化的连续数据，因此非常适用于显示在相等时间间隔下数据的趋势。横轴一般代表时间，纵轴代表数值的大小。

当对数据所分的组数很多时，组距会很小，这时所绘制的折线图就会越来越光滑，逐渐形成一条平滑的曲线，这就是频数分布曲线。频数分布曲线在统计学中有着十分广泛的应用。

例 3－7

利用表 3－12 的数据绘制的折线图如图 3－19 所示。

表 3－12　　某企业 2008—2013 年产值资料

年份	产值（万元）
2008	438
2009	520
2010	506
2011	517
2012	759
2013	850

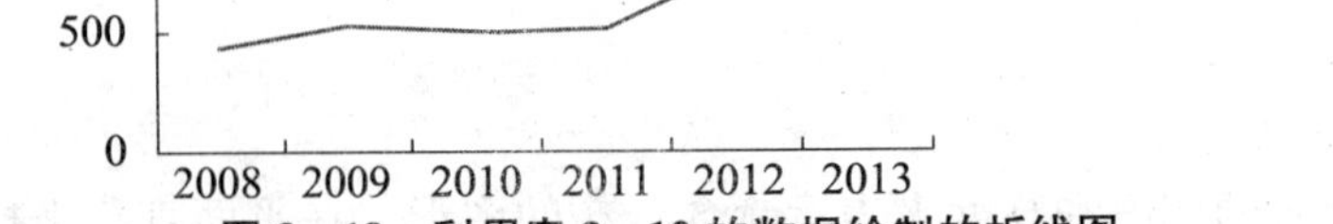

图 3－19 利用表 3－12 的数据绘制的折线图

（二）未分组数据

1. 茎叶图

对于未分组原始数据，可以用茎叶图来显示其分布特征。虽然通过直方图可以大体上看出一组数据的分布状况，但直方图没有给出具体的数值。而这里介绍的茎叶图既能给出数据的分布状况，又能给出具体数值。

茎叶图由“茎”和“叶”两部分构成，其图形是由数字组成的。通过茎叶图，可以看出数据的分布形状及数据的离散状况，例如：分布是否对称，数据是否集中，是否有极端值等。绘制茎叶图的关键是设计好树茎，通常是以该组数据的高位数值作为树茎。树茎一经确定，树叶就自然地长在相应的树茎上了。

例 3－8

某车间工人某天日产量数据如表 3－13 所示：

表 3－13　　某车间工人日产量　　单位：个

107	108	108	110	112	112	113	114	115	117	117	117	118
118	118	119	120	120	121	122	122	122	122	123	123	123
124	124	124	125	125	126	126	127	127	127	128	128	129
129	130	131	133	133	134	134	135	137	139	139		

试制作茎叶图。

解：将每个数据分解为两部分：十位数和百位数作为一部分，个位数作为一部分，如 107 分解为 10 和 7，118 分解为 11 和 8 等。然后以十位数和百位数为树茎，以个位为树叶，制作出茎叶图，如图 3－20 所示。

树茎	树叶	数据个数
10	7 8 8	(3)
11	0 2 2 3 4 5 7 7 7 8 8 8 9	(13)
12	0 0 1 2 2 2 2 3 3 3 4 4 4 5 5 6 6 7 7 7 8 8 9 9	(24)
13	0 1 3 3 4 4 5 7 9 9	(10)

图 3－20　某车间工人日产量的茎叶图

2. 箱线图

箱线图又称为盒式图、盒型图。箱线图利用了 5 个典型位置数据：最大值、最小值、中位数和上下四分位数。箱线图是通过一个箱线把一组数据的 5 个特征值（最大值、最小值、中位数、两个四分位数）表达出来，从而反映原始数据分布状况的统计图形。它不仅可用于反映一组数据分布的特征，如分布是否对称，是否存在离群点等，还可以进行多组数据分布特征的比较，这也是箱线图的最大优点之一。

箱线图分为简单箱线图和多重箱线图。简单箱线图适用于单变量定距数据，而多重箱线图适用于多变量定距数据。

（1）简单箱线图。简单箱线图将一组数据的 5 个特征值通过一个箱子和两条线段绘制出来。其绘制方法是：首先找出一组数据的 5 个特征值，即数据的最大值、最小值、中位数和两个四分位数（中位数 M_e 是一组数据排序后处于中间位置上的变量值，四分位数是处在数据 25％位置和 75％位置上的两个值，分别称为下四分位数和上四分位数），然后连接两个四分位数画出箱子，再将两个极值点和箱子相连接。见图 3－21 所示。

图 3－21　简单箱线图

（2）多重箱线图。对于多变量定距数据，可以将各变量的数据的箱线图并列起来，用多重箱线图来表示。

例 3－9

从某班学生中随机抽取 11 人，对 8 门主要课程的考试成绩进行调查，所得结果见表 3－14。试绘制各科考试成绩的箱线图，并分析各科考试成绩的分布特征。

表 3－14　某班同学考试成绩　单位：分

课程名称	学生编号										
	1	2	3	4	5	6	7	8	9	10	11
英语	76	90	97	71	70	93	86	83	78	85	81
经济数学	65	95	51	74	78	63	91	82	75	71	55
西方经济学	93	81	76	88	66	79	83	92	78	86	78
市场营销学	74	87	85	69	90	80	77	84	91	74	70
财务管理	68	75	70	84	73	60	76	81	88	68	75
基础会计	70	73	92	65	78	87	90	70	66	79	68
统计学	55	91	68	73	84	81	70	69	84	62	71
计算机应用基础	85	78	81	95	70	67	82	72	80	81	77

解：为绘制箱线图，首先计算出 11 名同学各科成绩的 5 个特征值，见表 3－15。

表 3－15　各科成绩特征值　单位：分

课程名称	最小值		Q_l			M_e			Q_u		最大值
英语	70	71	76	78	81	83	85	86	90	93	97
经济数学	51	55	63	65	71	74	75	78	82	91	95
西方经济学	66	76	78	78	79	81	83	86	88	92	93
市场营销学	69	70	74	74	77	80	84	85	87	90	91
财务管理	60	68	68	70	73	75	75	76	81	84	88
基础会计	65	66	68	70	70	73	78	79	87	90	92
统计学	55	62	68	69	70	71	73	81	84	91	94
计算机应用基础	67	70	72	77	78	80	81	81	82	84	95

根据表 3－15 的计算结果绘制的箱线图如图 3－22 所示。

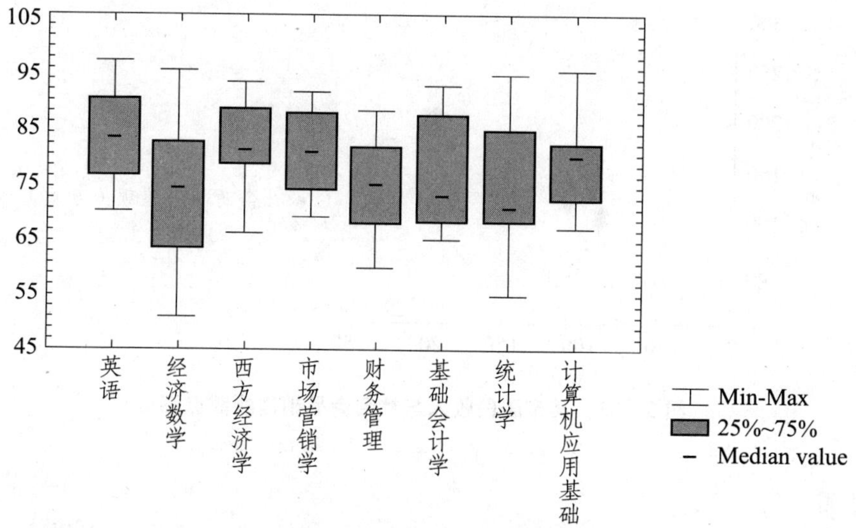

图 3-22　各科成绩箱线图

由图 3-22 可以看出，在 8 门主要课程中，平均考试成绩较高的是英语和西方经济学，较低的是经济数学和统计学。从考试成绩的离散程度来看，英语和市场营销学的考试成绩比较集中，大体上为对称分布；而经济数学、基础会计、统计学和计算机应用基础等课程的考试成绩则比较分散。

（三）多变量数据

上面介绍的一些图形描述的都是单变量数据。当有两个或两个以上变量时，可以采用多变量的图示方法，常见的有散点图、雷达图等。

1. 散点图

散点图是以一个变量为横坐标，另一个变量为纵坐标，利用散点（坐标点）的分布形态反映变量统计关系的一种图形。散点图常被用来表现两个变量或多个变量之间的关系。在进行相关回归分析之前，绘制散点图可以考察两个或多个变量之间的相关关系及变化趋势。这里主要介绍常用的反映两个变量之间相关关系的简单散点图。

例 3-10

利用表 3-16 的数据绘制的散点图如图 3-23 所示。

表 3-16　　某市居民收入与社会商品销售额资料　　单位：万元

居民收入	社会商品销售额
88	100
86	111
109	115
155	132
185	174
195	208
230	260

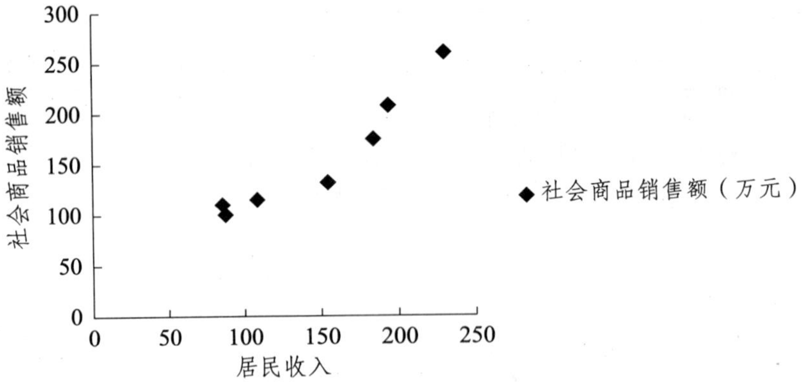

图 3-23　某市居民收入与社会商品销售额散点图

2. 雷达图

雷达图是显示多个变量的常用图示方法，也称为蜘蛛图。设有 n 组样本 S_1，S_2，…，S_n，每个样本测得 P 个变量 X_1，X_2，…，X_p。要绘制这 P 个变量的雷达图，具体做法是：先画一个圆，然后将圆 P 等分，得到 P 个点，令这 P 个点分别对应 P 个变量，再将这 P 个点与圆心连线，得到 P 个辐射状的半径，这 P 个半径分别作为 P 个变量的坐标轴，每个变量值的大小由半径上的点到圆心的距离表示，再将同一样本的值在 P 个坐标上的点连线。这样，n 个样本形成的 n 个多边形就是一张雷达图。

雷达图在显示或对比各变量的数值总和时十分有用。假设各变量的取值具有相同的正负号，则总的绝对值与图形所围成的区域成正比。此外，利用雷达图可以研究多个样本之间的相似程度。

例 3-11

沿用【例 3-4】，绘制雷达图，分析北京、天津、上海和重庆的家庭消费支出的特点和相似性。

解：根据表 3-6 的数据绘制的雷达图如图 3-24 所示（单位：元）。

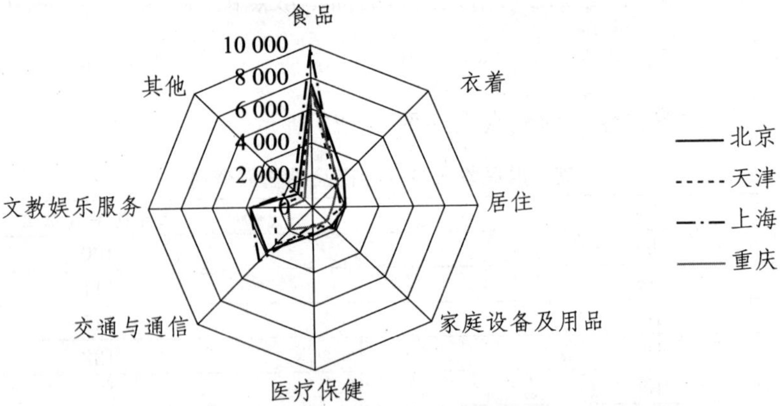

图 3-24　2012 年北京、天津、上海和重庆城镇居民家庭平均每人全年消费支出的雷达图

任务四

合理使用图表

统计图和统计表是展示数据的两种主要方式。在日常生活中，阅读报纸、杂志，或者看电视、上网时，我们都能看到大量的统计图表。统计表把杂乱的数据有条理地组织在一张简明的表格内，统计图把数据形象地展示出来。显然，统计表和统计图要比枯燥的数字更有趣，也更容易理解。在对某些实际问题进行研究时，也经常要使用统计表和统计图。正确使用统计表和统计图是做好统计分析的最基本技能。

一、鉴别图形优劣的准则

精心设计的图形是展示数据的有效工具。上面介绍了用图形来展示统计数据的方法，而借助于计算机可以很容易地绘制出漂亮的图形。但需要注意的是，初学者往往会在图形的修饰上花费太多的时间和精力，这样做未必合理，或许还会画蛇添足。

精心设计的图形可以准确表达数据所要传递的信息。设计图形时，要绘制得尽可能简洁，以清晰地显示数据、合理地表达统计目的为原则。爱德华·R. 塔夫特（Edward R. Tufte）在其著作《定量信息的可视化显示》（*The Visual Display of Quantitative Information*，1983）中使用“图优性”（graphical excellency）来描述一张好图。塔夫特指出，一张好图应具备以下基本特征：

（1）显示数据；

（2）让读者把注意力集中在图形的内容上，而不是制作图形的程序上；

（3）避免歪曲数据；

（4）强调数据之间的比较；

（5）服务于一个明确的目的；

（6）对图形进行统计描述和文字说明。

塔夫特还提出了五条鉴别图形优劣的准则：

（1）一张好图应当精心设计，有助于洞察问题的实质；

（2）一张好图应当使复杂的观点得到简明、确切、高效的阐述；

（3）一张好图应当能在最短的时间内以最少的笔墨给读者提供最大量的信息；

（4）一张好图应当是多维的；

（5）一张好图应当描述数据的真实情况。

在绘制图形时，应避免一切不必要的修饰。过于花哨的修饰往往会使人注重图形本身，而掩盖了图形所要表达的信息。图形产生的视觉效果应与数据所体现的事物特征相一致，否则有可能歪曲数据，给人留下错误的印象。

二、统计表的设计

相比较统计图而言，人们对统计表可能更熟悉一些——上学时的课程表、成绩表，以及会计课程里见到的财务报表、企业的生产报表、计划表、政府统计的各种数据表等，在不太严格的定义上这些表都可以说是统计表。通过统计表，杂乱无章的数字被有序、整齐并且按照我们的要求进行排列，更容易进行阅读和分析。在前面介绍统计图的时候，引用的很多数字就是以统计表的形式出现的。对于统计图和统计表的应用，一个显见的规律是：如果精确的数字很重要，那么统计表就比统计图的效果好；而要想较快对数据有一个印象，图统计就比表好些。

（一）统计表的构成

统计表的形式多种多样，不一而足，但一般由四个主要部分组成，即表头、行和列标题、数据资料、附注。表头在表的上方，用来说明统计表的主要内容；行标题和列标题通常位于表的第一列和第一行，它们表示的是所研究问题的类别名称和变量名称，如果是时间序列数据，行标题和列标题也可以是时间，当数据较多时，通常将时间放在行标题的位置；附注一般放在表的下方，主要包括数据来源、指标的注释和必要说明，如表 3 - 17 所示。

表 3 - 17 **网民对互联网的满意度** ←—— 表头

	项目	非常满意	比较满意	一般	不太满意	很不满意	← 列标题
	网络速度	6.8%	33.9%	39.8%	15.0%	4.5%	
	费用及收费规则	4.7%	18.7%	43.7%	25.2%	7.7%	
	安全性	4.3%	20.2%	44.6%	23.0%	7.9%	
行标题	内容的真实性	5.2%	25.4%	47.4%	18.2%	3.8%	数据
	内容的健康性	4.8%	22.7%	47.7%	19.2%	5.6%	
	对个人隐私的保护	5.5%	22.7%	45.4%	19.3%	7.2%	
	操作简便	14.1%	46.6%	34.0%	4.3%	1.0%	
	总体满意度	5.0%	40.7%	47.3%	6.4%	0.6%	

资料来源：中国互联网络：《第 17 次中国互联网络发展状况统计报告》，第 18 页，2006 年 1 月，信息中心。←—— 附注

（二）统计表的制作要求

由于使用目的和领域不同，统计表的具体格式也有不同，Word 和 Excel 中的表格功能提供了很多种格式，供使用者套用。尽管如此，我们还是应当熟悉统计表的一般格式。

第一，合理安排统计表的结构。横竖长度比例应适当，避免出现过宽或过高的形式，表头、行标题、列标题可以通过字体加粗强调。

第二，表头一般应包括表的编号、总标题以及表中数据的单位等内容，总标题应简明扼要。如果表中数据单位都相同，可在表的右上角注明单位；如果计量单位不同，则应在每个指标后单列标明。

第三，表的上下两边一般使用粗实线，中间部分要用细线，这样看起来更加醒目。通常情况下，统计表的左右两端不封口，列标题之间可以用竖线分开，而行标题之间不必用横线隔开，总之表中尽量少用横线和竖线。在表 3 - 14 中，除了列标题和表中数据用细线隔开

外，表中再没有使用其他的线条，整个表格看起来非常简洁大方。表中数据一般是右对齐，有小数点时应以小数点对齐（易于比较），小数点位数也应统一。对于没有数字的表格单元，要用“—”填写，而不应出现空白单元格。

第四，在制作统计表时，特别要注意注明资料来源，这既是对他人劳动成果的尊重，备读者查阅，也是严肃对待数据的一种表现，表明数据具有可靠性。

※ 小结 ※

掌握数据整理和展示的基本方法和技术，能帮助我们初步了解数据的特征和规律。在数据的预处理中介绍了数据的审核、筛选与排序等方法。数据审核是为了纠正数据的错误，数据筛选是为了找出符合某些条件的数据，数据排序是为了找出数据的初步特征和规律。

品质数据包括分类数据和顺序数据，其结果均表现为类别。这类数据本身就是分类好的，因此整理时主要是在分类的基础上计算各类别的频数、比例、比率以及百分比等，同时给出频数分布。品质数据常用的图示方法主要有饼图、条形图、环形图等。

数值型数据的整理主要是对其进行分组。分组的第一步是确定组数，也就是要分几组，其次是确定各组的组距，最后是整理成一张频数分布表。对于分完组的数据，通常用直方图、折线图来显示其分布的特征；对于未经分组的原始数据，则通常是用茎叶图和箱线图来显示其分布的特征。对于多变量数据，则可以用散点图、雷达图等来对不同总体或样本的相关性或相似性进行研究和分析。这些图形基本上都可以使用 Excel 来绘制完成。

图表的使用体现了统计的基本技能。正确使用图表，合理地安排图表的比例和结构，可以更好地展示统计数据。

※ 思考与练习 ※

一、单项选择题

1. 下列各项中按数量标志分组的是（　　）。

A. 人口按民族分组　　B. 企业产品按合格和不合格分组

C. 人口按性别分组　　D. 家庭按月收入分组

2. 组中值是（　　）。

A. 一个组的上限与下限之差　　B. 一个组的最小值

C. 一个组的上限与下限之间的中点值　　D. 一个组的最大值

3. 连续变量数列，其末组是开口组，下限是 200，又知其邻组的组中值是 170，则末组组中值是（　　）。

A. 230　　B. 560　　C. 185　　D. 515

4. 变量数列中各组频率之和（　　）。

A. 不大于 100%　　B. 小于 100%

C. 不等于 100%　　D. 等于 100%

5. 在统计整理阶段，最关键的问题是（　　）。

A. 对调查资料的审核　　B. 统计分组

C. 统计汇总　　D. 编制统计表

6. 某管理局对其所属企业的生产计划完成百分比采用如下分组，正确的是（　　）。

A. 80%～89%
90%～99%
100%～109%
110%以上

B. 80%以下
80.1%～90%
90.1%～100%
100.1%～110%

C. 90%以下
90%～100%
100%～110%
110%以上

D. 85%以下
85%～95%
95%～105%
105%～115%

7. 在进行组距式分组时，遇到某单位的标志值刚好等于相邻两组上下限的数值时，一般（　　）。

A. 将此值归入上限所在组

B. 将此值归入下限所在组

C. 将此值归入上限所在组或下限所在组均可

D. 另行分组

8. 某村农民人均收入最高为 809 元，最低为 570 元，据此分成 6 个组组成的等距数列，则组距为（　　）。

A. 240　　B. 120　　C. 40　　D. 60

二、多项选择题

1. 从形式上看，统计表包括（　　）。

A. 表头　　B. 数据资料

C. 行标题　　D. 列标题

E. 附注

2. 在等距数列中，组数的多少与（　　）。

A. 总体频数的多少成正比　　B. 组距的大小成正比

C. 组距的大小成反比　　D. 全距的大小成反比

E. 全距的大小成正比

3. 下列各项中按数量标志分组的有（　　）。

A. 人口按年龄分组　　B. 企业产品按合格与不合格分组

C. 人口按性别分组　　D. 家庭按月收入分组

E. 企业按年产值分组　　F. 人口按文化程度分组

4. 在等距数列中，组距的大小与（　　）。

A. 总体单位的多少成正比　　B. 组数的多少成正比

C. 组数的多少成反比　　D. 全距的大小成正比

E. 全距的大小成反比

5. 下列属于离散变量的是（　　）。

A. 进口的粮食数量　　B. 洗衣机台数

C. 每千人口医院床位数　　D. 人均粮食产量

E. 城乡集市个数

三、案例分析

1. 某车间 40 名工人定额完成率（%）统计如表 3－18 所示：

表 3－18　　某车间 40 名工作定额完成率（%）

97	88	123	115	119	158	112	146	117	108	105	110	107	137	120
136	125	127	142	118	103	87	115	114	117	124	129	138	100	103
92	95	113	126	107	108	105	119	127	104					

将上述资料整理成频数分布表，并绘制直方图。

2. 甲、乙两个班各有 40 名学生，期末统计学的考试成绩分布如下：

表 3－19　　考试成绩分布图

考试成绩	人数（人）	
	甲班	乙班
优	3	6
良	6	15
中	18	9
及格	9	8
不及格	4	2

（1）根据上面的数据，画出两个班考试成绩的环形图，比较两纸图的构成。

（2）画出雷达图，比较两个班考试成绩的分布是否相似。

3. 某企业日产量资料见表 3－20。

表 3－20　　某企业日产量统计表

日产量分组（件）	工人数（人）	比重（%）
600 以下	60	15
600～700	130	32.5
700～800	120	30
800 以上	90	22.5

要求：

（1）指出上述变量数列属于哪一种变量数列。这个数列说明什么问题？

（2）指出统计表中的变量、变量值、上限、下限、次数、频率。

（3）计算组距和各组组中值。

4. 以自己所在班级的实际人数为资料，将同学按不同的年龄、身高、体重或学习成绩等分组，根据情况编制统计表。

项目四

综合指标分析

案例导入与问题提出

统计融入我们的生活

我国每年都要编制国民经济和社会发展统计公报，包括经济发展和社会进步的各种指标，其中我们比较关心的有GDP、CPI、外贸进出口额、人均可支配收入等。下面是我国国家统计局于2017年2月28日公布的2016年国民经济和社会发展统计公报的部分数据。

2016年，面对复杂多变的国际环境和国内繁重艰巨的改革发展稳定任务，在以习近平同志为核心的党中央坚强领导下，各地区各部门全面贯彻党的十八大和十八届三中、四中、五中、六中全会精神，认真落实党中央、国务院决策部署，统筹推进“五位一体”总体布局和协调推进“四个全面”战略布局，坚持稳中求进工作总基调，坚持新发展理念，以推进供给侧结构性改革为主线，适度扩大总需求，坚定推进改革，妥善应对风险挑战，引导形成良好社会预期，经济社会保持平稳健康发展，实现了“十三五”良好开局。

2016年，全年实现国内生产总值744 127亿元，比上年增长6.7%。其中，第一产业增加值63 671亿元，增长3.3%；第二产业增加值296 236亿元，增长6.1%；第三产业增加值384 221亿元，增长7.8%。第一产业增加值占国内生产总值的比重为8.6%，第二产业增加值比重为39.8%，第三产业增加值比重为51.6%，其中第三产业增加值比上年提高1.4个百分点。全年人均国内生产总值53 980元，比上年增长6.1%。全年国民总收入742 352亿元，比上年增长6.9%。2016年末全国总人口138 271万人，比上年末增加809万人，其中城镇常住人口79 298万人，占总人口比重为57.35%，比上年末提高1.25个百分点。全年全国一般公共预算收入159 552亿元，比上年同口径增加6 828亿元，增长4.5%，其中税收收入130 354亿元，增加5 432亿元，增长4.3%。全年社会消费品零售总额332 316亿元，比上年增长10.4%，扣除价格因素，实际增长9.6%。按经营地统计，城镇消费品零售额285 814亿元，增长10.4%；乡村消费品零售额46 503亿元，增长10.9%。全年货物进出口总额243 386亿元，比上年下降0.9%。其中，出口138 455亿元，下降1.9%；进口104 932亿元，增长0.6%。对“一带一路”沿线国家进出口总额62 517亿元，比上年增长0.5%。其中，出口38 319亿元，增长0.5%；进口24 198亿元，增长0.4%。全年全国居民人均可支配收入23 821元，比上年增长8.4%，扣除价格因素，实际增长6.3%；按常住地分，城镇居民人均可支配收入33 616元，比上年增长7.8%，扣除价格因素，实际增长5.6%；农村居民人均可支配收入12 363元，比上年增长8.2%，扣除价格因素，实际增长6.2%。

资料来源：《中华人民共和国2016年统计公报》。

思考： 上述案例引用了国内生产总值、国民总收入、全年社会消费品零售总额、进出口总额、居民人均可支配收入等常用的国民经济统计指标，借助于这些指标，我们可以了解一个国家或地区经济和社会发展的基本情况。你接触过这些统计指标吗？这些指标的具体含义、内容、计算口径、计算方法及适用的领域是什么？它们又在社会和经济发展中发挥着什么样的作用？

学习目标

1. 了解总量指标、相对指标、平均指标、标志变异指标的概念、表现形式、作用、分类方法。
2. 熟练掌握相对指标、平均指标、标志变异指标的计算方法。
3. 能根据特定的统计研究任务，综合运用各类指标进行统计分析。

任务一

总量指标

一、总量指标的含义

总量指标是用来反映社会经济现象在一定条件下的总规模、总水平或工作总量的统计指标。总量指标用绝对数表示，也就是用一个绝对数来反映特定现象在一定时间上的总量状况，它是一种最基本的统计指标。例如 2015 年国家统计公报资料显示：国内生产总值 676 708亿元，其中，第一产业增加值 60 863 亿元，第二产业增加值 274 278 亿元，第三产业增加值 341 567 亿元，粮食产量 62 144 万吨，全社会固定资产投资 562 000 亿元，年末全国（不含港澳台）总人口 137 462 万人等，这些都是用来说明 2015 年全国在生产建设和人口方面的总规模或总水平的总量指标。

二、总量指标的作用

总量指标在社会经济统计中具有重要的作用。

总量指标是认识社会经济现象的起点。人们要想了解一个国家或一个地区的国民经济和社会发展状况，首先要准确地掌握客观现象在一定时间、地点条件下的发展规模或水平，然后才能更深入地认识社会。例如：为了科学地指导国民经济和社会的协调发展，就必须通过总量指标正确地反映社会主义再生产的基本条件和国民经济各部门的工作成果，即反映我国土地面积、人口和劳动资源、自然资源、国民财富、钢产量、工业总产值、粮食产量、农业总产值、国民收入额以及教育文化等方面的发展状况。

总量指标是实行社会经济管理的依据之一。一个国家或地区为更有效地指导经济建设，保持国民经济协调发展，就必须了解和分析各部门之间的经济关系。这些关系虽然可以用相对数、平均数来反映，但归根结底还是需要借助于各部门在各个不同时间的总量指标。

总量指标是计算相对指标和平均指标的基础。总量指标是统计整理汇总后，首先得到的能说明具体社会经济总量的综合性数字，是最基本的统计指标。相对指标和平均指标一般都是由两个有联系的总量指标相对比而计算出来的，它们是总量指标的派生指标。总量指标计算是否科学、合理、准确，将会直接影响相对指标和平均指标的准确与否。

三、总量指标的计量单位

总量指标的计量形式都是有名数，都有计量单位。根据总量指标所反映现象的性质不同，其计量单位一般有实物单位、货币单位和劳动量单位三种。

（一）实物单位

实物单位是根据事物的外部特征或物理属性而采用的单位。它又分为：

（1）自然单位。如鞋以“双”为单位，桌子以“张”为单位，拖拉机以“台”为单位等。

（2）度量衡单位。度量衡单位是以已经确定出的标准来计量实物的重量、长度、面积、容积等的单位，如吨、千米、米等。

（3）复合单位。复合单位是两个单位的乘积。如货物周转量用“吨千米”计量，电的度数用“千瓦时”计量等。

（4）双重单位。双重单位是用两种或两种以上的单位结合起来进行计量。如起重机的计量单位是“台/吨”，货轮用“艘/马力/吨位”计量。

（5）标准实物单位。标准实物单位是按照统一的折算标准来计量事物数量的一种实物单位，它主要用于计量存在差异的工业产品和农产品。为了准确地反映总量，需要把各产品按照一定的标准折合成标准品再相加。如把含氮量不同的化肥都折合成含氮100%的标准化肥，把各种能源都折合成热量值为7 000千卡/千克的标准煤等。以实物单位计量的总量指标，叫做实物指标。

（二）货币单位

货币单位也叫价值单位，它以货币作为价值尺度来计量社会财产和劳动成果。例如国内生产总值、城乡居民储蓄额、外汇收入、财政收入都必须用货币单位来计量，常见的货币单位有美元、人民币、欧元等。用货币单位计量的总量指标叫做价值指标。价值指标具有十分广泛的应用范围，在国民经济管理中起着重要的作用。

（三）劳动量单位

劳动量单位主要用于企业内部计量工业产品的数量，它是用生产工业产品所必需的劳动时间来计量生产工人的劳动成果。企业首先根据自身的生产状况制定出生产单位产品所需的工时定额，再乘以产品的实物即得以劳动量单位计量的产量指标——劳动量指标，也叫做定额工时总产量。

四、总量指标的种类

（一）按总量指标所反映的内容不同来划分，分为总体单位总量和总体标志总量

总体单位总量（即总体单位数）是反映总体或总体各组单位的总量指标。它是总体内所有单位的合计数，主要用来说明总体本身规模的大小。如调查全国人口的基本情况时，全国人口数就是总体单位总量；调查了解全国工业企业的生产经营状况时，全国工业企业数就是总体单位总量。

总体标志总量是反映总体或总体各组标志值总和的总量指标。它是总体各单位某一标志值的总和，主要用来说明总体各单位某一标志值总量的大小。如调查了解全国工业企业的生产经营状况时，全国工业企业的职工总人数、工资总额、工业增加值和利税总额等，都是总

体标志总量。

总体单位总量和总体标志总量不是固定不变的，而是随着研究目的和研究对象的变化而变化。一个总量指标常常在一种情况下表现为总体标志总量，在另一种情况下则表现为总体单位总量。如上例的调查目的改为调查了解全国工业企业职工的工资水平，那么，全国工业企业的职工人数就不再是总体标志总量，而成了总体单位总量。明确总体单位总量和总体标志总量之间的差别，对于计算和区分相对指标和平均指标具有重要的意义。

（二）按总量指标所反映的时间状况不同来划分，分为时期指标和时点指标

时期指标是反映现象在一定时期内发展过程的总量指标，如人口出生数、商品销售额、产品产量、产品产值等。

时点指标是反映现象在某一时点（瞬间）所处状况的总量指标，如年末人口数、季末设备台数、月末商品库存数等。

为了正确区分时期指标与时点指标，还须明确它们各自的特点。

(1) 时期指标无重复计算，可以累加，用来说明较长时期内现象发生的总量，如年产值是月产值的累计数，表示年内各月产值的总和；而时点指标有重复计算，除在空间上或计算过程中可相加外，一般相加无实际意义，如月末人口数之和不等于年末人口数。

(2) 时期指标数值的大小与包含的时期长短有直接关系。一般情况下，时期越长数值越大，如年产值通常大于年内某月产值，但有些现象如利润等若出现负数，则可能出现时期越长数值越小的情况；时点指标数值与时点间隔长短没有直接关系，如年末设备台数并不一定比年内某月月末的设备台数多。

(3) 时期指标的数值一般通过连续登记取得，时点指标的数值则通过间断登记取得。

（三）按总量指标采用的计量单位不同来划分，分为实物指标、价值指标、劳动量指标

1. 实物指标

实物指标是用实物单位计量的总量指标。实物单位是根据事物的属性和特点而采用的计量单位，主要有自然单位、度量衡单位和标准实物单位。

(1) 自然单位是按照研究现象的自然状况来度量数量的一种计量单位，如人口以“人”为单位，汽车以“辆”为单位，牲畜以“头”为单位等。

(2) 度量衡单位是按照统一的度量衡制度的规定来度量数量的一种计量单位，如煤炭以“吨”为单位，棉布以“尺”或“米”为单位，运输里程以“千米”为单位等。度量衡单位的采用主要是由于有些事物无法采用自然单位来表明其数量，如粮食、钢铁等；另外有些实物如鸡蛋等，虽然也可以采用自然单位，但不如用度量衡单位准确方便。

(3) 标准实物单位是按照统一折算标准来度量研究现象数量的一种计量单位，如将各种不同含量的化肥，用折纯法折合成含量100%来计算其总量，将各种不同发热量的能源统一折合成7 000千卡/千克的标准煤单位计算其总量等。在统计中为了准确地反映某些事物的具体数量和相应的效能，还有一种复合单位，即将两种计量单位结合在一起以乘积表示事物的数量，如货物周转量就是用“吨/千米”来表示铁路货运工作量的。

2. 价值指标

价值指标是用货币单位计量的总量指标。货币单位是用货币“元”来度量社会劳动成果

或劳动消耗的计量单位，如国内生产总值、社会商品零售额、产品成本等，都是以“元”或扩大为“万元”“亿元”来计量的。

价值指标具有广泛的综合性和概括性。它能将不能直接相加的产品数量过渡到能够相加，用以综合说明具有不同使用价值的产品总量或商品销售量等的总规模或总水平。价值指标广泛应用于统计研究、计划管理和经济核算之中。但价值指标也有其局限性，综合的价值量容易掩盖具体的物质内容，比较抽象。因此，在实际工作中，应注意把价值指标与实物指标结合起来使用，以便全面认识客观事物。

3. 劳动量指标

劳动量指标是用劳动量单位计量的总量指标。劳动量单位是用劳动时间表示的计量单位，如“工日”“工时”等。工时是指一个职工做一个小时的工作，工日通常指一个职工做 8 小时的工作。这种统计指标虽然不多，但常遇到。如工厂考核职工出勤情况，每天要登记出勤人数，把一个月的出勤人数汇总就不能用“人”来计量而应用“工日”。又如工厂实行计件工资制，要对每个零部件在每道工序上都规定劳动定额，假设某零件规定一小时生产 60 件，则每一件就是一个定额工分，某工人一天生产 600 件，即生产的产品为 600 定额工分，即 10 个定额工时。由于各企业的定额水平不同，劳动量指标不适宜在各企业间进行汇总，往往只限于企业内部的业务核算。

任务二

相对指标

一、相对指标的含义

相对指标，是用两个有联系的总量指标进行对比的比值来反映社会经济现象数量特征和数量关系的综合指标。例如：某企业 2016 年完成利润总额 1 100 万元，2015 年利润总额为 1 000 万元，计算得到相对指标为 1 100/1 000＝110%，说明 2016 年利润比 2015 年增长了 10%。

相对指标的具体数值表现为相对数，有两种表现形式：无名数和复名数。无名数是一种抽象化的数值，多以系数、倍数、成数、百分数或千分数表示。复名数是主要用来表示强度的相对指标，以表明事物的密度、强度和普遍程度等。例如：人均粮食产量用“千克/人”表示，人口密度用“人/平方千米”表示等。

二、相对指标的作用

（1）相对指标通过数量之间的对比，可以表明事物相关程度、发展程度，可以弥补总量指标的不足，使人们清楚了解现象的相对水平和普遍程度。例如：某企业去年实现收入 500

万元，今年实现600万元，则今年收入增长了20%，这是总量指标不能说明的。

（2）把现象的绝对差异抽象化，使原来无法直接对比的指标变为可比。不同的企业由于生产规模条件不同，直接用总产值、利润比较评价意义不大，但如果采用一些相对指标，如资金利润率、资金产值率等进行比较，便可对企业生产经营成果做出合理评价。

（3）说明总体内在的结构特征，为深入分析事物的性质提供依据。例如：计算一个地区不同经济类型的结构，可以说明该地区经济的性质；计算一个地区的第一、二、三产业的比例，可以说明该地区社会经济现代化程度等。

三、相对指标的种类

相对指标按其作用不同可划分为六种：结构相对指标、比例相对指标、比较相对指标、动态相对指标、强度相对指标和计划完成程度相对指标。

（一）结构相对指标

结构相对指标是总体的某一部分数值与总体数值相对比求得的比重或比率指标，也称比重相对指标。结构相对指标通常用来反映总体的结构和分布状况等，一般用百分数表示。各组比重之和等于100%或1。其计算公式如下：

$$结构相对指标=\frac{总体某一部分数值}{总体全部数值}\times 100\%$$

例4-1

2015年中国国内生产总值676 708亿元，其中，第一产业增加值60 863亿元，第二产业增加值274 278亿元，第三产业增加值341 567亿元。计算第一产业、第二产业、第三产业在国内生产总值中所占的比重。

解：第一产业在国内生产总值中所占的比重=60 863/676 708=8.99%

第二产业在国内生产总值中所占的比重=274 278/676 708=40.53%

第三产业在国内生产总值中所占的比重=341 567/676 708=50.47%

从计算结果看出，第一产业在国内生产总值中只占8.99%，对国内生产总值贡献最小；第三产业在国内生产总值中占50.47%，对国内生产总值贡献最大。

（二）比例相对指标

比例相对指标是总体中不同部分数量对比的相对指标，用以分析总体范围内各个局部、各个分组之间的比例关系和协调平衡状况。其计算公式如下：

$$比例相对指标=\frac{总体中某一部分数值}{总体中另一部分数值}\times 100\%$$

比例相对指标可以用百分数或几比几的形式表示，有时要求用1∶m∶n的连比形式来反映总体中若干部分之间的比例关系。为了清楚地反映各部分之间的数量关系，用来连比的组数不宜过多。

例 4-2

我国第六次人口普查中，男性人口为 686 852 572 人，女性人口为 652 872 280 人，男女性别比例为 686 852 572/652 872 280，即 105.2∶100。

例 4-3

2018 年某国国民经济核算指标中，第一产业生产总值为 13 884 亿元，第二产业为 33 613 亿元，第三产业为 32 589 亿元，计算比例相对指标。

解：比例相对指标的数值为 13 884∶33 613∶32 589。

计算时考虑到第一产业生产总值最小，可以第一产业生产总值作为对比基数。

$$13\ 884/13\ 884=1，33\ 613/13\ 884=2.4，32\ 589/13\ 884=2.3$$

所以第一产业、第二产业、第三产业的生产总值之间的比例关系为 1∶2.4∶2.3。

（三）比较相对指标

比较相对指标又称比较相对数或同类相对数，就是将不同地区、单位或企业之间的同类指标数值做静态对比而得出的综合指标，表明同类事物在同一时间内不同空间条件下的差异程度或相对状态。该指标一般用百分数或倍数表示，分子、分母可以交换。其计算公式如下：

$$比较相对指标=\frac{甲地区（单位或企业）某类指标数值}{乙地区（单位或企业）某类指标数值}\times 100\%$$

比较相对指标可以是绝对数的对比，也可以是相对数或平均数的对比。由于绝对数容易受总体空间范围的影响，因此多采用相对数或平均数。

比较相对指标可以用于不同国家、地区、单位之间的经济实力比较，也可以用于先进与落后之间的比较，还可以用于实际水平与标准水平或平均水平的比较。通过比较找出差距，挖掘劳动潜力，提高工作质量，促进经济发展。

例 4-4

2018 年甲省的粮食产量为 1 564 万吨，人均产量为 364 千克；乙省粮食产量为 1 989 万吨，人均粮食产量为 305 千克。请分别计算粮食产量和人均粮食产量的比较相对指标。

解：粮食产量相对指标：1 564/1 989=78.63%，1 989/1 564=1.27。

即甲省为乙省的 78.63%或者乙省为甲省的 1.27 倍。

人均粮食产量相对指标：364/305=1.19，305/364=83.79%。

即甲省为乙省的 1.19 倍或者乙省为甲省的 83.79%。

（四）动态相对指标

动态相对指标又称动态相对数或时间相对指标，就是将同一现象在不同时期的两个数值进行动态对比而得出的相对数，借以表明现象在时间上发展变动的程度。该指标通常以百分数或倍数表示，也称为发展速度。发展速度减 1 或 100%为增长速度指标，计算结果大于

100%的部分为增长多少百分数或百分点，小于100%的部分为下降多少百分数或百分点。动态相对指标的计算公式如下：

$$动态相对指标=\frac{报告期指标数值}{基期指标数值}\times 100\%$$

通常，作为比较标准的时期称为基期，与基期对比的时期称为报告期。报告期又称为计算期，即被研究的时期。例如：2016 年我国国内生产总值为 744 127 亿元，2015 年为 676 708 亿元，如果 2015 年选作基期，亦即将 2015 年国内生产总值作为 1，则 2016 年就是报告期。2016 的国内生产总值与 2015 年的国内生产总值对比（744 127/676 708），得出动态相对数为 109.96%，它说明了在 2015 年基础上 2016 年国内生产总值的发展速度。

例 4-5

某企业 2017 年全年实现利润为 1 200 万元，2018 年全年实现利润为 1 360 万元，计算动态相对指标。

解：以 2017 年作为基期，2018 年作为报告期。

动态相对指标=1 360/1 200=113.33%

计算结果表明，该企业 2018 年与 2017 年相比，利润有所增加，增加幅度为 13.33%。

（五）强度相对指标

强度相对指标，又称强度相对数，是两个性质不同但有一定联系的总量指标之间的对比，用来表明某一现象在另一现象中发展的强度、密度和普遍程度。它和其他相对指标根本不同的特点，就在于它不是同类现象指标的对比。其计算公式如下：

$$强度相对指标=\frac{某一总量指标数值}{另一个有联系而性质不同的总量指标数值}\times 100\%$$

强度相对指标以双重计量单位表示，分子与分母的计量单位不同，是一种复名数。例如：人口密度=人口总量指标/面积总量指标，人均产值=国民生产总值/人口数量，所以人口密度单位形式为“人/平方千米”，人均国民生产总值单位形式为“元/人”。

例 4-6

2016 年，我国全年国内生产总值 744 127 亿元，全年国民总收入 742 352 亿元，总人口（不含港澳台）138 271 万人，全年粮食产量 61 624 万吨，全年全社会固定资产投资总额 606 466 亿元。计算全国人均国内生产总值、人均国民收入、人均粮食产量、人均固定资产投资额。

解：人均国内生产总值=744 127/13.827 1=53 816.56（元/人）

人均国民收入=742 352/13.827 1=53 688.19（元/人）

人均粮食产量=61 624/138 271=0.45（吨/人）

人均固定资产投资额=606 466/13.827 1=43 860.68（元/人）

强度相对指标往往牵涉一些人均指标，如人均国民生产总值、全国人均粮食产量、全国人均钢产量等。强度相对指标可以反映客观事物发展的基本概况和水平。它比总量指标更能反映经济发展水平和经济实力。

（六）计划完成程度相对指标

1. 计划完成程度相对指标的含义

计划完成程度相对指标是用来检查、监督计划执行情况的相对指标。计划完成程度相对指标简称计划完成程度指标、计划完成百分比，它以现象在某一段时间内的实际完成数与计划数对比，来观察计划完成程度，通常用百分数表示。其计算公式如下：

$$\text{计划完成程度相对指标}=\frac{\text{实际完成数}}{\text{计划任务数}}\times 100\%$$

此指标根据下达计划任务时期的长短和计划任务数值的表现形式不同，而有多种计算方法，实际应用时需注意区别。计算时需注意，分子、分母的指标性质及计算等方面应保持一致，分子、分母的位置不可互换。

2. 计划完成程度相对指标的具体计算

由于计划数在实际计算中可以表现为绝对数、相对数、平均数等多种形式，因此计算计划完成程度相对指标的方法也不尽相同。

（1）当计划数为绝对数和平均数时：

使用绝对数和平均数计算计划完成程度相对指标时，可直接用上述计算公式。

例 4-7

某企业 2018 年产品计划产量 1 000 件，实际完成 1 120 件，计算产量计划完成程度相对指标。

解：计划完成程度相对指标=(1 120÷1 000)×100%=112%

计算结果表明，该企业实际产量比计划产量增加了 120 件，超额 12%完成产量计划。

例 4-8

某企业劳动生产率计划达到 8 000 元/人，某产品计划单位成本为 100 元，该企业实际劳动生产率达到 9 200 元/人，该产品实际的单位成本为 90 元，计算计划完成程度相对指标。

解：劳动生产率计划完成程度相对指标=(9 200÷8 000)×100%=115%

单位成本计划完成程度相对指标=(90÷100)×100%=90%

计算结果表明，该企业劳动生产率实际比计划提高了 15%，而某产品单位成本实际比计划降低了 10%。这里劳动生产率为正指标，单位成本为逆指标。意思是说，正指标的数值越大越好，大于 100%为超额完成任务；逆指标的数值越小越好，小于 100%为完成任务。

（2）当计划数为相对数时：

当计划数为相对数时，计划完成程度相对指标的计算公式为：

$$计划完成程度相对指标=\frac{实际达到的百分数}{计划达到的百分数}\times 100\%$$

实际表现为两种形式：

$$计划完成程度相对指标=\frac{1+实际增长率}{1+计划增长率}\times 100\%$$

$$计划完成程度相对指标=\frac{1-实际降低率}{1-计划降低率}\times 100\%$$

例 4－9

某企业某产品产量计划要求增长 10%，同时该种产品单位成本计划要求下降 5%，而实际产量增长了 12%，实际单位成本下降了 8%，计算产量和单位成本的计划完成程度相对指标。

解：

$$产量计划完成程度相对指标=\frac{1+12\%}{1+10\%}\times 100\%=101.82\%$$

$$单位成本计划完成程度相对指标=\frac{1-8\%}{1-5\%}\times 100\%=96.84\%$$

计算结果表明，产量计划完成程度大于 100%，说明超额完成了计划，超计划完成 1.82%。而单位成本计划完成程度小于 100%，说明实际成本比计划成本有所降低，但单位成本是逆指标，越小越好，因此也超额完成了成本降低计划，超计划完成 3.16%。

（3）对长期计划执行情况进行考核：

长期计划是指计划期至少为 5 年的经济计划。考核长期计划的执行情况，既要从相对数上计算计划完成的程度，也要从时间上计算提前完成计划的时间。

长期计划任务的下达形式有两种：一种是规定计划期末应达到的水平，另一种是规定计划期内应完成的累计总量。在检查长期计划的完成情况时，根据下达任务的形式不同，计算可分为水平法和累计法。

用水平法检查计划完成程度就是将计划末期（最后一年）实际达到的水平与计划规定的同期应达到的水平相比较，来确定全期是否完成计划。其计算公式如下：

$$计划完成程度相对指标=\frac{长期计划末期实际达到的水平}{长期计划末期计划达到的水平}\times 100\%$$

计算提前完成计划的时间的方法，是根据连续一年时间（即连续 12 个月，可以跨年度或季度计算，但不能间隔）的产量和计划规定最后一年的产量相比较的结果来确定。只要连续一年完成了计划，则后面的时间即为提前完成任务的时间。

例 4－10

某企业五年计划规定的最后一年的产量应达到 720 万件，实际执行情况如表 4－1 所示。

表 4-1　　某企业五年产量完成情况　　单位：万件

年份	第一年	第二年	第三年	第四年				第五年			
				一季度	二季度	三季度	四季度	一季度	二季度	三季度	四季度
产量	350	460	570	150	160	160	170	190	200	210	210

要求计算该企业产量的计划完成程度相对指标及提前完成任务的时间。

解：该企业产量的五年计划完成程度相对指标为：

$$计划完成程度相对指标=\frac{190+200+210+210}{720}\times100\%=112.5\%$$

计算结果表明，该企业超额 12.5%完成五年计划。

采用水平法计算，只要有连续一年时间（可以跨年度）实际完成水平达到最后一年计划水平，就算完成了五年计划，余下的时间就是提前完成计划的时间。本例中，该企业实际从五年计划的第四年第三季度到第五年第二季度连续一年时间的产量达到了计划期最后一年计划产量 720 万件水平（160＋170＋190＋200＝720），完成了五年计划，那么第五年剩下的半年时间就是提前完成计划的时间。也就是说，该企业提前半年完成了任务。

累计法就是通过整个计划期实际完成的累计数与同期计划数相比较，来确定计划完成程度。其计算公式如下：

$$计划完成程度相对指标=\frac{计划期实际完成累计数}{同期计划任务累计数}\times100\%$$

计算提前完成计划的时间的方法，是从计划期开始至某一时间，累计的实际完成数达到了计划数就算完成了计划。将计划全部时间减去完成计划所省时间，即为提前完成计划时间。

例 4-11

某地区“九五”期间计划五年固定资产投资总额 150 亿元，实际各年投资情况如表 4-2 所示。

表 4-2　　某地区“九五”期间固定资产投资完成情况

年份	1996	1997	1998	1999	2000
固定资产实际投资额（亿元）	29.6	32.4	38.9	49.1	60

要求计算该地区“九五”期间固定资产投资完成情况及提前完成任务的时间。

解：该地区“九五”期间固定资产投资的计划完成程度相对指标为：

$$计划完成程度相对指标=\frac{29.6+32.4+38.9+49.1+60}{150}\times100\%=140\%$$

计算结果表明，该地区超额 40%完成“九五”期间固定资产投资计划。

采用累计法计算，只要从中长期计划开始至某一时期止，所累计完成数达到计划数，就算完成了计划。本例中，前四年投资额（29.6＋32.4＋38.9＋49.1＝150）已完成五年计划，比计划时间提前一年。也就是说，该地区提前一年完成了任务。

任务三

平均指标

一、平均指标的含义

平均指标是用以反映社会经济现象总体各单位某一数量标志在一定时间、地点条件下所达到的一般水平的综合指标。该指标多用于社会经济统计中，一般用平均数形式表示，因此也称为统计平均数，它是统计分析中最常用的统计指标之一。例如企业职工的平均工资、产品的平均使用寿命、班级学生的平均成绩等都是平均指标。在同质总体中，同一标志在各单位的数量表现不尽相同，标志值大小各异，这就需要利用平均指标来说明总体的一般水平。平均指标反映了总体分布的共性或一般水平，反映了数据的集中趋势。

平均指标具有如下特点：

(1) 同质性，即总体内各单位的性质是相同的，如果各单位性质上存在差异，就不能计算平均数。

(2) 抽象性，即总体内各同质单位虽然存在数量差异，但在计算平均数时并不考虑这种差异，即把这种差异抽象化了。

(3) 代表性，即尽管各总体单位的标志值大小不一，但可以用平均数这一指标值来代表总体一般水平。

二、平均指标的作用

平均指标在认识社会经济现象总体数量特征方面有重要作用，因此得到广泛应用。

(1) 平均指标可以反映现象总体的综合特征。

(2) 平均指标可以反映分配数列中各变量值分布的集中趋势。

(3) 平均指标经常用来进行同类现象在不同空间、不同时间条件下的对比分析，从而反映现象在不同地区之间的差异，揭示现象在不同时间的发展趋势。

(4) 利用平均指标可以深入进行统计研究分析。平均指标是统计分析的基本指标。无论是进行相关分析、趋势分析、指数分析、抽样推断和预测决策等，都广泛使用平均指标。例如：在抽样推断中，可以用样本平均指标推算总体平均指标；在统计分组的基础上，利用平均指标分析现象直接的依存关系等。

三、平均指标的种类

平均指标按计算和确定的方法不同，分为算术平均数、调和平均数、几何平均数、众数和中位数。前三种平均数是根据总体各单位的标志值计算得到的平均值，称作数值平均数。众数和中位数是根据标志值在分配数列中的位置确定的，称为位置平均数。

（一）算术平均数

算术平均数也称均值，是统计学中最基本、最常用的一种平均指标。它的基本公式是总体标志总量除以总体单位总量。算术平均数是一个良好的集中量数，具有反应灵敏、确定严密、简明易解、适合进一步演算和较少受抽样变化的影响等优点。但算术平均数易受极端数据的影响，这是因为平均数反应灵敏，每个数据的或大或小的变化都会影响最终结果。其计算公式为：

$$算术平均数=\frac{总体标志总量}{总体单位总量}$$

例 4-12

某企业2月份的工资总额为600万元，职工总人数为2 000人，计算该企业工人的月平均工资。

解：

$$平均工资=\frac{工资总额}{职工总人数}=\frac{6\ 000\ 000}{2\ 000}=3\ 000（元）$$

此例中，该企业所有的职工作为研究的总体，职工总人数是总体单位总量。工资作为职工的一个数量标志，月工资总额是所有职工的工资之和，是总体标志总量。所以用工资总额除以职工总人数得到平均工资，该企业工人的月工资的平均水平是3 000元。

在实际工作中，根据所计算的数据是否分组，算术平均数有两种计算形式，即简单算术平均数和加权算术平均数。

1. 简单算术平均数

简单算术平均数适用于未分组的统计资料，它是将总体各单位的标志值简单加总后除以总体单位个数得到的比值。其计算公式为：

$$简单算术平均数=\frac{各单位标志值之和}{总体单位总和}$$

用符号表示为：

$$\bar{x}=\frac{x_1+x_2+x_3+\cdots+x_n}{n}=\frac{\sum x}{n}$$

式中，$\bar{x}$代表算术平均数，x代表各单位的标志值，n代表总体单位数即标志值的个数。

例 4-13

某销售小组有5名销售员，元旦一天的销售额分别为520元、600元、480元、750元和500元，求该日平均销售额。

解：平均销售额=(520+600+480+750+500)/ 5=570（元）

计算结果表明，元旦一天5名销售员的平均销售额为570元。

2. 加权算术平均数

对于数据量比较少的未分组数据，可以采用手工计算平均数，而对于数据量大的未分组数据可借助分布数列用加权法计算平均数。

加权算术平均数适用于分组的统计资料，它是用变量数列中各组标志值乘以相应的各组单位数（次数），然后除以总体单位数，求得平均数。其计算公式为：

$$加权算术平均数=\frac{各组标志数值与该组次数乘积的总和}{各组次数的总和}$$

用符号表示为：

$$\overline{x}=\frac{x_1 f_1+x_2 f_2+x_3 f_3+\cdots+x_n f_n}{f_1+f_2+f_3\cdots+f_n}=\frac{\sum xf}{\sum f}$$

式中，x_1，x_2，x_3，...，x_n是各组的变量值（单项数列中是各组的变量值，组距数列中是各组的组中值）；f_1，f_2，f_3，...，f_n是各组的频数，也称权数。

当权数为比重或频率形式 $\left(\frac{f}{\sum f}\right)$ 时，计算公式为：

$$\overline{x}=\sum\left(x\cdot\frac{f}{\sum f}\right)$$

当被研究的现象总体单位数相当多，且各单位又有相同或相近的标志值时，在资料的整理过程中，往往将其分组并编制成变量数列，在这种情况下，则需要用加权算术平均数的公式来计算。数列有单项数列和组距数列之分，它们的计算方法也不相同，下面分别予以介绍。

（1）根据单项数列计算加权算术平均数。对于单项数列，可以直接用各组的权数对各组变量值进行加权平均。

例 4－14

某企业某日工人的日产量资料如表 4－3 所示：

表 4－3　某企业工人某日生产情况统计表

日产量（件）x	工人人数（人）f
10	70
11	100
12	380
13	150
14	100
合计	800

要求：计算该企业该日全部工人的平均日产量。

解：根据表 4－3，以工人人数作为权数计算平均数的过程如下：

表 4-4 某企业工人平均日产量计算表

日产量（件）x	工人人数（人）f	每组工人生产零件数 xf
10	70	700
11	100	1 100
12	380	4 560
13	150	1 950
14	100	1 400
合计	800	9 710

$$\bar{x}=\frac{\sum xf}{\sum f}=\frac{10\times 70+11\times 100+12\times 380+13\times 150+14\times 100}{800}$$
$$=12.137\ 5(\text{件})$$

例 4-15

承接上例，改变已知条件，以各组次数占总次数的比重为权数，计算平均日产量。

表 4-5 某企业工人平均日产量计算表

日产量（件）x	每组工人数占总人数的比重 $\frac{f}{\sum f}$	$x\cdot\frac{f}{\sum f}$
10	0.087 5	0.875
11	0.125	1.375
12	0.475	5.7
13	0.187 5	2.437 5
14	0.125	1.75
合计	1	12.137 5

$$\bar{x}=\sum\left(x\cdot\frac{f}{\sum f}\right)=10\times 0.087\ 5+11\times 0.125+12\times 0.475+13\times 0.187\ 5$$
$$+14\times 0.125=12.137\ 5(\text{件})$$

（2）根据组距数列计算加权算术平均数。组距数列的计算方法与单项数列基本相同，所用公式一样，不同的是先计算各组的组中值，再以组中值作为某一组变量值的代表值来进行计算。理论上讲，应先计算各组的平均数，再以各组的平均数乘以相应的权数，并计算加权算术平均数，但在实际工作中，很少计算每组的平均数，而是用各组的组中值代替各组平均数。

例 4-16

某商场食品部工人日销售资料如表 4-6 所示，试计算平均日销售额。

表 4－6　　某商场食品部工人日销售情况表

按日销售额分组（元）	职工人数（人）
2 000～2 500	9
2 500～3 000	22
3 000～3 500	30
3 500～4 000	20
4 000～4 500	19
合计	100

解：

表 4－7　　某商场食品部工人平均日销售额计算表

按日销售额分组（元）	组中值 x	职工人数（人）f	xf
2 000～2 500	2 250	9	20 250
2 500～3 000	2 750	22	60 500
3 000～3 500	3 250	30	97 500
3 500～4 000	3 750	20	75 000
4 000～4 500	4 250	19	80 750
合计	—	100	334 000

$$\bar{x}=\frac{\sum xf}{\sum f}=\frac{2\,250\times 9+2\,750\times 22+3\,250\times 30+3\,750\times 20+4\,250\times 19}{100}$$

$$=3\,340(\text{元})$$

例 4－17

承接上例，改变已知条件，以各组职工人数占总人数的比重为权数，试计算平均日销售额。

解：

表 4－8　　某商场食品部工人平均日销售额计算表

按日销售额分组（元）	组中值 x	每组职工人数占总人数的比重 $\frac{f}{\sum f}$	$x\cdot\frac{f}{\sum f}$
2 000～2 500	2 250	0.09	202.5
2 500～3 000	2 750	0.22	605
3 000～3 500	3 250	0.3	975
3 500～4 000	3 750	0.2	750
4 000～4 500	4 250	0.19	807.5
合计	—	1	3 340

$$\bar{x}=\sum(x\cdot\frac{f}{\sum f})=2\,250\times 0.09+2\,750\times 0.22+3\,250\times 0.3+3\,750\times 0.2$$

$$+4\,250\times 0.1=3\,340(\text{元})$$

由上述计算可以看出，加权算术平均数的大小受两个因素的影响：其一是受变量值（x）大小的影响，其二是受各组权数（f 或 $\frac{f}{\sum f}$）的大小的影响。在计算平均数时，由于出现次数多的标志值对平均数的影响大些，出现次数少的标志值对平均数的影响小些，因此就把次数称为权数。以表 4-4 为例：日产量为 12 件的那组工人人数最多（为 380 人），该组对平均值的影响最大，平均日产量（12.137 5 件）与该组变量值（12 件）最为接近。在分组数列的条件下，当各组标志值出现的次数或各组次数所占比重均相等时，权数就失去了权衡轻重的作用，这时用加权算术平均数计算的结果与用简单算术平均数计算的结果相同。

（二）调和平均数

调和平均数又称倒数平均数，是总体各单位标志值倒数的算术平均数的倒数。调和平均数是平均数的一种。调和平均数是算术平均数的变形，附属于算术平均数，不能单独成立体系，且计算结果与加权算术平均数完全相等。调和平均数主要是在无法掌握总体单位数（频数），只有每组的变量值和相应的标志总量而需要求得平均数的情况下使用的一种数据方法。调和平均数也有简单调和平均数和加权调和平均数两种。

1. 简单调和平均数

简单调和平均数是标志值倒数的简单算术平均数的倒数。可以在各个标志值相应的标志总量均为一个单位的情况下求平均数时，用简单的方式计算平均数。其计算公式为：

$$\bar{x}_H=\frac{n}{\frac{1}{x_1}+\frac{1}{x_2}+\cdots+\frac{1}{x_n}}=\frac{n}{\sum\frac{1}{x}}$$

式中，$\bar{x}_H$ 代表调和平均数，n 代表标志总量，x 代表各标志值。

例 4-18

某集贸市场西红柿的价格，早市每千克 1 元，午市每千克 0.50 元，晚市每千克 0.25 元，若早、中、晚各买 1 元的量，计算平均价格。

解：用算术平均数计算：

早、中、晚各买 1 元，合计花 3 元。

早上用 1 元可买 1/1=1 千克，中午用 1 元可买 1/0.5=2 千克，晚上用 1 元可买 1/0.25=4 千克，合计买西红柿 7 千克。

$\bar{x}=3/7=0.43$（元/千克）

用简单调和平均数计算：

$$\bar{x}_H=\frac{n}{\sum\frac{1}{x}}=\frac{3}{\frac{1}{1}+\frac{1}{0.5}+\frac{1}{0.25}}=0.43(\text{元/千克})$$

2. 加权调和平均数

加权调和平均数是指各单位标志值倒数的加权算术平均数的倒数。如果掌握的资料是各组的标志值和标志总量，而未掌握各组单位数，则用加权调和平均数计算平均指标。若以 m 代表各项权数，则计算公式为：

$$\overline{x}_H=\frac{m_1+m_2+\cdots+m_n}{\frac{m_1}{x_1}+\frac{m_2}{x_2}+\cdots+\frac{m_n}{x_n}}=\frac{\sum m}{\sum \frac{m}{x}}$$

式中，m 是调和平均数的权数，它不是各组变量值出现的次数，而是各组标志值总量。

例 4-19

某工厂购进材料 3 批，每批价格及采购金额资料如表 4-9 所示：

表 4-9　　某工厂采购材料情况表

	价格（元/千克）x	采购金额（元）m
第一批	35	10 000
第二批	40	20 000
第三批	45	15 000
合计	—	45 000

要求计算该工厂采购材料的平均价格。

解：$\overline{x}_H=\frac{\sum m}{\sum \frac{m}{x}}=\frac{45\ 000}{\frac{10\ 000}{35}+\frac{20\ 000}{40}+\frac{15\ 000}{45}}=\frac{45\ 000}{1\ 119}=40.21$（元/千克）

（三）几何平均数

几何平均数是用 n 个变量值相乘后开 n 次方的算术根来计算的平均数。在统计中，几何平均数适用于变量各值相互联系与非独立情形，常用于计算平均发展速度、平均比率、复利下的平均年利率、连续作业的车间求产品的平均合格率等。根据掌握资料的差异，几何平均数分为简单几何平均数和加权几何平均数两种形式。

1. 简单几何平均数

简单几何平均数是 n 个变量值连乘积的 n 次方根。它适用于未分组资料，其计算公式为：

$$G=\sqrt[n]{x_1\,x_2\cdots x_n}=\sqrt[n]{\prod x}$$

式中，G 代表几何平均数，x 代表变量值，n 代表变量值的个数，Π 代表连乘。

例 4-20

某地区 2011—2015 五年计划期间，经济发展速度分别为 104.1%、107.7%、110.5%、114.0%、118.0%。计算该地区 2011—2015 五年的平均发展速度。

解：该地区 2011—2015 五年的平均发展速度为：

$$G=\sqrt[n]{\prod x}=\sqrt[5]{104.1\%\times107.7\%\times110.5\%\times114.0\%\times118.0\%}$$
$$=110.75\%$$

2. 加权几何平均数

当计算几何平均数的各个变量值的次数不相同时，应采用加权几何平均数。其计算公式为：

$$G=\sqrt[f_1+f_2+\cdots+f_n]{x_1^{f_1}\ x_2^{f_2}\ \cdots x_n^{f_n}}=\sqrt[\sum f]{\prod x^f}$$

例 4-21

某银行某项投资的年利率以复利计息，贷款期为 10 年。10 年的年利率分别为：1 年为 4%，2 年为 10%，3 年为 6%，4 年为 8%，试计算 10 年的平均年利率。

解：$G=\sqrt[\sum f]{\prod x^f}=\sqrt[1+3+4+2]{1.04^1\times1.1^2\times1.06^3\times1.08^4}=107.38\%$

$107.38\%-1=7.38\%$

（四）众数

众数是指总体中出现次数最多的标志值，就是该总体各单位中最普通、最常出现的标志值。众数是一种位置平均数，它不受极端数值的影响，一般用M_0表示。例如：一组数据“1，2，3，3，4”的众数是 3。众数在实际工作中往往可以代表现象的一般水平，如市场上某种商品大多数的成交价格，多数人的服装和鞋帽尺寸等。但只有在总体单位数多且有明显的集中趋势时，才可计算众数。一般而言，众数的确定比较简单，不需要进行复杂的计算，只要大量观察就可以得知。根据掌握资料的内容不同，确定众数有以下两种方法。

1. 根据单项数列确定众数

根据单项数列求众数，不需要任何计算，可以直接从单项数列中找出出现次数最多或频率最高的一组标志值，就是所求的众数。

例 4-22

某制鞋厂要了解消费者最需要哪种型号的男式皮鞋，调查了某百货商场一季度的销售情况，分组资料如表 4-10 所示。试计算众数。

表 4-10　某百货商场一季度男式皮鞋的销售数据

鞋号（cm）	24	24.5	25	25.5	26	26.5	27
销售量（双）	15	85	130	520	300	124	55

从表中可以看出，25.5cm 的鞋号销售量最多，所以众数是鞋号 25.5cm。对于制鞋厂而言，可以大批量生产鞋号 25.5cm 的男式皮鞋，满足顾客对皮鞋所需尺寸的集中趋势，既便捷又符合实际。

2. 根据组距数列确定众数

在组距数列条件下确定众数比较复杂，应先确定众数所在组，然后运用上限或下限公式进行计算，以求得近似众数。其计算公式为：

下限公式：

$$M_0=L+\frac{\Delta_1}{\Delta_1+\Delta_2}\times d$$

上限公式：

$$M_0 = U - \frac{\Delta_2}{\Delta_1 + \Delta_2} \times d$$

式中，M_0代表众数，L代表众数组下限，U代表众数组上限，Δ_1代表众数组次数与前一组次数之差，Δ_2代表众数组次数与其后一组次数之差，d代表众数组组距。

例 4-23

现检测某厂生产的一批电子产品的耐用时间，得到资料如表 4-11 所示。试计算这批电子产品耐用时间的众数。

表 4-11　　电子产品的耐用时间数据资料

耐用时间（小时）	产品个数（个）
600 以下	80
600～800	165
800～1 000	245
1 000～1 200	160
1 200～1 400	30
1 400 以上	20
合计	700

解：由上表可知，耐用时间在 800～1 000 小时的产品最多，所以这一组为众数组。其中，$L=800$，$U=1\,000$，$d=1\,000-800=200$，$\Delta_1=245-165=80$，$\Delta_2=245-160=85$。

按下限公式计算：

$$M_0=800+\frac{80}{80+85}\times 200=896.97\text{（小时）}$$

按上限公式计算：

$$M_0=1000-\frac{85}{80+85}\times 200=896.97\text{（小时）}$$

上述结果表明，按下限公式或上限公式计算出的结果是一致的，实际工作中选用其中一种方法计算即可。

（五）中位数

中位数是把现象总体中的各单位标志值按大小顺序排列，处于数列中点位置的标志值，一般用M_e表示。中位数不受极端数值的影响，反映整个总体各单位标志值的平均水平，在总体标志值差异很大时，具有较强的代表性。如果一组数据中含有异常或极端的数据，就有可能得到代表性不高的甚至可能产生误导的平均数，这时使用中位数来度量该组数据的集中趋势比较合适。根据掌握资料的内容的不同，确定中位数有以下三种方法。

1. 根据未分组的资料确定中位数

未经分组的情况，中位数的确定为：先将各单位按标志值大小顺序排列，然后确定中位数所在位置，最后确定中位数的具体数值。设排序的结果为$x_1 \leqslant x_2 \leqslant x_3 \leqslant \cdots \leqslant x_n$，那么：

（1）若总体单位数 n 为奇数，中位数$M_e = x_{\frac{n+1}{2}}$；

（2）若总体单位数 n 为偶数，中位数$M_e = \dfrac{x_{\frac{n}{2}} + x_{\frac{n}{2}+1}}{2}$。

例如：某售货小组 5 个人，某天的销售额按从小到大的顺序排列为 450 元、470 元、510 元、630 元、760 元，则中位数的位置为$\frac{n+1}{2}=\frac{5+1}{2}=3$，即第 3 个位置的标志值就是中位数——中位数是 510 元。若上述售货小组为 6 个人，某天的销售额按从小到大的顺序排列为 450 元、470 元、510 元、630 元、760 元、770 元，最中间两个数的位置是$\frac{n}{2}=\frac{6}{2}=3$，$\frac{n}{2}+1=\frac{6}{2}+1=4$，则中位数应为第 3 和第 4 个单位标志值的算术平均数：$M_e=\frac{510+630}{2}=570$（元）。

2. 根据单项数列确定中位数

（1）首先计算各组的累计次数（向上累计或向下累计）。

（2）确定中位数所在组，包含 $\frac{\sum f}{2}$ 的累计频数所在的组是中位数所在组。

（3）中位数所在组的标志值即为中位数。

例 4－24

某学院 2017 到 2018 学年共有 30 名同学获得奖学金，获奖情况如表 4－12 所示。计算奖学金的中位数。

表 4－12　　学生获奖学金分布情况及中位数计算表

奖学金金额（元）	人数（人）	向上累计	向下累计
300	4	4	30
500	5	9	26
800	8	17	21
1 000	7	24	13
1 500	6	30	6
合计	30	—	—

解：从表中资料计算，$\frac{\sum f}{2}=\frac{30}{2}=15$，中位数所在组是第三组，中位数在第 15 人的位置上。无论是向上累计还是向下累计，所选择的累计人数数值都应是大于 15 人的最小数值。表中的 17 和 21 符合这一要求，它们对应的都是第三组，即 800 元是中位数。

3. 根据组距数列确定中位数

（1）首先计算各组的累计次数（向上累计或向下累计）。

（2）确定中位数所在组，包含 $\frac{\sum f}{2}$ 的累计频数所在的组是中位数所在组。

（3）根据上限公式或下限公式确定中位数的值。

下限公式（采用向上累计）：

$$M_e=L+\frac{\frac{\sum f}{2}-S_{m-1}}{f_m}\times d$$

上限公式（采用向下累计）：

$$M_e = U - \frac{\frac{\sum f}{2} - S_{m+1}}{f_m} \times d$$

式中，L 是中位数所在组的下限，U 是中位数所在组的上限，f_m 是中位数所在组的次数，S_{m-1} 是向上累计时中位数所在组以前各组的累计次数，S_{m+1} 是向下累计时中位数所在组以后各组的累计次数，d 是中位数所在组的组距。

例 4-25

用表 4-11 中的数据说明中位数的确定方法，计算结果见表 4-13。

表 4-13　电子产品的耐用时间中位数确定表

耐用时间（小时）	产品个数（个）	向上累计	向下累计
600 以下	80	80	700
600～800	165	245	620
800～1 000	245	490	455
1 000～1 200	160	650	210
1 200～1 400	30	680	50
1 400 以上	20	700	20
合计	700	—	—

解：中位数位置为：$\frac{\sum f}{2} = \frac{700}{2} = 350$，中位数在第三组，分布在 800～1 000 小时之间。

根据累计时间计算结果得知：$L=800$，$U=1\ 000$，$d=200$，$f_m=245$，$S_{m-1}=245$，$S_{m+1}=210$。

按下限公式确定：

$$M_e = 800 + \frac{\frac{700}{2} - 245}{245} \times 200 = 885.71\text{（小时）}$$

按上限公式确定：

$$M_e = 1\ 000 - \frac{\frac{700}{2} - 210}{245} \times 200 = 885.71\text{（小时）}$$

上述结果表明，按下限公式或上限公式确定中位数，其结果是一样的，实际工作中根据情况选择一种方法计算即可。

任务四 标志变异指标

一、标志变异指标的含义

前述算术平均数、中位数和众数，都是用来反映现象的集中趋势，也就是说它们反映了总体中各单位相互差异标志值的共性。但为了更全面地研究总体的数量状况，就还需要另一种类型的指标，用来反映总体中各单位相互差异的程度，也就是现象的离中趋势。这类指标在统计中称为标志变异指标（或称变动指标、标志变动度）。

标志变异指标综合反映总体各单位标志值的差异程度或离散程度，是说明总体特征的另一个重要指标，与平均数的作用相辅相成。标志变异指标越大，表明数据越分散、不集中；标志变异指标越小，表明数据越集中，变动范围越小；标志变异指标反映现象总体各单位变量分布的离中趋势。

标志变异指标和平均指标都是分析变量数列的重要指标。平均指标是测定变量数列的集中趋势，标志变异指标则是测定变量数列的离中趋势。因此不仅要计算平均指标，而且要计算标志变异指标，两者互相配合，互相补充，才能对总体做出全面的分析。

二、标志变异指标的作用

标志变异指标在社会经济统计分析中的重要作用，可以简述为以下三点：

（1）标志变异指标衡量平均数代表性的大小。平均指标作为总体各单位标志值集中趋势的代表性数据，其代表性的大小与总体各单位标志值差异程度有直接关系。可以证明这种关系表现为总体的标志变异指标值愈大，平均数代表性愈小；反之，标志变异指标值愈小，平均数代表性愈大。

（2）标志变异指标可用来研究社会经济现象的节奏性、均衡性和稳定性。标志变异指标可以表明生产过程中的节奏性或其他经济活动过程的均衡性，因此，利用它可以进行产品质量控制和评价经济管理工作的质量。

（3）标志变异指标是统计推断的重要依据。标志变异指标是确定抽样单位数和计算抽样误差的必要依据，也是判别统计推断前提条件是否成立、衡量推断效果好坏的重要尺度。这部分内容将在抽样估计中详述。

三、标志变异指标的种类

在统计分析过程中，常用的标志变异指标有全距、平均差、标准差及离散系数等几种类型。

（一）全距

全距是总体各单位标志值中最大值和最小值的差距。它最简明地说明标志值的变动范围。其计算公式为：

$$R=x_{max}-x_{min}$$

式中，R 表示全距，x_{max}表示总体中最大的标志值，x_{min}表示总体中最小的标志值。全距说明了总体中标志值的变动范围。全距越大，说明标志值的变动范围越大，从而说明标志值的差异越大；反之则越小。

计算全距时，要依据资料条件而定。如果未整理的统计数据，则可以找出最大值与最小值，然后相减得到全距；如果为单项数列，可找出最大值与最小值，然后相减求得全距；如果为组距数列，可用数列中最高一组的上限减去最低一组的下限，求全距的近似值。

例 4-26

某车间两个生产小组各人日产量（件）如下：

甲组：20，40，60，70，80，100，120；

乙组：67，68，69，70，71，72，73。

要求：两个生产小组的平均日产量都是 70 件，但是哪一组的变动差异比较大呢？

解：甲组全距$R_{甲}=120-20=100$（件）

乙组全距$R_{乙}=73-67=6$（件）

这说明甲组数据的标志变动度大于乙组数据的标志变动度。

例 4-27

某工厂工人日产零件资料如表 4-14 所示，试计算全距。

表 4-14　某工厂工人日产零件资料表

按每人日产零件数分组（件）	工人人数（人）
100～110	14
110～120	18
120～130	32
130～140	20
140～150	16
合计	100

根据上述组距数列可知：最大一组为 140～150 件，上限为 150 件；最小一组为 100～110 件，下限为 100 件，则全距 $R=150-100=50$ 件。

全距计算简便，易于理解，是测定标志变动度的一种简单方法，但其数值的大小只受两个极端值的影响，忽视了其他数值的差异，因而往往不能充分反映社会经济现象的离散程度。因此，在实际工作中，全距的应用范围较小，一般用于检查产品质量的稳定性和质量控制情况。在正常生产条件下，全距在一定范围内波动，若全距超过给定的范围，就说明有异常情况出现。因此，利用全距有助于及时发现问题，以便采取措施，保证产品质量。

（二）平均差

平均差是总体各单位标志值与平均数离差绝对值的平均数。它表示总体各标志值与平均数的平均差异程度。求平均差之所以用离差的绝对值，是因为任何数列各标志值与算术平均数的正负离差之和都等于 0，而取绝对值可以不考虑离差的正负号，只考虑离差数大小。平均差受总体各单位所有标志值的影响，所以更能综合反映总体标志的变异程度，平均差愈小表示标志变异愈小，分布愈集中。一般以 AD 表示平均差。其计算有两种形式，简单平均差和加权平均差。

1. 简单平均差

根据未分组的原始资料计算平均差，宜采用简单平均法。其计算公式如下：

$$AD=\frac{\sum|x-\overline{x}|}{n}$$

式中 x 代表标志值，$\overline{x}$代表平均数，n 代表总体单位数。

例 4-28

以【例 4-26】中的数据为例，计算两组工人日产量的平均差。计算过程如表 4-15 所示。

表 4-15　　两组工人日产量平均差计算表

甲组（$\overline{x}$=70 件）			乙组（$\overline{x}$=70 件）		
日产量 x	离差 $x-\overline{x}$	离差绝对值 $\|x-\overline{x}\|$	日产量 x	离差 $x-\overline{x}$	离差绝对值 $\|x-\overline{x}\|$
20	−50	50	67	−3	3
40	−30	30	68	−2	2
60	−10	10	69	−1	1
70	0	0	70	0	0
80	10	10	71	1	3
100	30	30	72	2	2
120	50	50	73	3	1
合计	—	180	合计	—	12

甲组工人日产量平均差：

$$AD=\frac{\sum|x-\overline{x}|}{n}=\frac{180}{7}=25.71(\text{件})$$

乙组工人日产量平均差：

$$AD=\frac{\sum|x-\overline{x}|}{n}=\frac{12}{7}=1.71(\text{件})$$

甲组工人的日产量平均差大于乙组工人的日产量平均差，说明甲组工人日产量差异程度较大。

2. 加权平均差

根据分组数列的资料计算平均差，宜采用加权平均法。其计算公式如下：

$$AD=\frac{\sum|x-\overline{x}|f}{\sum f}$$

式中，x 代表每组的标志值或每组的组中值，$\overline{x}$代表平均数，f 代表各组单位数。

例 4－29

以【例 4－27】中的数据为例，计算工人日产量的平均差。计算过程如表 4－16 所示。

表 4－16　某工厂工人日产量的平均差计算表

按每人日产零件数分组（件）	组中值 x	工人人数 f	xf	$x-\overline{x}$	$\|x-\overline{x}\|f$
100～110	105	14	1 470	－20.6	288.4
110～120	115	18	2 070	－10.6	190.8
120～130	125	32	4 000	－0.6	19.2
130～140	135	20	2 700	9.4	188
140～150	145	16	2 320	19.4	310.4
合计	—	100	12 560	—	996.8

工人平均日产量为：

$$\overline{x}=\frac{\sum xf}{\sum f}=\frac{12\,560}{100}=125.6(件)$$

工人日产量的平均差为：

$$AD=\frac{\sum|x-\overline{x}|f}{\sum f}=\frac{996.8}{100}=9.968(件)$$

上述结果表明，该工厂日产零件数的平均差为 9.968 件。

平均差可以研究总体所有标志值的差异情况，能够综合地反映总体的离差大小。但平均差采用离差的绝对值，不便于各种代表数运算，因此在实际应用上受到一定的限制，一般用于产品质量检查。在实际应用中更多的是运用标准差的大小来反映数据的差异程度，衡量平均值代表性的大小。

（三）标准差

标准差是总体各单位标志值与平均数离差平方的平均数的平方根，又称均方差。它反映标志值与平均数离差的平均水平，是测定标志变动度最常用的指标。求标准差之所以将离差加以平方，是因为可以消除离差的正负号，并将离差程度强化，最后把所得结果开方是为了恢复原来的计量单位。通常以σ表示标准差。根据所掌握资料的不同，标准差有两种计算方法，即简单平均法和加权平均法。

1. 简单平均法

根据未分组的原始资料计算标准差，宜采用简单平均法。其计算公式如下：

$$\sigma=\sqrt{\frac{\sum(x-\overline{x})^2}{n}}$$

式中，σ 表示标准差，其他符号同前。

例 4－30

以【例 4－26】中的数据为例，计算两组工人日产量的标准差。计算过程如表 4－17 所示。

表 4－17　两组工人日产量的标准差计算表

甲组（$\overline{x}$=70 件）			乙组（$\overline{x}$=70 件）		
日产量 x	离差 $x-\overline{x}$	离差的平方 $(x-\overline{x})^2$	日产量 x	离差 $x-\overline{x}$	离差的平方 $(x-\overline{x})^2$
20	−50	2500	67	−3	9
40	−30	900	68	−2	4
60	−10	100	69	−1	1
70	0	0	70	0	0
80	10	100	71	1	1
100	30	900	72	2	4
120	50	2500	73	3	9
合计	—	7000	合计	—	28

$$\sigma_{甲}=\sqrt{\frac{\sum(x-\overline{x})^2}{n}}=\sqrt{\frac{7\ 000}{7}}=31.62(件)$$

$$\sigma_{乙}=\sqrt{\frac{\sum(x-\overline{x})^2}{n}}=\sqrt{\frac{28}{7}}=2(件)$$

上述计算结果表明，甲组日产量的差异程度大于乙组日产量的差异程度，乙组的平均值的代表性较大。

2. 加权平均法

根据分组数列的资料计算标准差，宜采用加权平均法。其计算公式如下：

$$\sigma=\sqrt{\frac{\sum(x-\overline{x})^2f}{\sum f}}$$

式中，x 代表每组的标志值或每组的组中值，$\overline{x}$代表平均数，f 代表各组单位数。

例 4－31

以【例 4－27】中的数据为例，计算工人平均日产量的标准差。计算过程如表 4－18 所示。

表 4－18　某工厂工人日产量的标准差计算表

按每人日产零件数分组（件）	组中值 x	工人人数 f	xf	$x-\overline{x}$	$(x-\overline{x})^2$	$(x-\overline{x})^2f$
100～110	105	14	1 470	−20.6	424.36	5 941.04
110～120	115	18	2 070	−10.6	112.36	2 022.48

续前表

按每人日产零件数分组（件）	组中值 x	工人人数 f	xf	$x-\overline{x}$	$(x-\overline{x})^2$	$(x-\overline{x})^2 f$
120～130	125	32	4 000	−0.6	0.36	11.52
130～140	135	20	2 700	9.4	88.36	1 767.2
140～150	145	16	2 320	19.4	376.36	6 021.76
合计	—	100	12 560	—	—	15 764

工人平均日产量为：

$$\overline{x}=\frac{\sum xf}{\sum f}=\frac{12\ 560}{100}=125.6(件)$$

工人平均日产量的标准差为：

$$\sigma=\sqrt{\frac{\sum(x-\overline{x})^2 f}{\sum f}}=\sqrt{\frac{15\ 764}{100}}=12.56(件)$$

（四）离散系数

在比较两个数列的平均数代表性大小时，如果它们的平均水平不同或计量单位不同，就不能用前述的标志变异指标直接比较它们的差异程度，而应该用标志变异指标的相对指标即离散系数进行比较。常用的离散系数有平均差系数和标准差系数。

平均差系数的计算公式为：

$$V_{AD}=\frac{AD}{\overline{X}}\times 100\%$$

式中，V_{AD}为平均差系数，其余符号同前。

标准差系数的计算公式为：

$$V_{\sigma}=\frac{\sigma}{\overline{X}}\times 100\%$$

式中，V_{σ}为标准差系数，其余符号同前。

离散系数消除了数据水平和计量单位的差异的影响，测度了数据的相对离散程度，可用于对不同组别数据离散程度的比较。离散系数大小与平均数代表性高低呈反方向关系。离散系数越大，说明变量数值的差异程度越大，平均数的代表性就越弱；离散系数越小，说明变量数值的差异程度越小，平均数的代表性就越强。在实际应用中，标准差比平均差应用更广泛，所以一般用标准差系数来比较不同组别数据的离散程度。

例 4-32

甲地区粮食作物的平均单产为 980 千克，标准差为 45 千克；乙地区粮食作物的平均单产为 700 千克，标准差为 40 千克。试问哪个地区粮食作物的生产较稳定？

解：甲地区粮食作物的标准差系数：

$$V_{\sigma}=\frac{45}{980}\times 100\%=4.59\%$$

乙地区粮食作物的标准差系数：

$$V_\sigma=\frac{40}{700}\times 100\%=5.71\%$$

甲地区粮食作物的标准差系数小于乙地区粮食作物的标准差系数，所以甲地区粮食作物的生产较稳定。甲地的该种作物品种既高产，又稳产，具有推广价值。

※ 小结 ※

本项目学习的内容主要包括总量指标、相对指标、平均指标和标志变异指标。

(1) 总量指标是用来反映社会经济现象在一定条件下的总规模、总水平或工作总量的统计指标，用绝对数表示。总量指标是一种最基本的统计指标，它是认识社会经济现象的起点，是实行社会经济管理的依据之一，也是计算相对指标和平均指标的基础。

(2) 相对指标是用两个有联系的总量指标进行对比的结果，它可以表明社会经济现象和过程中所固有的数量对比关系，反映社会经济现象的相关程度和发展程度。相对指标的具体数值表现为相对数，有两种表现形式：无名数和复名数。相对指标按其作用不同可划分为六种：结构相对指标、比例相对指标、比较相对指标、动态相对指标、强度相对指标和计划完成程度相对指标。

(3) 平均指标是用以反映社会经济现象总体各单位某一数量标志在一定时间、地点条件下所达到的一般水平的综合指标。平均指标代表总体分布的共性或一般水平，反映了分配数列中各变量值分布的集中趋势。按计算和确定的方法不同，平均指标分为算术平均数、调和平均数、几何平均数、众数和中位数。前三种平均数是根据总体各单位的标志值计算得到的平均值，称为数值平均数。众数和中位数是根据标志值在分配数列中的位置确定的，称为位置平均数。

(4) 标志变异指标是反映总体中各单位标志值差异程度的综合指标，是衡量平均指标代表性的尺度。常用的标志变异指标有全距、平均差、标准差及离散系数。标志变异指标和平均指标都是分析变量数列的重要指标。平均指标是测定变量数列的集中趋势，而标志变异指标则是测定变量数列的离中趋势。

※ 思考与练习 ※

一、单项选择题

1. 下面属于时期指标的是（　　）。

A. 商场数量　　B. 营业员人数　　C. 商品价格　　D. 商品销售量

2. 用水平法检查长期计划完成程度，应规定（　　）。

A. 计划期初应达到的水平　　B. 计划期末应达到的水平

C. 计划期中应达到的水平　　D. 整个计划期应达到的水平

3. 属于不同总体的不同性质指标对比的相对指标是（　　）。

A. 动态相对指标　　B. 比较相对指标　　C. 强度相对指标　　D. 比例相对指标

4. 第五次全国人口普查结果显示，我国每 10 万人中具有大学程度学历的为 3 611 人。该数字资料为（　　）。

A. 绝对数　　B. 比较相对数　　C. 强度相对数　　D. 结构相对数

5. 某商场计划 4 月份销售利润比 3 月份提高 2%，实际却下降了 3%，则销售利润计划完成程度为（　　）。

A. 66.7%　　B. 95.1%　　C. 105.1%　　D. 99.0%

6. 总量指标按其反映总体的内容不同分为（　　）。

A. 总体标志总量指标和总体单位总量指标

B. 时期指标和时点指标

C. 实物总量指标和价值总量指标

D. 动态指标和静态指标

7. 一班和二班“统计学”课程平均考试成绩分别为 78.6 分和 83.3 分，成绩的标准差分别为 9.5 分和 11.9 分，可以判断（　　）。

A. 一班的平均成绩有较大的代表性　　B. 二班的平均成绩有较大的代表性

C. 两个班的平均成绩有相同代表性　　D. 无法判断

8. 加权算术平均数的大小（　　）。

A. 主要受各组标志值大小的影响，与各组次数多少无关

B. 主要受各组次数多少的影响，与各组标志值大小无关

C. 既与各组标志值大小无关，也与各组次数多少无关

D. 既与各组标志值大小有关，也受各组次数多少的影响

9. 已知两个总体的平均数不等，但标准差相等，则（　　）。

A. 平均数大，代表性大　　B. 平均数小，代表性大

C. 平均数大，代表性小　　D. 以上都对

10. 不受极端值影响的平均数是（　　）。

A. 算术平均数　　B. 调和平均数　　C. 几何平均数　　D. 众数

二、多项选择题

1. 某地区有零售商业网点 200 个，总人口数为 10 万人，则下列说法中正确的是（　　）。

A. 每个商业网点服务人数为 500 人　　B. 每千人拥有商业网点 2 个

C. 前者是逆指标，后者是正指标　　D. 两个指标都是强度相对指标

E. 两个指标都是总量指标

2. 下列指标中属于平均指标的是（　　）。

A. 人均 GDP　　B. 人均耕地面积

C. 农民人均纯收入　　D. 职工人均工资

E. 产品平均单位成本

3. 时点数列的特点是（　　）。

A. 不同时间数值可以相加　　B. 不同时间数值不可以相加

C. 调查资料需连续登记　　D. 数值与时期长短有关

E. 数值只能间断登记

4. 在相对指标中，分子和分母可以互换位置的有（　　）。

A. 结构相对指标　　B. 比例相对指标
C. 比较相对指标　　D. 动态相对指标
E. 计划完成程度相对指标

5. 反映国民经济产业结构的相对数是（　　）。
A. 国民生产总值　　B. 第一、二、三产业产值之比
C. 各产业增长速度　　D. 各产业比上年增长量
E. 各产业所占比重

6. 2001 年我国发行长期建设国债 1 500 亿元；2001 年末，居民个人储蓄存款余额突破 75 000 亿元。这两个指标（　　）。
A. 都是时期数　　B. 都是时点数
C. 都是绝对数　　D. 前者是时点数，后者是时期数
E. 前者是时期数，后者是时点数

7. 下列统计指标属于总量指标的是（　　）。
A. 工资总额　　B. 商业网点密度
C. 商品库存量　　D. 人均国民生产总值
E. 进出口总额

8. 标志变异指标的主要作用是（　　）。
A. 衡量平均数代表性的大小
B. 反映社会经济活动过程的节奏性和均衡性
C. 反映总体单位的离散程度
D. 分析社会经济现象总体的变动趋势

三、实训题

1. 某公司下属三个企业有关资料如表 4－19 所示，试根据指标之间的关系计算并填写表中所缺数字。

表 4－19　　某公司下属三个企业产值的计划完成数据

企业	1 月实际产值（万元）	2 月				2 月实际产值为一月的（%）
		计划产值（万元）	计划产值比重（%）	实际产值（万元）	计划完成程度相对指标（%）	
甲	125	150			110	
乙	200	250			100	
丙	100					
合计		500			95	

2. 某企业生产某种产品，按五年计划规定最后一年产量应达到 100 万吨，计划执行情况如表 4－20 所示：

表 4－20　　某企业五年计划的执行情况表

时间	第一年	第二年	第三年	第四年				第五年			
				一季度	二季度	三季度	四季度	一季度	二季度	三季度	四季度
产量（万吨）	78	82	89	23	24	24	25	25	26	27	28

试计算：(1) 该产品五年计划完成程度；(2) 该企业提前完成五年计划的时间。

3. 某地区 2018 年个体工商户开业登记注册资本金分组资料如表 4－21 所示：

表 4－21　某地区 2018 年个体工商户开业登记注册资本金分组资料

注册资本金分组（万元）	50 以下	50～100	100～150	150～200	200 以上
各组个体工商户比重（%）	60	20	10	8	2

试计算该地区个体工商户注册资本金的平均数。

4. 某企业 5 月份分三批购进某种原材料，已知每批购进的价格及总金额如表 4－22 所示：

表 4－22　某企业 5 月份购进原材料资料

购进批次	价格（元/吨）X	总金额（元）M	M/X
一	200	16 000	
二	190	19 000	
三	205	28 700	
合计	—	63 700	

试计算这三批原材料的平均价格。

5. 已知甲班的“统计学”课程期末考试成绩如表 4－23 所示，又知乙班“统计学”课程平均考试成绩为 80 分，标准差为 12 分。试比较甲乙两班平均成绩的代表性高低。

表 4－23　甲班的统计学课程期末考试成绩资料

按考试成绩分组（分）	学生人数（人）
60 以下	4
60～70	15
70～80	30
80～90	27
90 以上	10
合计	86

6. 投资银行某笔投资的年利率是按复利计算的。25 年的年利率分别是：2 年为 5%，5 年为 6.5%，6 年为 8%，8 年为 10%，4 年为 14%。试计算 25 年的平均年利率。

7. 甲企业职工的工资资料如表 4－24 所示：

表 4－24　甲企业职工工资资料

月工资（元）	职工人数（人）
2 000 以下	100
2 000～2 500	230
2 500～3 000	360
3 000～3 500	180
3 500 以上	130
合计	1 000

要求：（1）计算甲企业职工平均工资；（2）计算甲企业职工工资的众数、中位数；（3）计算甲企业职工工资的标准差；（4）乙企业职工平均工资为 3 100 元，标准差为 120 元，试问哪个企业的平均工资更具有代表性？

项目五

抽样估计

案例导入与问题提出

传动系统调查

Metropolitan Research 是一家消费者研究组织，它设计调查，对消费者所使用的大量的产品和服务进行评估。在某一项研究中，Metropolitan Research 调查消费者对底特律某一个主要制造商所生产的汽车的性能的满意程度。对该制造商所生产的一种最大型号汽车的用户调查结果表明，许多人抱怨该车刚开始传动系统不佳。为了更好地了解传动系统的问题，Metropolitan Research 采用由底特律地区一个修理企业所提供的实际传动系统的维修记录为样本。表 5-1 是 50 辆汽车传动系统出现故障时所行驶的实际里程的数据：

表 5-1　　汽车传动系统出现故障时行驶里程情况　　（单位：英里）

85 092	32 609	59 465	77 437	32 534	64 090	32 464	59 902	39 323	89 641
94 219	116 803	92 857	63 436	65 605	85 861	64 342	61 978	67 998	59 817
101 769	95 774	121 352	69 568	74 376	66 998	40 001	72 069	25 066	77 098
69 922	35 662	74 425	67 202	118 444	53 500	79 294	64 544	86 813	116 269
37 831	89 341	73 341	85 288	138 114	53 402	85 586	82 256	77 539	88 798

资料来源：http：//www.docin.com/p—1004587913.html.

思考：按照一些汽车用户经历过的早期传动系统失灵的说法，该统计结果说明了什么？如果 Metropolitan Research 想在 5 000 英里的允许误差下，估计出现传动系统问题时所行驶里程的均值，则置信度为 95%时应选取多大的样本容量？为了更全面地对该传动系统问题做出评价，还需要收集一些什么样的其他信息？

学习目标

1. 理解抽样估计的特点。
2. 掌握抽样估计中的基本概念。
3. 理解抽样误差的概念和影响因素。
4. 熟练掌握抽样平均误差和抽样极限误差的含义及计算。
5. 熟练掌握区间估计的方法。

任务一

抽样估计的一般问题

一、抽样估计的意义

（一）抽样估计的概念

抽样估计是指在抽样调查的基础上，用样本的实际资料计算样本统计量，并以此推算出总体相应的数量特征的一种统计分析方法。

抽样估计的概念和应用在生活中经常可见，例如：购买食物前通过试吃来推断食物的味道，环境监测中心在城市中随机选定几个监测点收集数据来推断这个城市的空气质量等。

抽样估计的过程示意见图 5－1。

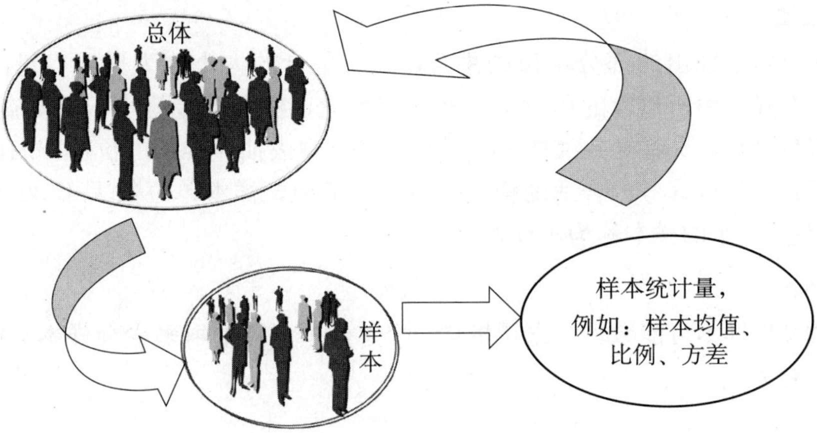

图 5－1 抽样估计的过程

（二）抽样估计的特点

（1）抽样估计是按照随机原则从总体中抽取样本单位。随机原则是指总体中的每个单位都有相等的概率被抽中，纯粹是偶然的事件。只有满足了随机原则，才能保证样本变量是随机变量，抽出的样本对总体才有足够的代表性。

（2）抽样估计的目的是由部分特征推断出总体特征。抽样调查是一种非全面调查，通过调查将得到总体中的一部分单位的情况。抽样估计则是利用这部分信息来推断总体的有关信息，即用样本统计量来推断出相应的总体参数。

（3）抽样估计的误差可以事先计算并加以控制。在抽样估计中，用样本指标去估计相应的总体指标是会产生误差的，但是抽样的误差范围可以事先通过有关资料加以计算，并采取一定的措施加以控制，从而保证抽样估计的结果达到一定的可靠程度。

二、抽样估计中的一些基本概念

（一）总体与样本

1. 总体

总体是指所要认识的研究对象全体，它是由研究范围内具有某种共同性质的全体单位所组成的集合体。总体的单位数通常是很大的，甚至是无限的，是抽样调查的母体。通常用 N 表示总体单位数。

2. 样本

样本是从总体中随机抽取出来的部分单位所构成的集合体。

作为估计对象的总体是确定的，而且是唯一的。从一个总体中可以抽取很多个样本，每次可能抽到的样本是不确定的，因此作为观察对象的样本不具备唯一性。通常用 n 表示样本单位数。

（二）样本容量与样本个数

1. 样本容量

样本是从总体中抽出的部分单位的集合，这个集合的大小称为样本容量，一般用 n 表示，它表明一个样本中所包含的单位数。样本容量大，样本误差就小，但调查费用必增加，反之，样本容量过小，又将导致抽样误差增大，甚至失去抽样推断的价值。因此，在抽样设计中应根据调查目的认真考虑合适的样本容量。一般地，样本单位数大于 30 个的样本称为大样本，不超过 30 个的样本称为小样本。

2. 样本个数

样本个数又称样本可能数目，它是指从一个总体中可能抽取多少个样本。样本个数的多少与抽样方法有关。

（三）总体参数与样本统计量

1. 总体参数

总体参数也称为总体指标，总体分布的数量特征就是总体的参数，也是抽样统计推断的对象。常见的总体参数有：

（1）总体平均数指标：$\overline{X}=\dfrac{\sum x}{N}$；

（2）总体成数（总体比重）指标：$P=\dfrac{N_1}{N}$；

（3）总体平均数的方差和标准差：$\sigma^2=\dfrac{\sum(x-\overline{X})^2}{N}$，$\sigma=\sqrt{\dfrac{\sum(x-\overline{X})^2}{N}}$；

（4）总体成数的方差和标准差：$\sigma^2=P\times(1-P)$，$\sigma=\sqrt{P\times(1-P)}$。

上述参数都是反映总体分布特征的重要指标。总体平均数反映总体分布的集中趋势，其方差或标准差反映总体分布的离中趋势。总体成数（也称总体比重）指标是指总体中具有某性质的单位数目在总体中所占的比重，它反映了总体的结构特征。

2. 样本统计量

样本统计量也称为样本指标，它是与总体参数相对应的统计量。由于样本是从总体中随机地抽出来的，而样本统计量是样本的一个函数，因此，它们是随机变量。可以利用样本统计量来估计和推断总体的有关参数。与总体参数相对应，常见的样本统计量有：

（1）样本平均数指标：$\overline{x}=\dfrac{\sum x}{n}$；

（2）样本成数（样本比重）指标：$p=\dfrac{n_1}{n}$；

（3）样本平均数的方差和标准差：$\sigma^2=\frac{\sum(x-\overline{X})^2}{n}$，$\sigma=\sqrt{\frac{\sum(x-\overline{X})^2}{n}}$；

（4）样本成数的方差和标准差：$\sigma^2=p\times(1-p)$，$\sigma=\sqrt{p\times(1-p)}$。

由于从一个总体中可以抽取许多个样本，样本不同，抽样指标的数值也就不同，所以抽样指标的数值不是唯一的。

（四）重复抽样与不重复抽样

简单随机抽样的抽样方法有重复抽样与不重复抽样两种。

1. 重复抽样

重复抽样也称为重置抽样，它是指从总体中抽出一个样本单位，记录其标志值后，又将其放回总体中继续参加下一轮的抽取。重复抽样具有下列特点：

（1）n 个单位的样本是由 n 次试验的结果构成的。

（2）每次试验是独立的，即其试验的结果与前次、后次的结果无关。

（3）每次试验是在相同条件下进行的，每个单位在多次试验中选中的机会（概率）是相同的。

在重复抽样试验中，样本可能的个数是 N^n，N 为总体单位数，n 为样本容量。

2. 不重复抽样

不重复抽样也称为不重置抽样，是指每次从总体抽取一个单位，登记后不放回原总体，不参加下一轮抽样，下一次继续从总体中余下的单位中抽取样本。不重复抽样具有下列特点：

（1）n 个单位的样本由 n 次试验结果构成，但由于每次抽出不重复，所以实质上相当于从总体中同时抽取 n 个样本单位。

（2）每次试验结果不是独立的，上次中选情况影响下次抽选结果。

（3）不重复抽样的误差小于重复抽样的误差。

不重复抽样试验中，样本可能的个数是 C_N^n，N 为总体单位数，n 为样本容量。

三、抽样的组织形式

在抽样估计中，为了保证样本数据对总体参数的代表性，主要采用概率抽样。概率抽样有以下几种形式。

（一）简单随机抽样

简单随机抽样，也叫纯随机抽样，就是从总体中不加任何分组、划类、排队等，完全随机地抽取调查单位。其特点是：每个样本单位被抽中的概率相等，样本的每个单位完全独立，彼此间无一定的关联性和排斥性。简单随机抽样是其他各种抽样形式的基础。通常只在总体单位之间差异程度较小和数目较少时，才采用这种方法。

（二）类型抽样

类型抽样又称分层抽样，就是将总体单位按其属性特征分成若干类型或层，然后在类型或层中随机抽取样本单位。其特点是：由于通过划类分层，增大了各类型中单位间的共同性，容易抽出具有代表性的调查样本。该方法适用于总体情况复杂，各单位之间差异较大，单位较多的情况。

（三）整群抽样

整群抽样是将总体所有个体分为若干群，然后以群为单位从中随机抽取一些群，抽中的群的所有个体构成一个样本。也就是从总体中成群成组地抽取调查单位，而不是一个一个地抽取调查样本。其特点是：调查单位比较集中，调查工作的组织和进行比较方便。但调查单位在总体中的分布不均匀，准确性要差些。因此，在群间差异性不大或者不适宜单个地抽选调查样本的情况下，可采用这种方式。

（四）等距抽样

等距抽样，也叫机械抽样或系统抽样，是将总体各单位按一定标志或次序排列成为图形或一览表（也就是通常所说的排队），然后按相等的距离或间隔抽取样本单位。其特点是：抽出的单位在总体中是均匀分布的，且抽取的样本可少于简单随机抽样。等距抽样既可以用同调查项目相关的标志排队，也可以用同调查项目无关的标志排队。等距抽样是实际工作中应用较多的方法，目前我国城乡居民收支等调查，都是采用这种方式。这一方法比较常用，有时还可以与分层抽样和整群抽样结合，形成多阶段抽样等。

任务二 抽样误差

一、抽样误差的概念

用样本统计量来估计总体参数是否可行，关键在于抽样误差。抽样误差的大小反映抽样效果的好坏，如果误差超过了允许的限度，抽样调查也就失去了意义。

抽样误差是指按随机原则抽样时，在没有登记性误差和系统性误差的条件下，单纯由于随机抽样的偶然因素使样本各单位的结构不足以代表总体各单位的结构，而引起的样本统计量与总体参数之间的离差。抽样误差与登记性误差和系统性误差不同，它是抽样调查所固有的、无法避免的，但是可以采取一定的方法进行计算并加以控制。所以抽样误差也称为可控制误差。

二、产生统计误差的原因

在统计调查过程中，产生统计误差的原因主要有两类：

(1) 登记性误差：登记性误差是指统计调查中在进行登记、记录、汇总、计算时出现的重复、遗漏、瞒报、虚报、口径不一致等主、客观原因所导致的误差。全面调查与非全面调查均会产生这种误差。这种误差可以通过提高技术人员的专业素质和严格执行统计法规来降低和消除。

(2) 代表性误差：代表性误差是指样本数据不能真正代表总体数据，样本单位的结构分布与总体单位结构分布不一致。代表性误差又可细分为系统性误差和随机性误差。系统性误差是指在实际抽样中没有遵循随机性原则而产生的误差。随机性误差则是在严格遵循随机性原则的情况下由于偶然因素的影响所导致的样本不足以代表总体的误差。

登记性误差和代表性误差中的系统性误差均属于统计调查的组织问题，可以采取有效措施避免。因此，抽样误差专指代表性误差中的随机性误差。

三、影响抽样误差的因素

(1) 样本单位数。在其他条件不变的情况下，抽样单位数目越多，抽样误差越小；抽样单位数目越少，抽样误差越大。这是因为随着样本数目的增多，样本结构越发接近总体，抽样调查也就越发接近全面调查。当样本扩大到总体时，则为全面调查，也就不存在抽样误差了。

(2) 被研究总体的变异程度。在其他条件不变的情况下，总体标志的变异程度越小，抽样误差越小；总体标志的变异程度越大，抽样误差越大。抽样误差和总体标志的变异程度成正比变化。这是因为总体标志的变异程度小，表示样本各单位标志值之间的差异小，则样本指标与总体指标之间的差异也可能小；如果总体各单位标志值相等，则标志变动度为零，样本指标等于总体指标，此时不存在抽样误差。

(3) 抽样方法。重复抽样和不重复抽样的抽样误差的大小不同。采用不重复抽样比采用重复抽样的抽样误差小。

(4) 抽样组织方式。采用不同的组织方式，会有不同的抽样误差，这是因为不同的抽样组织所抽中的样本，对于总体的代表性也不同。通常不用不同的抽样误差作为判断各种抽样组织方式的比较标准。

四、抽样误差的表现形式

(一) 抽样实际误差

抽样实际误差是指在一次具体的抽样调查中，由随机因素引起的样本统计量与总体参数之间的绝对离差。如样本平均数与总体平均数之间的绝对离差 $|\overline{x}-\overline{X}|$，样本成数与总体成数之间的绝对离差 $|p-P|$。但是在抽样中，由于总体的各项数值指标是未知的，因此，抽样实际误差也是无法计算的；同时，抽样实际误差也仅是一系列可能出现的误差之一，因此，抽样实际误差没有概括所有可能产生的抽样误差。

(二) 抽样平均误差

从一个总体中可以抽取出很多个样本，因此样本统计量会随着不同样本而有不同的取值，它们与总体参数的离差有大有小，所以抽样误差是一个随机变量。

抽样平均误差是反映抽样误差一般水平的一个指标，由于样本平均数的平均数等于总体平均数，样本成数的平均数等于总体成数，因此，不能用简单算术平均的方法来求抽样平均误差，可以采用标准差来计算抽样平均误差。即抽样平均误差是指抽样平均数的标准差或抽样成数的标准差。

以 $\mu_{\bar{x}}$ 表示样本平均数的抽样平均误差，μ_p 表示样本成数的抽样平均误差，M 表示全部可能的样本数目，则有：

$$\mu_{\bar{x}}=\sqrt{\frac{\sum(\bar{x}-\overline{X})^2}{M}}$$

$$\mu_p=\sqrt{\frac{\sum(p-P)^2}{M}}$$

例 5-1

假设某大学寝室 4 名学生的“统计学”课程成绩分别为 65、75、85、95，现在采用简单随机不重复抽样的方法，从中随机抽取 2 名学生，用他们的成绩来代表该寝室学生统计成绩的总体水平，则抽样平均误差是多少？

解：$\overline{X}=\frac{\sum x}{N}=\frac{65+75+85+95}{4}=80$(分)

用于采用不重复抽样，可以选择的样本数目为：

$$C_N^n=C_4^2=\frac{4\times3}{1\times2}=6$$

表 5-2　**样本平均数与抽样误差表**

样本	抽样平均数 $\bar{x}$	离差 $\bar{x}-\overline{X}$	离差的平方 $(\bar{x}-\overline{X})^2$
65、75	70	−10	100
65、85	75	−5	25
65、95	80	0	0
75、85	80	0	0
75、95	85	5	25
85、95	90	10	100
合计	480	0	250

则不重复抽样的抽样平均误差为：

$$\mu_{\bar{x}}=\sqrt{\frac{\sum(\bar{x}-\overline{X})^2}{M}}=\sqrt{\frac{250}{4}}=7.91(分)$$

这个结果表明，这 6 个样本不管抽到哪个样本，平均成绩与总体成绩的平均误差程度是 7.91 分。

抽样平均误差的大小可以用来衡量样本统计量对总体参数的代表性。抽样平均误差越小，样本统计量对总体参数的代表性就越高；抽样平均误差越大，样本统计量对总体参数的代表性就越低。

但是上述公式在实际工作中用来计算抽样平均误差是不现实的。这是因为：

（1）在实际工作中，总体单位数 N 常常很大，样本单位数 n 一般不小于 30，由此产生的所有样本数目是极大的，通常不可能抽完所有可能的样本。

（2）在进行抽样调查的过程中，总体参数是未知的，而总体平均数 $\overline{X}$ 未知使得上述计算没有意义。

根据统计理论证明，可以采用下列公式计算抽样平均误差：

1. 抽样平均数的抽样平均误差

（1）在简单随机重复抽样条件下：

$$\mu_{\bar{x}}=\sqrt{\frac{\sigma^2}{n}}=\frac{\sigma}{\sqrt{n}}$$

其中 $\mu_{\bar{x}}$ 表示平均数指标的抽样平均误差，σ^2 表示总体方差，n 表示样本单位数。

（2）在简单随机不重复抽样条件下：

$$\mu_{\bar{x}}=\sqrt{\frac{\sigma^2}{n}\left(\frac{N-n}{N-1}\right)}$$

与重复抽样的公式相比，不重复抽样多了一个修正因子 $\sqrt{\left(\frac{N-n}{N-1}\right)}$，由于这个因子总是小于 1，因此不重复抽样的抽样平均误差总是小于重复抽样的抽样平均误差。

当总体单位数 N 很大时，$N-1\approx N$，$\frac{N-n}{N-1}\approx\frac{N-n}{N}=1-\frac{n}{N}$，则不重复抽样的抽样平均误差可以近似地用下式计算：

$$\mu_{\bar{x}}=\sqrt{\frac{\sigma^2}{n}\left(1-\frac{n}{N}\right)}$$

2. 抽样成数的抽样平均误差

（1）在简单随机重复抽样条件下：

$$\mu_p=\sqrt{\frac{p\times(1-p)}{n}}$$

（2）在简单随机不重复抽样条件下：

$$\mu_p=\sqrt{\frac{p\times(1-p)}{n}\left(\frac{N-n}{N-1}\right)}$$

当总体单位数 N 很大时，有：

$$\mu_p=\sqrt{\frac{p\times(1-p)}{n}\left(1-\frac{n}{N}\right)}$$

需要注意的是，在用上述公式计算抽样平均误差时，总体标准差 σ 和总体成数 P 通常是未知的，常用的解决方法有两种：一种是利用过去的历史资料代替，如果过去做过同类型的调查，就用过去所获得的总体标准差和总体成数代替；另一种是用样本的标准差 s 代替总体的标准差 σ，用样本成数 p 代替总体成数 P。

例 5－2

某校在校学生有 4 500 人，现从全校学生中按简单随机抽样方式抽取 100 名学生，对“统计学”课程的考试成绩进行调查，已知平均分数为 80 分，样本标准差为 10 分，求抽样平均数的平均误差。

解：由上述资料可知：

$N=4\ 500$，$n=100$，$\sigma=10$，$\bar{x}=80$。

若采用的是重复抽样，则：

$$\mu_{\bar{x}}=\sqrt{\frac{\sigma^2}{n}}=\sqrt{\frac{10^2}{100}}=1$$

若采用的是不重复抽样，则：

$$\mu_{\bar{x}}=\sqrt{\frac{\sigma^2}{n}\left(1-\frac{n}{N}\right)}=\sqrt{\frac{10^2}{100}\ (1-\frac{100}{4\ 500})}=0.989$$

例 5－3

已知一批产品的合格率为 90%，现采用重复抽样方式从中随机取出 400 件，求样本合格率的抽样平均误差。

解：在重复抽样条件下，合格率的抽样平均误差为：

$$\mu_p=\sqrt{\frac{p\times(1-p)}{n}}=\sqrt{\frac{0.90\times(1-0.90)}{400}}=1.5\%$$

（三）抽样极限误差

用样本统计量来估计总体参数，要达到准确无误是几乎不可能的，所以在估计总体参数的同时，也需要考虑估计误差的大小。在实际工作中，人们不希望误差太大，因为误差越大样本的价值就越小；但是误差也不一定是越小就越好，因为在一定限度内，减小抽样误差将增加很多人力、时间和费用。所以在进行抽样估计时，应根据研究对象的变异程度和研究的目的来确定可允许的误差范围，只要估计值与被估计值之间的离差不超过允许范围，这种估计都是有限估计。

抽样极限误差是指样本统计量和总体参数之间的可能误差范围。样本统计量是围绕总体参数上下波动的随机变量，其变动幅度或大或小，取值或正或负，这种变动范围的绝对值就是抽样极限误差。

设 $\Delta_{\bar{x}}$、Δ_p 分别表示抽样平均数极限误差和抽样成数极限误差，则有：

$$\Delta_{\bar{x}}=|\bar{x}-\bar{X}|$$

$$\Delta_p=|p-P|$$

将上式换成不等式形式，则有：

$$\bar{x}-\Delta_{\bar{x}}\leqslant\bar{X}\leqslant\bar{x}+\Delta_{\bar{x}}$$

$$p-\Delta_p\leqslant P\leqslant p+\Delta_p$$

由上述不等式可见，抽样极限误差反映了抽样估计的精确度，一般情况下，抽样极限误差越小，抽样估计的精确度就越高；反之，抽样估计的精确度就越低。

由于抽样极限误差是一个绝对数，并不能直接说明抽样误差的大小，因此，抽样极限误差通常需要以抽样平均数 $\mu_{\bar{x}}$ 或 μ_p 为标准单位来衡量，可以分别表示成：

$$t=\frac{\Delta_{\bar{x}}}{\mu_{\bar{x}}} \text{或} t=\frac{\Delta_p}{\mu_p}$$

式中 t 表示抽样误差范围为平均误差的 t 倍。t 是测量估计可靠度的一个参数，称为抽样误差的概率度。抽样平均数和抽样成数的极限误差还可以表述为：

$$\Delta_{\bar{x}}=t\mu_{\bar{x}} \text{和} \Delta_p=t\mu_p$$

任务三

抽样估计

抽样估计就是指运用实际调查所计算的样本统计量值来估计相应的总体参数的数值。总体参数是表明总体数量特征的统计参数。因此，抽样估计也称为参数估计。

一、抽样估计的基本概念

（一）估计量

在参数估计中，用于估计总体参数的随机变量称为估计量。这里的随机变量是指样本统计量。例如：样本平均数、样本中位数、样本众数、样本比例、样本方差等。但是不是所有的样本统计量都能充当很好的估计量，如现在需要估计总体平均数，究竟采用哪个样本统计量作为估计量更合适？样本平均数和总体平均数之间存在怎样的内在联系？只有解决了这样的问题，才能通过样本的实际观察值确定估计量。

（二）抽样估计的置信度

抽样估计的置信度是指总体参数落在某一区间内的概率保证程度，用概率函数 $F(t)$ 表示，表明估计的可靠程度，常用样本统计量正态分布中积分面积的大小，说明用随机变化的样本统计量把总体参数覆盖住的概率有多大。而这个概率的大小，通常希望在进行抽样估计之前，就可以确定。

如前所述，抽样极限误差是样本统计量与总体参数之间误差的一个可能的范围，而抽样平均误差反映的是抽样误差的一般水平，是由实际计算得出的。因此，可以用抽样平均误差作为标准，对抽样极限误差的大小进行衡量。我们将抽样极限误差与抽样平均误差的商的相对数称为概率度，它表示抽样极限误差为抽样平均误差的若干倍。用公式表示为：

$$t=\frac{\Delta_{\bar{x}}}{\mu_{\bar{x}}} \text{或} \Delta_{\bar{x}}=t\mu_{\bar{x}}$$

$$t=\frac{\Delta_p}{\mu_p} \text{或} \Delta_p=t\mu_p$$

概率度 t 与置信度（概率保证程度）$F(t)$ 之间存在一定的函数关系，可以通过查阅《正态分布概率表》（简称概率表）获得。将概率度、置信度、抽样平均误差与抽样极限误差联系起来，可用正态分布曲线图来表示，如图 5－2 所示。

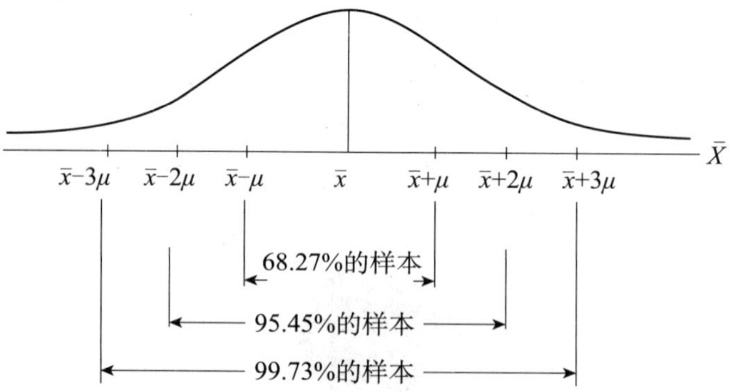

图 5－2　正态分布曲线图

上述正态分布曲线所围成的面积中，以 $\bar{x}$ 为中心，$\pm\mu$ 的范围内的曲线面积占 68.27%，$\pm2\mu$ 的范围内的曲线面积占 95.45%，$\pm3\mu$ 的范围内的曲线面积占 99.73%。由此可见，随着概率度 t 值的不断增大，置信 $F(t)$ 的值也随之增大，概率面积逐渐趋于 1。

例如：当要求置信度为 90%时，表示经过多次重复估计，平均每 100 次估计将有 90 次是正确的，有 10 次是错误的。在抽样估计中，要求置信度达到 100%几乎是不可能的，因此若置信度太小，估计结论的可靠性太低，就会影响估计本身的价值。所以在作估计的时候，应综合考虑估计的置信度要求与估计的精确度。

二、抽样估计的优良标准

用样本统计量估计总体参数，可以用多个指标。如估计总体平均数，可以用样本平均数、样本众数、样本中位数等。但究竟选用哪一个指标作为总体参数估计量才是最优的？一个优良的估计量，应当符合下列标准。

（一）无偏性

无偏性要求所有可能样本统计量的平均数与被估计的总体参数之间没有偏差。虽然每一次的样本统计量值和总体参数值之间都可能有误差，但在多次反复的估计中，所有抽样统计量值的平均数应该等于所估计的总体参数值本身，即用样本统计量去估计总体参数，平均而言是没有偏误的。

（二）一致性

用样本统计量估计总体参数，要求当样本的单位数充分大时，抽样指标也充分地靠近总体参数。也就是说，随着样本单位数 n 的无限增加，样本统计量和未知的总体参数之差的绝对值小于任意小的数，它的概率也趋近于 1，即实际上是几乎相等的。

（三）有效性

以样本统计量估计总体参数时，优良估计量的方差应该比其他估计量的方差小。例如：用样本平均数或总体某一变量值来估计总体平均数，虽然两者都是无偏的，而且在每一次估计中，两种估计量和总体平均数都可能有离差，但样本平均数更靠近总体平均数的周围，平均而言其离差比较小。所以对比说来，抽样平均数是更为有效的估计量。

三、抽样估计的方法

（一）点估计

点估计又称为定值估计，就是根据总体参数与样本统计量之间的内在联系，直接以样本统计量作为相应总体参数的估计量。例如：在某校 10 000 名学生中随机抽取 100 名学生调查他们的月消费支出情况，得出这 100 名学生的月平均消费支出为 800 元，则利用点估计推断出，该 10 000 名学生的月平均消费支出就为 800 元。

点估计的优点是，直接给出了总体参数的估计值。其不足之处是不能提供估计误差的信息。样本统计量是一个随机变量，从一次抽样的结果来判断一个样本统计量的优劣是不确切的，必须通过多次试验或从抽样分布的特点出发，才能判断这个估计量是否理想的估计量。

（二）区间估计

点估计可以给出总体参数的具体估计值，但这个估计值误差有多大、可靠性如何，这些问题点估计都不能回答。区间估计则弥补了点估计这方面的不足。

所谓区间估计，就是估计总体参数的区间范围，并要求给出区间估计成立的概率值。设 $\hat{\theta}_1$ 和 $\hat{\theta}_2$ 是两个统计量（$\hat{\theta}_1<\hat{\theta}_2$），分别作为总体参数 θ 区间估计的下限与上限，则要求：$p(\hat{\theta}_1<\theta<\hat{\theta}_2)=1-\alpha$。

其中，$(\hat{\theta}_1, \hat{\theta}_2)$ 为总体参数的估计区间，$\hat{\theta}_1$ 为估计下限，$\hat{\theta}_2$ 为估计上限，$1-\alpha$ 为估计置信度，α 为显著性水平，介于 0～1 之间。

和点估计不同，区间估计不是指出被估计参数的确定的数值，而是指出被估计参数的可能范围，同时对这一范围涵盖被估计参数真值的概率给出相应的置信度。参数的可能范围是估计的精确度问题，而相应的置信度是估计的可靠性问题。一般而言，在作估计的时候希望估计的精确度尽可能高，但同时可靠性又不能太低。这两个要求相互矛盾，即在样本容量不变的条件下，缩小估计区间，将提高估计的精确度，但同时会降低置信度。因此，在实际作区间估计的时候，不可能对抽样误差范围和估计的置信度都提出要求，只能根据给定的置信度来推算抽样误差范围的上、下限，或根据给定的允许误差范围，来推算相应的置信度。

1. 已知置信度（概率保证程度）$F(t)$，估计可能的误差范围，指出置信区间

具体步骤如下：

（1）抽取样本，计算样本统计量，求出抽样平均误差；

（2）根据给定置信度要求，查《正态分布概率表》，求得概率度 t 的值；

（3）根据概率度和抽样平均误差，计算抽样极限误差，推断出总体参数的上、下限，对

总体参数作出区间估计。

例 5－4

某地区的电视台委托调查公司估计地区内居民平均每日的看电视时间。调查公司随机抽取了 100 名居民进行调查，样本数据显示平均每人每天看电视时间是 4 个小时。如果已知总体的标准差$\sigma=1.5$小时。试求：

（1）该地区内居民每天看电视的平均时间的置信区间（置信度是 95.45%）；

（2）如果要求估计的误差不超过 27 分钟，这时置信度是多少？

解：（1）已知$\bar{x}=4$，$\sigma=1.5$，$n=100$，则：

$$\mu_{\bar{x}}=\frac{\sigma}{\sqrt{n}}=\frac{1.5}{\sqrt{100}}=0.15\text{（小时）}$$

根据给定的置信度 $F(t)=95.45\%$，查概率表得$t=2$，则：

$$\Delta_{\bar{x}}=t\mu_{\bar{x}}=2\times0.15=0.30\text{（小时）}$$

由此，估计该地区居民每天看电视的平均时间：

下限：$\bar{x}-\Delta_{\bar{x}}=4-0.30=3.70$（小时）

上限：$\bar{x}+\Delta_{\bar{x}}=4+0.30=4.30$（小时）

结论：以 95.45%的置信度，该地区居民每天看电视的平均时间在 3.70～4.30 小时。

（2）已知$\Delta_{\bar{x}}=27$分钟$=0.45$小时，此时概率度为：

$$t=\frac{\Delta_{\bar{x}}}{\mu_{\bar{x}}}=\frac{0.45}{0.15}=3$$

查概率表得 $F(t)=99.73\%$。

置信区间为$(\bar{x}-\Delta_{\bar{x}},\ \bar{x}+\Delta_{\bar{x}})=(4-0.45,\ 4+0.45)=(3.55,\ 4.45)$。

结论：可用 99.73%的置信度，估计该地区内居民每天看电视的平均时间在3.55～4.45 个小时。

例 5－5

某工厂要估计一批总数 5 000 件的产品的废品率，于是随机抽出 400 件产品进行检测，发现有 32 件废品。试给出该批产品的废品率的区间估计（置信度是 99.73%）。

解：已知$N=5\,000$，$n=400$，$p=\frac{32}{400}=8\%$，则：

$$\mu_p=\sqrt{\frac{p\times(1-p)}{n}\left(1-\frac{n}{N}\right)}=\sqrt{\frac{0.08\times0.92}{400}\left(1-\frac{400}{5000}\right)}=1.3\%$$

由$F(t)=99.73\%$，查概率表得$t=3$，则：

$$\Delta_p=t\mu_p=3\times1.3\%=3.9\%$$

故该批产品的废品率的上、下限为：

下限：$p-\Delta_p=8\%-3.9\%=4.1\%$

上限：$p+\Delta_p=8\%+3.9\%=11.9\%$

结论：以 99.73%的置信度，该批产品的废品率在 4.1%～11.9%。

2. 已知抽样极限误差，求置信度，并对总体参数作区间估计

具体步骤如下：

（1）抽取样本，计算样本统计量，求出抽样平均误差；

（2）根据给定的抽样极限误差，估计总体参数的上、下限；

（3）根据抽样极限误差和抽样平均误差的关系求出概率度 t，根据 t 的值查《正态分布概率表》确定相应的置信度 $F(t)$ 的值，并对总体参数作区间估计。

例 5-6

某大学从学生中随机抽取 100 人，调查到他们平均每天参加体育锻炼的时间为 30 分钟，标准差 20 分钟，若要求抽样极限误差不超过 5 分钟，试对该校学生的平均每天参加体育锻炼时间作出区间估计。

解：已知 $\bar{x}=30$，$n=100$，$\sigma=20$，$\Delta_{\bar{x}}=5$，则：

$$\mu_{\bar{x}}=\frac{\sigma}{\sqrt{n}}=\frac{20}{\sqrt{100}}=2(\text{分钟})$$

根据 $t=\frac{\Delta_{\bar{x}}}{\mu_{\bar{x}}}=\frac{5}{2}=2.5$，查概率表，得 $F(t)=98.76\%$，有

下限：$\bar{x}-\Delta_{\bar{x}}=30-5=25$（分钟）

上限：$\bar{x}+\Delta_{\bar{x}}=30+5=35$（分钟）

结论：以 98.76%的置信度，该校学生平均每天参加体育锻炼时间在 25～35 分钟。

例 5-7

某企业从生产的一批元件中，随机抽查 100 个，其中合格品为 90 个。已知抽样极限误差为 6%，试对抽样的置信进行估计。

解：已知 $p=\frac{90}{100}=90\%$，$n=100$，$\Delta_p=6\%$，则：

$$\mu_p=\sqrt{\frac{p\times(1-p)}{n}}=\sqrt{\frac{0.9\times0.1}{100}}=3\%$$

根据给定的 $\Delta_p=6\%$，计算该批元件合格率的上、下限为：

下限：$p-\Delta_p=90\%-6\%=84\%$

上限：$p+\Delta_p=90\%+6\%=96\%$

根据 $t=\frac{\Delta_p}{\mu_p}=\frac{6\%}{3\%}=2$，查概率表得 $F(t)=95.45\%$。

结论：以 95.45%的置信度，该企业该批元件合格率在 84%～96%。

（三）样本容量的确定

在前面的学习中我们已经知道，抽样极限误差、概率度与抽样平均误差三者间的数量关系是：$\Delta=t\mu$。当抽样平均误差保持不变时，抽样极限误差与概率度两者间关系是：Δ 增大，t 也增大；Δ 减小，t 也减小。因此，抽样估计的精确度与概率度之间存在矛盾，要提高精确

度（Δ减小），需以牺牲概率度（t减小）为代价；要提高概率度（t增大），又要以牺牲估计精确度（Δ增大）为代价。在μ不变的情况下，这对矛盾是不可调和的；但是，降低抽样平均误差后，就可以同时提高估计的精确度与概率度。例如通过增加样本容量n来达到降低抽样平均误差的目标。这时应该考虑，样本容量n究竟取多大合适？这就是样本容量的确定问题。

以简单随机抽样为例，在重复抽样条件下，抽样平均数的平均误差为：

$$\mu_{\bar{x}}=\sqrt{\frac{\sigma^2}{n}}，\Delta_{\bar{x}}=t\mu_{\bar{x}}=t\sqrt{\frac{\sigma^2}{n}}=t\frac{\sigma}{\sqrt{n}}$$

所以必要的样本容量为：

$$n=\frac{t^2\sigma^2}{\Delta_{\bar{x}}^{\ 2}}$$

在不重复抽样条件下，抽样平均数的平均误差为：

$$\mu_{\bar{x}}=\sqrt{\frac{\sigma^2}{n}\left(1-\frac{n}{N}\right)}，\Delta_{\bar{x}}=t\mu_{\bar{x}}=t\sqrt{\frac{\sigma^2}{n}\left(1-\frac{n}{N}\right)}=\sqrt{\frac{t^2\sigma^2}{n}\left(1-\frac{n}{N}\right)}$$

必要的样本容量为：

$$n=\frac{Nt^2\sigma^2}{N\Delta_{\bar{x}}^{\ 2}+t^2\sigma^2}$$

同样，在重复抽样条件下和不重复抽样条件下，抽样成数的必要样本容量分别为：

$$n=\frac{t^2p\times(1-p)}{\Delta_p^2}，n=\frac{Nt^2p\times(1-p)}{N\Delta_p^2+t^2p\times(1-p)}$$

从公式可以看出，样本的必要单位数n受抽样极限误差Δ的制约，Δ越小，则样本单位数n就需要越多。以重复抽样为例，在其他条件不变的情况下，Δ缩小一半，则单位数n就需要增至4倍；而Δ扩大一倍，则样本单位数只需要原来的四分之一。所以在实际抽样组织中，对抽样允许的误差范围要慎重地考虑。

例 5－8

对某型号电池进行电流强度检验，根据以往正常生产的经验数据，已知电流强度的标准差$\sigma=0.4$安培，合格率$p=90\%$。采用简单随机重复抽样方式，需要在99.73%的置信度下，抽样合格率误差范围不超过5%，试求必要的抽样单位数。

解：已知$F(t)=99.73\%$，查概率表得$t=3$，则：

$$必要的样本单位数\ n=\frac{t^2p\times(1-p)}{\Delta_p^2}=\frac{3^2\times0.9\times0.1}{0.05^2}=324（个）$$

结论：应抽取324个电池作样本以保证抽样调查的准确性。

任务四

其他抽样组织形式

抽样估计效果的关键是对抽样平均误差的控制。抽样平均误差小，抽样效果从整体上看就是好的；否则，抽样效果就不理想。从前面的分析知道，抽样平均误差受以下几方面的因素影响：一是总体的变异性，即与总体的标准差大小有关；二是样本容量；三是抽样方法。除此之外还有一个重要的影响因素，就是抽样的组织形式。

在任务一中简单介绍了抽样的组织形式：简单随机抽样、类型抽样、整群抽样、等距抽样等。不同抽样组织设计意味着对总体信息不同程度的利用，意味着不同的调查成本，它们之间抽样效果存在较大的差异。在任务二、任务三中主要讨论的抽样组织形式，都是简单随机抽样，接下来将具体讨论其他几种抽样组织形式及其抽样平均误差。

一、类型抽样

类型抽样也称分层抽样，它是按一定标志对总体各单位进行分类，然后分别从每一类中按随机原则抽取一定的单位构成样本。类型抽样的前提是对总体的结构有一定的了解，为了充分利用这些信息，提高估计的精确性，对总体按确定标志进行分类，保证抽出的样本与总体尽可能保持相似的结构。例如：抽样调查一个城市居民收入分配状况，如果历史资料反映了该城市居民的贫富结构为高收入者、中等收入者与低收入者的比例结构，就可以按此结构分类分别从高收入者、中等收入者与低收入者中按一定的比例抽取样本。这样就可以避免样本全来自某一收入阶层所产生的系统性误差。

设总体是由 N 个单位组成，按对总体的认识，把总体分为 k 组，使得：

$$N=N_1+N_2+\cdots+N_k$$

然后相应从各组中分别按随机方式抽出 n_1，n_2，…，n_k 个单位组成样本。设样本容量为 n，它满足：

$$n=n_1+n_2+\cdots+n_k$$

采用比例抽样方式，从每一类 N_i 中抽取 n_i 时要求两者间保持合适的比例，也就是保持各组样本单位数与总体同组单位数之比，等于样本容量与总体单位数之比，即：

$$\frac{n_1}{N_1}=\frac{n_2}{N_2}=\cdots=\frac{n}{N}$$

所以各组的样本单位数应为：

$$n_i=\frac{nN_i}{N}，(i=1，2，\cdots，k)$$

设样本是：X_{11}，X_{12}，…，X_{1n1}，X_{21}，X_{22}，…，X_{2n2}，…，X_{k1}，X_{k2}，…，X_{knk}

样本抽出来后：

第一步，计算各组平均数：

$$\overline{x}_i=\frac{\sum_j X_{ij}}{n_i}(i=1,2,\cdots,k)$$

第二步，将各组平均数以各组单位数或各样本组单位数为权数，进行加权平均，求出样本平均数：

$$\overline{x}=\frac{\sum N_i\,\overline{x}_i}{N}=\frac{\sum n\,\overline{x}_i}{n}$$

第三步，计算类型抽样的抽样平均误差。

重复抽样条件下抽样平均数的抽样平均误差为：

$$\mu_{\bar{x}}=\sqrt{\frac{\overline{\sigma_i^2}}{n}}$$

同样可计算在不重复抽样条件下的抽样平均误差为：

$$\mu_{\bar{x}}=\sqrt{\frac{\overline{\sigma_i^2}}{n}\left(1-\frac{n}{N}\right)}$$

二、整群抽样

整群抽样就是将总体各单位分成若干群，然后从其中随机抽取部分群，对选中的群进行全面调查的抽样组织形式。

在总体单位数很大时，如果直接从总体中抽取总体单位，有时是很困难的，例如从一个大城市中的所有大学生中抽样了解大学生的基本情况，这个城市的大学生人数有几十万之众，直接抽取样本单位有许多困难。如果按整群抽样，以班级为抽样单位，从全部学校的所有班级中抽出部分班级，调查抽中的班级，就方便多了。

设总体的全部 N 个单位被划分为 R 个群，每群含有 M 个单位。现在从总体 R 个群中随机抽出 r 个群组成样本，对选中的群中的所有单位进行全面调查。

抽样平均数的抽样平均误差是：

$$\mu_{\bar{x}}=\sqrt{\frac{\sigma^2}{r}\left(\frac{R-r}{R-1}\right)}$$

其中，σ^2 表示群间方差。

上式中出现修正系数 $\left(\frac{R-r}{R-1}\right)$，这是因为整群抽样都采用不重复抽样，当 R 很大时，$\left(\frac{R-r}{R-1}\right)$ 近似地等于 $\left(1-\frac{r}{R}\right)$。

三、等距抽样

等距抽样又称机械抽样或系统抽样，它是将总体各单位按某一标志进行排列，然后按固定的间隔来抽取样本单位的抽样组织形式。

根据需要抽取的样本单位数 n 和总体的单位数 N，可以计算出等距抽样的间隔大小：

$$k=\frac{N}{n}。$$

先从排序后顺序是 1，2，…，k 的第一部分中随机抽出第 i 个单位，然后在顺序是 $k+1$，$k+2$，…，$2k$ 的第二部分中抽取出第 $k+i$ 个单位，再从顺序是 $2k$，$2k+1$，$2k+2$，…，$3k$ 的第三部分抽取第 $2k+i$ 个单位，…，最后从顺序是 $(n-1)k+1$，$(n-1)k+2$，…，nk 的第 n 部分抽取出第 $(n-1)k+i$ 个单位，一共 n 个单位构成样本。

等距抽样的间隔，应避免与现象本身的节奏性或循环周期相重合。例如：进行农作物产量调查时，抽样间隔就应避免与农作物垅长或间距相重合；进行工业产品质量调查时，产品抽样时间间隔不宜和上下班时间相一致，否则，就会引起系统性误差而影响样本的代表性。

用等距抽样方式抽取一个样本后，就可以计算样本平均数。关键是这个平均数的平均误差如何确定。一般而言，排序后总体被分成 n 个部分，每一部分包含 k 个单位，从中随机抽取一个单位，其余单位情况未知，每一部分中的方差不可计算，一般也没有历史资料替代。因此，直接计算等距抽样的平均误差是有困难的，只能以间接方式计算其近似值。如果用来排队的标志与所要研究的目的没有关系，第一个单位是随机抽取的，那么它的抽样误差就与简单随机抽样误差相接近。为了方便起见，可以采用简单随机抽样的平均误差代替等距抽样平均误差：

$$\mu_{\bar{x}}=\sqrt{\frac{\sigma^2}{n}\left(1-\frac{n}{N}\right)}$$

等距抽样一般都是不重复抽样。总体方差 σ^2 未知，常用样本方差 s^2 代替。

四、不同抽样组织方式的比较

在抽样实施前，进行抽样组织设计的目的是提高样本的代表性，加强抽样的效果。其中简单随机抽样是最基本的组织形式，在没有总体的有关信息时，一般都采用简单随机抽样。但是，在掌握了总体的有关信息情况下，在抽样设计阶段，如果能充分利用这些有关信息，有利于提高抽样的精确度和可靠度。

（一）简单随机抽样是基本抽样组织形式

抽样估计效果如何，依赖于所抽出样本的质量；样本的质量好坏，取决于样本对总体的代表性好坏。代表性好的样本，能从总体中“带出”更多有关总体的信息，样本分布与总体分布两者间存在密切的联系性与相似性。要做到这一点，首先就要避免抽样人员的主观影响，克服由此产生的偏见，因此，抽取样本都要求满足“随机性”。例如：类型抽样先将总体分成不同的部分，再从每一个部分中抽取出一些单位，共同组成样本。因为每一部分都需进行抽样，虽然划分过程不存在随机性，但是，从每部分中取样时，就必须遵从随机原则。对整群抽样也是这样，虽然对抽中的群进行全面调查，不存在随机性要求，但是，群是如何抽取的？是把“群”看成抽样单元，通过简单随机抽样抽出来的，在抽取群时，就满足随机原则了。任何概率推断，在抽样设计时都应考虑在某个阶段或某个环节上遵从随机性要求，否则样本的代表性就值得怀疑，抽样推断就无从进行。再者，抽样的最终目的是进行抽样估计，抽样估计是概率推断，以随机变量的概率分布作为推断的基础。典型调查、重点调查都是判断抽样，是非概率调查方式，不一定能体现总体的结构，根据这样的样本来推断总体的参数，其可靠度如何无从量化。由此可见，简单随机抽样是抽样设计的基础。

（二）类型抽样与整群抽样比较

类型抽样的平均误差与组间方差无关，决定于组内方差的平均水平；整群抽样的平均误差与组内方差无关，决定于组间方差。总体方差等于组间方差加上组内方差平均数。由此可推导出减小类型抽样与整群抽样平均误差的方法。

（1）减小类型抽样平均误差的办法：提高组间方差，降低组内方差。具体而言，就是使类型抽样的各部分内部单位差异尽可能地小，不同类型间的差异尽可能地大。如果组间方差接近于总体方差，说明组内方差接近于 0，这时组内单位基本上没有差异，这是一种极端情况，类型抽样的平均误差接近于 0。

(2) 减小整群抽样平均误差的办法：为了降低抽样平均误差，应该设法降低群间方差。可通过提高群内方差的方法达到降低群间方差的目的。因此，类型抽样与整群抽样对总体进行分组的要求刚好是相反的：类型抽样要尽量提高组间方差，降低组内方差；整群抽样应尽量提高组内方差，降低组间方差。也就是说，类型抽样时，尽量使各组内的单位差异减小，各组间的单位差异增大；整群抽样时刚好相反。

因此，可以得出结论：类型抽样的前提是对总体的结构有一定的认识，有辅助信息可利用，这种信息与所研究的问题有密切关系，可以作为分类的依据。通过分类把总体中调查标志差异比较接近的单位归为一组，减少组内差异，再从各组中抽出样本，这样的样本就对总体有更大的代表性。所以类型抽样的特点是充分利用总体的已有信息。整群抽样可以对抽中的群进行集中调查，是一种较为方便有效的抽样组织形式；在总体单位没有原始资料可利用时，整群抽样有利于提高抽样的效率。但是，正是由于整群抽样的抽样单位较集中，限制了样本在总体中分配的均匀性，所以，整群抽样有时代表性不是很理想，抽样误差较大。在实际抽样中，通常要适当增加一些样本单位，以减小抽样误差，提高抽样估计的准确度。

※ 小结 ※

抽样估计是在抽样调查的基础上，利用样本指标推算总体特征的一种统计分析方法，具有按随机原则抽取调查单位、用样本统计量估计总体参数和可以计算并控制抽样误差这三个方面的特点。作为一种专门调查方法，抽样估计在实际工作中有着非常广泛的应用。

抽样误差是由于抽样过程中的随机性原因使得样本结构不足以代表总体结构而引起的样本统计量同总体参数之间的绝对离差。影响抽样误差的主要因素包括总体的变异程度、样本容量、抽样组织方式、抽样方法四个方面。

利用样本统计量对总体参数进行估计具体的方法包括点估计和区间估计两种方法。点估计是直接把样本统计量作为总体参数估计值的估计方法，由于随机性因素的影响，总体参数恰好等于样本统计量的概率微乎其微，所以，在实际统计工作中，常用的抽样估计方法是区间估计。所谓区间估计，就是根据事先确定的置信度标准和平均抽样误差，计算出极限抽样误差，用样本统计量加极限抽样误差作为总体参数估计值的上限，用样本统计量减极限抽样误差作为总体参数估计值的下限，从而得到总体参数估计值分布范围的抽样估计方法。区间估计所依据的数学原理是中心极限定理，抽样估计中的所有假设和统计计算，都建立在中心极限定理的基础上。

※ 思考与练习 ※

一、单项选择题

1. 抽样调查必须遵循的原则是（　　）。

A. 准确性原则　　B. 可靠性原则　　C. 随机原则　　D. 灵活性原则

2. 所谓小样本是指样本单位数在（　　）。

A. 30 个以下　　B. 100 个以下　　C. 20 个以下　　D. 50 个以下

3. 重复抽样误差和不重复抽样误差相比（　　）。

A. 两者相等　B. 前者小于后者　C. 两者不定　D. 前者大于后者

4. 在简单随机重复抽样的情况下，要使抽样误差减少一半（其他条件不变），则样本单位数必须（　　）。

A. 增加 2 倍　B. 增加到 2 倍　C. 增加 4 倍　D. 增加到 4 倍

5. 某工厂连续生产，在一天中每隔半小时取出一分钟的产品进行全部检查，这是（　　）。

A. 等距抽样　B. 类型抽样　C. 整群抽样　D. 简单随机抽样

6. 简单随机重复抽样条件下，抽样单位数扩大为原来的 9 倍，则（　　）。

A. 抽样误差不变　B. 抽样误差缩小为原来的三分之一

C. 抽样误差缩小为原来的九分之一　D. 无法判断

7. 在抽样调查中（　　）。

A. 既有登记性误差，也有代表性误差　B. 只有登记性误差，没有代表性误差

C. 没有登记性误差，只有代表性误差　D. 既无登记性误差，也无代表性误差

8. 在抽样调查中，无法避免的误差是（　　）。

A. 登记性误差　B. 允许误差　C. 系统性误差　D. 抽样误差

9. 能够事先加以计算和控制的误差是（　　）。

A. 抽样误差　B. 代表性误差　C. 登记性误差　D. 系统性误差

10. 抽样误差与抽样极限误差的关系为（　　）。

A. 前者小于后者　B. 前者大于后者　C. 前者等于后者　D. 不能断定大小

11. 抽样单位数与抽样误差的关系为（　　）。

A. 正比　B. 反比　C. 反向　D. 相等

12. 抽样误差与标准差的关系为（　　）。

A. 正比　B. 反比　C. 反向　D. 相等

13. 抽样单位数与标准差的关系为（　　）。

A. 正比　B. 反比　C. 反向　D. 相等

14. 抽样单位数与概率度的关系为（　　）。

A. 反比　B. 正比　C. 反向　D. 相等

15. 在其他条件不变的情况下，提高估计的置信度，其估计的精确程度（　　）。

A. 随之扩大　B. 随之减少　C. 保持不变　D. 无法确定

二、多项选择题

1. 按抽样方法的不同，抽样可分为（　　）。

A. 重复抽样　B. 等距抽样　C. 类型抽样

D. 整群抽样　E. 不重复抽样

2. 抽样误差（　　）。

A. 包括登记性误差　B. 不包括登记性误差　C. 是随机误差

D. 包括系统性误差　E. 不包括系统性误差

3. 影响抽样误差的主要因素有（　　）。

A. 抽样单位数　B. 抽样方法　C. 总体单位数　D. 抽样组织形式

4. 抽样估计中的抽样误差（　　）。

A. 是无法避免的　　B. 是可以控制的　　C. 是可以避免的
D. 是可以计算的　　E. 只有在估计结束后才能知道

5. 常用的抽样组织形式有（　　）。

A. 类型抽样　　B. 等距抽样　　C. 整群抽样
D. 简单随机抽样　　E. 重复和不重复抽样

6. 影响必要抽样数目的主要因素有（　　）。

A. 总体标准差　　B. 抽样极限误差　　C. 抽样方法
D. 置信度　　E. 抽样组织形式

三、计算题

1. 某工厂生产一批零件共 10 万件，为了解这批产品的质量，采取不重复抽样的方法抽取 1 000 件进行检查，其结果如表 5－3 所示：

表 5－3　　样本产品质量统计表

使用寿命（小时）	零件数（件）
700 以下	10
700～800	60
800～900	230
900～1 000	450
1 000～1 200	190
1 200 以上	60
合计	1 000

根据质量标准，使用寿命 800 小时及以上者为合格品。根据题意：

（1）计算产品合格率；

（2）计算抽样平均误差，并以 95.45％的置信度推断此批产品的合格率范围。

2. 某乡 2017 年播种玉米 10 000 亩，采用重复抽样方式随机抽取其中的 100 亩，测得平均亩产量为 250 千克，标准差为 15 千克。要求：

（1）计算平均亩产量的抽样平均误差；

（2）概率为 99.73％的条件下，估计全部玉米平均亩产量的可能范围。

3. 现对某企业生产工人的日产量进行抽样调查，采用重复抽样方式从中抽取 100 人调查他们的日产量，样本的平均日产量为 35 件，产量的样本标准差为 5 件。要求：

（1）计算平均日产量的抽样平均误差；

（2）试按 95.45％的置信度，估计平均日产量所在的区间范围。

4. 对某鱼塘的鱼进行抽样调查，从鱼塘撒网捕到鱼 100 条，测得平均每条重 2 千克，标准差为 0.75 千克。要求：

（1）最初共放入鱼苗 10 000 条，若鱼苗的成活率为 80％，则该鱼塘中现共有鱼有多少条？

（2）计算鱼塘中鱼的平均重量的抽样平均误差。

（3）试按 95.45％的置信度，对鱼塘内平均每条鱼的重量作出区间估计。

5. 电视台对某档节目的收视率进行调查的结果显示，在抽取的 400 名观众中，收看该档节目的观众为 200 人。试以 95.45%的概率估计该档节目收视率范围。

6. 为调查农民生活水平，在某地 5 000 户农民中采用简单不重复随机抽样抽取了 400 户进行调查，得知这 400 户农民中有彩电的为 87 户，试以 95%的把握估计该区全部农户拥有彩电的比率区间。

7. 从餐厅连续三个星期抽查 49 位顾客，以调查顾客的平均消费额，得样本平均消费额为 25.5 元。要求：

（1）假如总体的标准差为 10.5 元，那么抽样平均误差是多少？

（2）在 95.45%的置信度下，抽样极限误差是多少？

（3）在 95%的置信度下，总体平均消费额的区间是多少？

项目六

相关与回归分析

案例导入与问题提出

高尔顿与豌豆试验

高尔顿（Galton）被誉为现代回归和相关技术的创始人。1875 年，高尔顿利用豌豆实验确定了豌豆大小的遗传规律。他选择了 7 组不同尺寸的豌豆，并说服他在英国不同地区的朋友每一组种植 10 粒种子，最后把原始的豌豆种子（父代）与新长的种子（子代）进行尺寸比较。

当结果被绘制出来之后，他发现并非每一个子代都与父代相同。相同的是大多数个体相对较大（小）的父代其子代也会相对较大（小），即父代个体大小与子代个体大小存在相关关系。然而不同的是并非所有个体都表现为这样的趋势，存在尺寸较大的个体其子代较小的情况和尺寸较小的个体其子代较大的情况。高尔顿将这一现象叫做“返祖”（趋向于祖先的某种平均类型），后来又称之为“向平均回归”。具体描述为，一个总体在某一时期的某些个体的某些特性会出现低于或高于正常水平的情况，其子代将在未来的某一时期减弱这种极端性，这一趋势现在就被称为“回归效应”。正如高尔顿的进一步研究发现，平均而言，非常矮小的父辈倾向于有偏高的子代；而非常高大的父辈则倾向于有偏矮小的子代。

资料来源：贾俊平、何晓群、金勇进：《统计学》（第四版），北京，中国人民大学出版社，298 页，2009。

思考：上述案例引出了事物两个属性之间的关系，分别是相关关系和回归关系，通过刻画这种关系，我们可以了解事物之间存在怎样的彼此联系。你接触过这些关系吗？它们又在社会发展和经济中发挥着什么样的作用？

学习目标

1. 了解相关关系、回归分析的概念、形式、作用。
2. 熟练掌握相关分析和回归分析的相关理论。
3. 能根据特定的统计研究任务，综合运用相关分析和回归分析方法处理问题。

任务一

相关分析

一、变量之间的关系

在生产和经营活动中，经常要对变量之间的关系进行分析。例如：在企业生产中，要对影响生产成本的各种因素进行分析，以达到控制成本的目的；在农业生产中，需要研究农作物产量与施肥量之间的关系，以便分析施肥量对产量的影响，进而确定合理的施肥量；在商业活动中，需要分析广告费支出与销售量之间的关系，进而通过广告费支出来预测销售量等。统计分析的目的在于如何根据统计数据确定变量之间的关系形态及其关联的程度，并探索出其内在的数量规律性。人们在实践中发现，变量之间的关系可分为两种类型，即函数关系和相关关系。

（一）函数关系

函数关系是指变量之间存在严格确定的依存关系，在这种关系中，当一个或几个变量取一定量的值时，另一个变量有确定值与之相对应，并且这种关系可以用一个数学表达式反映出来。例如：某种产品的总成本 S 与该产品的产量 Q 以及该产品的单位成本 P 之间的关系可用 $S=PQ$ 表达，这就是一种函数关系。通常把作为影响因素的变量称为自变量，把发生相应变化的变量称为因变量。在此处中，S 是因变量，P 与 Q 则是自变量。

（二）相关关系

相关关系是指变量之间存在一定的相依关系，但这种关系又不是确定的和严格依存的。这类关系中，当一个或几个相互联系的变量取一定数值时，与之相对应的变量就会有若干个数值，从而表现出一定的波动性。例如商品流转规模与流通费用的关系，家庭收入与消费支出的关系，工业劳动生产率与产品成本的关系等都属于相关关系。在统计中所研究的就是这种相关关系。

函数关系和相关关系之间并不存在严格的界限。由于有测量误差等原因，函数关系在实际中往往通过相关关系表现出来；反之，当对现象之间的内在联系和规律性更清楚、更深刻的时候，相关关系也可能转化为函数关系。因此，相关关系通常可以用一定的函数关系表达式去近似地描述。

下面是相关关系的几个例子。

例 6－1

从遗传学角度看，子女的身高（y）与其父母的身高（x）有很大关系。一般而言，父母身高较高时，其子女的身高通常也比较高；父母身高较矮时，其子女的身高通常也较矮。但是实际情况并不完全是这样，因为它们之间并不是完全确定的关系。显然，子女的身高并不是完全由父母身高一个因素所决定的，还受其他许多因素的影响，因此二者之间属于相关关系。

例 6－2

一个人的收入水平（y）和其受教育程度（x）这两个变量之间就不存在确定的函数关系。也就是说，受教育程度相同的人，他们的收入水平可能不同；同样，收入水平相同的人，他们受教育程度也可能不同。因为尽管受教育程度对一个人的收入多少有影响，但它并不是影响收入水平的唯一因素，还有其他因素（如职业、工作年限等）会影响收入水平。因此，收入水平与受教育程度之间是一种相关关系。

从上面两个例子可看出相关关系的特点：一个变量的取值不能由另一个变量唯一确定，当变量 x 取某个值时，变量 y 的取值可能有几个。这种关系不确定的变量显然不能用函数关系进行描述，但也不是无任何规律可循。通过对大量数据的观察与研究，就会发现许多变量之间确实存在一定的客观规律。例如：平均而言，父亲身高较高时，其子女的身高一般也较高；收入水平高的家庭，其家庭储蓄一般也较多。相关与回归分析正是描述与探索这类变量之间关系及其规律的统计方法。

二、相关关系的种类

（一）变量的个数

根据自变量的多少划分，可分为单相关和复相关。

（1）单相关：两个变量之间的相关关系叫单相关，即研究时只涉及一个自变量和一个因变量。

（2）复相关：三个或三个以上变量之间的相关关系叫复相关，即研究时涉及三个或三个以上的自变量和因变量。

（二）相关关系的方向

根据相关关系的方向划分，可分为正相关和负相关。

（1）正相关：指两个变量之间的变化方向一致，都是呈增长或下降的趋势。即自变量 x 的值增加（或减少），因变量 y 的值也相应地增加（或减少），这样的关系就是正相关。

（2）负相关：指两个变量之间变化方向相反，即自变量的数值增大（或减小），因变量随之减小（或增大）。

（三）相互关系的表现形式

根据变量间相互关系的表现形式划分，可分为线性相关和非线性相关。

（1）线性相关：当相关关系的自变量 x 发生变动，因变量 y 值随之发生大致均等的变动，从图像上近似地表现为直线形式，这种相关关系通常称为线性相关。

（2）非线性相关：在两个相关现象中，自变量 x 发生变动，因变量 y 也随之发生变动，这种变动不是均等的，在图像上的分布是各种不同的曲线形式，这种相关关系称为非线性相关。非线性相关在相关图上的分布，表现为抛物线、双曲线、指数曲线等非直线形式。

（四）相关关系的程度

根据相关关系的程度划分，可分为不相关、完全相关和不完全相关。

（1）不相关：如果变量间彼此的数量变化互相独立，则其关系为不相关。即自变量 x 变动时，因变量 y 的数值不随之相应变动。

（2）完全相关：如果一个变量的变化是由其他变量的数量变化所唯一确定的，此时变量间的关系称为完全相关。即因变量 y 的数值完全随自变量 x 的变动而变动，在相关图上表现为所有的观察点都落在同一条直线上，这种情况下的相关关系实际上是函数关系。所以，函数关系是相关关系的一种特殊情况。

（3）不完全相关：如果变量间的关系介于不相关和完全相关之间，则称为不完全相关。大多数相关关系属于不完全相关，是统计研究的主要对象。

三、相关分析的目的和方法

相关分析就是分析两个变量之间的线性关系，其实主要是解决如下几个问题：

（1）变量间是否存在关系？

（2）若存在关系，是何种关系？

（3）变量间的关系强度如何？

（4）样本所反映的变量间的关系能否代表总体变量之间的关系？

为了更好地解决上述的几个问题，在进行相关分析之前需要对总体做出以下两点假设：

（1）两个变量之间是线性关系。

（2）两个变量是随机变量。

在分析这类问题时一般首先需要绘制散点图来判断变量之间是否存在线性关系，如果存在则可以通过下列方法加以分析。

（一）定性分析——相关表与相关图

相关表是一种统计表。它是直接使用研究问题的原始数据，将这一变量的若干值按照从小到大的顺序依次排列，并将另一个变量的值与之对应排列所形成的统计表。其好处在于当数据量较小时可以直接看出变量间是否存在相关关系，缺点在于数据量增大时很难看出变量之间的关系。而把相关表上一一对应的具体数值在直角坐标系中用点标出来而形成的散点图则称为相关图。利用相关表和相关图，可以更直观、更形象地表现变量之间的相互关系。

（二）定量分析——相关系数

1. 相关系数的含义与计算

相关系数是直线相关条件下，说明两个变量之间相关关系密切程度的统计分析指标。相关系数的理论公式为：

$$r=\frac{\delta_{xy}^2}{\delta_x\delta_y}$$

$$=\frac{\sum(x-\overline{x})(y-\overline{y})}{\sqrt{\sum(x-\overline{x})^2}\cdot\sqrt{\sum(y-\overline{y})^2}}$$

$$=\frac{n\sum xy-\sum x\sum y}{\sqrt{n\sum x^2-\left(\sum x\right)^2}\cdot\sqrt{n\sum y^2-\left(\sum y\right)^2}}$$

（1）δ_{xy}^2——变量 x 和 y 的协方差：$\delta_{xy}^2=\frac{\sum(x-\overline{x})(y-\overline{y})}{n}$；

（2）δ_x——变量 x 的标准差：$\delta_x=\frac{\sqrt{\sum(x-\overline{x})^2}}{n}$；

(3) δ_y——变量 y 的标准差：$\delta_y=\frac{\sqrt{\sum(y-\overline{y})^2}}{n}$。

2. 相关系数的性质

(1) r 取值范围：$|r|\leqslant 1$，即 $-1\leqslant r\leqslant 1$；

(2) $|r|=1$，即 $r=\pm 1$，表明 x 与 y 之间存在确定的函数关系；

(3) $r>0$ 表明两个变量成正相关，$r<0$ 表明两个变量成负相关，$r=0$ 表明两个变量不相关；

(4) $|r|>1$ 表明存在一定的线性相关，且 $|r|$ 绝对值越大，相关程度越高；$|r|\leqslant 0.3$ 为微弱相关；$0.3\leqslant|r|\leqslant 0.5$ 为低度相关；$0.5\leqslant|r|\leqslant 0.8$ 为显著相关；$0.8\leqslant|r|\leqslant 1$ 为高度相关。

3. 相关系数运用的几点说明

(1) 计算相关系数时，两个变量哪个作为自变量，哪个作为因变量，对于相关系数的值大小没有影响。

(2) 相关系数只能用于线性相关程度的判断，当其数值很小甚至为 0 时只能说明变量之间线性相关程度很弱或者不存在线性相关关系，但不能就此判断变量之间不存在相关关系。

(3) 当相关系数的绝对值大于 0.8 时，变量之间存在高度线性相关关系，通常还需要进行相关系数的显著性检验。

任务二 回归分析

相关分析的目的在于测度变量之间的关系强度，它所使用的测度工具就是相关系数。而回归分析则侧重于考察变量之间的数量伴随关系，并通过一定的数学表达式将这种关系描述出来，进而确定一个或几个变量（自变量）的变化对另一个特定变量（因变量）的影响程度。具体而言，回归分析主要解决以下几个方面的问题：

(1) 从一组样本数据出发，确定变量之间的数学关系式。

(2) 对这些关系式的可信程度进行各种统计检验，并从影响某一特定变量的诸多变量中找出哪些变量的影响是显著的，哪些是不显著的。

(3) 利用所求的关系式，根据一个或几个变量的取值来估计或预测另一个特定变量的取值，并给出这种估计或预测的可靠程度。

一、回归分析简介

(一) 回归分析的含义

回归分析是指对具有相关关系的两个或两个以上变量之间的数量变化的一般关系进行测

定，确立一个相应的数学方程式，描述变量变动的相互关系，以便从一个已知量来推测另一个未知量，为估计预测值提供一个重要的方法。根据回归分析建立的数学方程称为回归方程（一元回归方程、多元回归方程……）。

相关分析是回归分析的基础，而回归分析则是认识变量之间相关程度的具体形式。

（二）回归分析的种类

按照自变量的个数可分为一元回归分析与多元回归分析。一元回归分析：存在一个自变量，又称简单回归分析；多元回归分析：存在两个或两个以上自变量，又称复回归分析。

按照回归的表现形式可分为线性回归分析与非线性回归分析。线性回归分析：回归方程的因变量是自变量的一次函数形式，回归线在坐标图上表现为一条直线；非线性回归分析：回归方程的因变量是自变量的二次或二次以上函数形式，回归线在坐标图上表现为曲线形状，又称曲线回归分析。

研究一个因变量与一个自变量之间的线性关系，称为一元线性回归分析或简单线性回归分析；研究一个因变量与多个自变量之间的线性关系，称为多元线性回归分析。

（三）回归分析的特点

（1）回归分析是研究两个变量之间的因果关系，所以必须通过定性分析来确定哪个是自变量，哪个是因变量；相关分析则是研究两个变量之间的关系，没有自变量和因变量之分。

（2）回归方程在进行预测估计时，只能通过自变量的数值求因变量的可能值。即只能由 x 推出 y 的估计值 y_c，而不能据 y_c 逆推 x。

（3）线性回归方程中自变量的系数称为回归系数，回归系数为正，说明变量成正相关，为负则说明成负相关。

（4）回归分析对于因果关系不甚明确或可以互为自变量的两个变量，可以求出 y 依据 x 的回归方程，还可求出 x 依据 y 的回归方程；而相关分析中两个变量的相关程度指标，相关系数是唯一的。

二、一元线性回归方程

（一）回归方程

一元线性回归方程是用来近似描述两个具有密切相关关系的变量之间变动关系的数学方程式。该方程在平面坐标系中表现为一条直线，回归分析中称为回归直线，即：

$$y_c=a+bx$$

y_c 表示 y 的估计值，借以区别 y 的实际观察值；a 表示直线的起点值，即纵轴截距；b 表示斜率，即回归系数。

对于不完全线性相关的两个变量的所有散点，要拟合一条直线。数学证明，利用最小平方法拟合的直线是最合理的线性回归方程表达式。基本原理：所拟合的直线模型可以使实际值 y 与理论值（估计值）y_c 离差的代数和等于 0，使离差平方和最小，图形上看就是所有的散点都比较均匀地分布在这条直线周边，各散点到该直线的距离的平方和最小。

根据已知的实际观察值 x、y，利用最小平方法求参数 a、b，具体公式为：

$$b=\frac{n\sum xy-\sum x\sum y}{n\sum x^2-\sum(x)^2}=\frac{\overline{xy}-\overline{x}\cdot\overline{y}}{\overline{x^2}-(\overline{x})^2}=\frac{\overline{xy}-\overline{x}\cdot\overline{y}}{\delta^2 x}$$

$$a=\overline{y}-b\overline{x}=\frac{\sum y}{n}-b\frac{\sum x}{n}$$

a 表示当自变量数值为 0 时，因变量的取值。

b 又称回归系数，表示 x 每变动一个单位，因变量平均而言变动多少。$b>0$ 表示增加平均数，$b<0$ 表示减少平均数。

例 6-3

在动物学研究中，有时需要找出某种动物体积与重量之间的关系，因为重量相对容易测量，而体积的测量比较困难，因此可以利用重量预测体积的值。下面是实验测量的某种动物的 18 个随机样本数据，体重 x（kg）与体积 y（$10^{-3}\mathrm{m}^3$）的数据如表 6-1 所示：

表 6-1 某种动物的体重与体积数据

序号	体重（x）	体积（y）	x^2	y^2	xy
1	17.1	16.7	292.41	278.89	285.57
2	10.5	10.4	110.25	108.16	109.2
3	13.8	13.5	190.44	182.25	186.3
4	15.7	15.7	246.49	246.49	246.49
5	11.9	11.6	141.61	134.56	138.04
6	10.4	10.2	108.16	104.04	106.08
7	15	14.5	225	210.25	217.5
8	16	15.8	256	249.64	252.8
9	17.8	17.6	316.84	309.76	313.28
10	15.8	15.2	249.64	231.04	240.16
11	15.1	14.8	228.01	219.04	223.48
12	12.1	11.9	146.41	141.61	143.99
13	18.4	18.3	338.56	334.89	336.72
14	17.1	16.7	292.41	278.89	285.57
15	16.7	16.6	278.89	275.56	277.22
16	16.5	15.9	272.25	252.81	262.35
17	15.1	15.1	228.01	228.01	228.01
18	15.1	14.5	228.01	210.25	218.95
合计	270.1	265	4 149.39	3 996.14	4 071.71

已知：$n=18$　$\sum x=270.1$　$\sum y=265$　$\sum x^2=4149.39$

$\sum y^2=3996.14$　$\sum xy=4071.71$

要求：(1) 确定以体积为因变量、体重为自变量的直线回归方程。

(2) 解释式中回归系数的具体含义。

(3) 当体重为 15.3kg 时，体积为多少？

解：根据题中表格可知：

(1) 体重为自变量 x，体积为因变量 y，则设 y 依据 x 的直线方程为：

$$y=ax+b$$

$$b=\frac{n\sum xy-\sum x\sum y}{n\sum x^2-(\sum x)^2}=\frac{4\ 071.71\times 18-270.1\times 265}{18\times 4\ 149.39-270.1^2}=0.988$$

$$a=\overline{y}-b\overline{x}=\frac{\sum y}{n}-b\frac{\sum x}{n}=\frac{265}{18}-0.988\times\frac{270.1}{18}=-0.103$$

则体积依据体重的回归方程为：

$$y=-0.103+0.988x$$

(2) 回归系数 b 的具体含义：体重每增加 1kg，体积增加 $0.998\times 10^{-3}\mathrm{m}^3$。

(3) 计算预测值，将已知 $x=15.3$ 代入回归方程，则：

$$y_c=-0.103+0.988\times 15.3=15.013$$

即当体重 $x=15.3$kg 时，体积为 $15.013\times 10^{-3}\mathrm{m}^3$。

（二）回归系数 b 与相关系数 r

$$b=\frac{\overline{xy}-\overline{x}\cdot\overline{y}}{\delta^2 x}$$

$$r=\frac{\overline{xy}-\overline{x}\times\overline{y}}{\delta x-\delta y}$$

运用数学等量关系式，故有 $b=r\cdot\frac{\delta x}{\delta y}$，$r=b\cdot\frac{\delta y}{\delta x}$。

(1) 因为 δx、δy 均是正值，所以 b 与 r 的符号是一致的，可以通过回归系数 b 来确定 r 的符号，从而来判断相关的方向。

(2) b 与 r 的大小成正比，所以还可以利用 b 来说明变量的相关程度。

三、估计标准误与区间估计

（一）估计标准误

估计标准误就是实际值与估计值之间的偏差平均程度，是用来说明回归方程代表性或推算结果的准确程度的分析指标，其计算公式如下：

$$S_y=\sqrt{\frac{\sum(y-y_c)^2}{n-2}}=\sqrt{\frac{\sum y^2-a\sum y-b\sum xy}{n-2}}$$

式中，S_y 是估计标准误，S_y 值越小，说明各个散点离回归直线越近，实际值与估计值的偏差越小，回归直线的代表性越高，估计越准确可靠；S_y 值越大，说明各个散点离回归直线越远，实际值与估计值的偏差越大，回归直线的代表性越低，估计准确性越差。

（二）区间估计

根据变量之间的线性关系，建立直线回归方程的目的，在于给定自变量的值来估计因变量的可能值，该估计值是理论值，与实际值之间存在差异，差异的一般水平用估计标准误来表示，因此可以对因变量的取值范围作区间估计，而不是只给一个估计值。

实际值通常以估计值为中心，上下在一定的区间范围内波动，在平面坐标图上表现为各个散点总是围绕回归趋势直线上下在一定区间分布。如果成正态分布或近似正态分布，可以根据正态分布的性质对实际值的分布范围（区间）进行可靠性估计。

实际值分布区间的大小取决于估计标准误 S_y 与估计标准误倍数 t（概率度）的大小。即实际值 y 落在以回归线 $y_c=a+bx$ 为中心，两条平行于回归线的直线 $y_c=a+bx+tS_y$ 与 $y_c=a+bx+tS_y$ 之间（统计上又称这一区间为置信区间），可靠性为 t 的取值所对应的概率（$t=1, 2, 3\cdots$）。

四、应用回归分析中应注意的问题

（1）严格意义上讲，根据已知的资料建立回归方程，应该对回归方程的参数的有效性进行显著性统计检验，以判断回归估计的有效性。

（2）利用回归直线进行估计预测时，如果所给定的自变量的值在样本观察值的区间范围内，其估计通常比较准确；如果所给定的自变量的值在样本观察值的区间范围之外，一般要求所给定的自变量值不宜偏离样本观察数据的平均值太远，否则预测就会不准确。

※ 小结 ※

本项目首先通过高尔顿的案例引入回归的概念，然后介绍相关分析、回归分析的内容，目的在于帮助大家加深对于相关分析与回归分析彼此关系的理解。其中相关分析和回归分析的计算过程是需要掌握的，相关系数的计算和回归方程的建立是重难点。

（1）相关关系的概念。与变量间完全确定的函数关系不同，相关关系是指变量间不严格确定的数量依存关系。

（2）相关关系的种类。

（3）简单相关系数。通过计算简单相关系数 r^2，可以判断在线性条件下两个变量间相关关系的密切程度。

（4）相关分析与回归分析的区别和联系。

（5）简单线性回归分析。

1）简单线性回归方程为 $y=a+bx$。式中，b 为回归系数，表示当自变量 x 每变动一个计量单位时，因变量 y 的平均变动量。利用最小平方法，可以确定参数 a、b 的值。

2）判定系数。判定系数 r^2 反映了已判明因素在总变差中所占的比率，即自变量对因变量的影响程度。r^2 越接近 1，说明所拟合的回归方程代表性越强。

3）估计标准误差。估计标准误差反映了在回归分析中所有观测值与估计值之间的平均变异程度。若离差值很小，说明回归方程的代表性较好；若离差值很大，说明回归方程的代表性较差。

※ 思考与练习 ※

一、单项选择题

1. 单位成本与产品产量的相关关系是什么？单位成本与单位产品原材料消耗量的相关关系是什么？（　　）

A. 前者是正相关，后者是负相关　　B. 前者是负相关，后者是正相关

C. 两者都是正相关　　D. 两者都是负相关

2. 设有一个回归方程为 $y=2-2.5x$，则变量 x 每增加一个单位时，（　　）。

A. y 平均增加 2.5 个单位　　B. y 平均增加 2 个单位

C. y 平均减少 2.5 个单位　　D. y 平均减少 2 个单位

3. y 与 x 之间的线性回归方程 $y=bx+a$ 必定过（　　）。

A. （0，0）点　　B. （x，0）点　　C. （0，a）点　　D. （x，y）点

4. 对于相关系数 r，叙述正确的是（　　）。

A. $r\in(0, +\infty)$，$|r|$ 越大，相关程度越大，反之相关程度越小

B. $r\in(-\infty, +\infty)$，r 越大，相关程度越大，反之，相关程度越小

C. $|r|\leqslant 1$，且 $|r|$ 越接近于 1，相关程度越大，越接近于 0，相关程度越小

D. 以上说法都不对

5. 相关分析对资料的要求是（　　）。

A. 两个变量都是随机的

B. 两个变量都不是随机的

C. 自变量是随机的，因变量不是随机的

D. 因变量是随机的，自变量不是随机的

6. 一元线性回归方程的参数有个（　　）。

A. 1　　B. 2　　C. 3　　D. 4

7. 下列回归方程与相关系数的对应值中，错误的是（　　）。

A. $y=-40-1.6x$，$r=-0.89$　　B. $y=-5-3.8x$，$r=-0.94$

C. $y=36-2.4x$，$r=0.96$　　D. $y=-36+3.8x$，$r=0.98$

8. 相关系数 $r=0$，说明两个变量之间（　　）。

A. 没有线性相关关系　　B. 线性相关程度很低

C. 没有相关关系　　D. 无法判断相关关系的程度

9. 回归直线方程 $y=a+bx$ 中，b 的取值（　　）。

A. 只能取正值　　B. 只能取负值

C. 既可以取正值，也可以取负值　　D. 只能取 0

10. $\sum_{i=1}^{n} x_i y_i$ 等于（　　）。

A. $(x_1+x_2+x_3+\cdots+x_n)\,y_1$　　B. $(y_1+y_2+y_3+\cdots+y_n)\,x_1$

C. $x_1y_1+x_2y_2+\cdots$　　D. $x_1y_1+x_2y_2+\cdots+x_ny_n$

二、多项选择题

1. 下列现象之间的相互关系，属于相关关系的有（　　）。

A. 生产费用与生产量　　B. 设备的使用年限与维修费用

C. 圆的半径与面积　　D. 身高与体重

E. 一定价格下的销售量与销售收入

2. 相关系数 $r=0.9$，这表明现象之间存在（　　）。

A. 高度相关关系　　B. 低度相关关系

C. 正相关关系　　D. 负相关关系

E. 函数关系

3. 回归模型可用于（　　）。

A. 反映变量之间一般的数量变动关系

B. 预测

C. 反映变量之间相互关系的密切程度

D. 反映变量之间的变动方向

4. 下列属于正相关关系的是（　　）。

A. 居民收入与储蓄　　B. 产量与生产费用

C. 广告费与销售额　　D. 物价水平与居民生活水平

E. 城市环保投入与环境污染指数

5. 依据样本回归方程计算的估计标准误差越小，说明（　　）。

A. 两个变量之间关系越不密切　　B. 两个变量之间关系越密切

C. 回归直线的代表性越强　　D. 回归直线的代表性越弱

E. 观察值与估计值越靠近

6. 根据某城市抽样调查的结果，拟合得到居民家庭月消费额 y（元）对家庭月收入 x（元）的直线回归方程是 $y=-0.230\,1+0.628\,5x$，下列说法正确的是（　　）。

A. 家庭月消费额与家庭月收入存在正相关关系

B. 家庭月消费额与家庭月收入之间的相关系数为 0.628 5

C. 家庭月收入每增加 100 元，消费额平均增加 62.85 元

D. 家庭月收入每增加 100 元，消费额平均增加 62.62 元

E. 若某家庭月收入为 4 000 元，估计约消费额为 2 513.8 元

三、实训题

1. 表 6－2 提供了某厂节能降耗技术改造后生产甲产品过程中记录的产量 x（吨）与相应的生产能耗 y（吨标准煤）的几组对照数据。

表 6－2　　某厂产量与生产能耗数据

x	3	4	5
y	2.5	3	4

（1）请画出上表数据的散点图；

（2）请根据上表提供的数据，求出 y 关于 x 的线性回归方程 $y=a+bx$；

（3）已知该厂技术改造前 100 吨甲产品的生产能耗为 90 吨标准煤，请根据（2）中计算

的线性回归方程，预测生产 100 吨甲产品的生产能耗比技术改造前降低了多少吨标准煤？（参考数据：3×2.5+4×3+5×4+6×4.5=66.5）

2. 某邮电局近 11 年平常函件业务量与该地区人口统计数据如表 6－3 所示：

表 6－3　　平常函件业务量与地区人口数据

函件业务量（万件）	20	20	25	20	30	30	40	20	50	40	45
人口数（万人）	385	400	395	365	375	440	490	420	460	525	480

试建立平常函件业务量对人口数的线性回归方程，并确定人口数为 500 万时的可能函件业务量。

3. 某种产品的产量与单位成本的资料如表 6－4 听示：

表 6－4　　产品的产量与单位成本数据

产量（千件）	单位成本（元/件）
2	73
3	72
4	71
3	73
4	69
5	68

要求：

（1）计算两个变量之间的线性相关系数，判断其相关方向和程度；

（2）建立直线回归方程，并解释回归系数的实际经济意义；

（3）计算相关系数，并解释其意义；

（4）如果产量为 7 000 件，预测单位成本；

（5）求产量为 7 000 件时，单位成本在 95%置信区间内的均值和个别值区间范围。

4. 某省 1988—1999 年国内生产总值和固定资产投资完成额资料如表 6－5 所示：

表 6－5　　1988—1999 年某省国内生产总值与固定资产投资完成额数据

年份	固定资产投资完成额（x）	国内生产总值（y）
1988	20	195
1989	20	210
1990	26	244
1991	35	264
1992	52	294
1993	56	314
1994	81	360
1995	131	432
1996	149	481
1997	163	567
1998	232	655
1999	202	704

根据以上资料：（1）绘制散点图，并添加趋势线；（2）建立回归方程，并计算检验统计量（使用 Excel 完成）。

5. 为了观察商品的市场需求量与商品价格之间的关系，以便于商家根据商品价格的变化合理安排采购量，现对某商品在 10 个城市的销售情况进行观察，得到表 6-6 所示的资料。

表 6-6　某商品在 10 个城市的销售情况数据

城市	A	B	C	D	E	F	G	H	I	J
价格（元）	10	6	8	9	12	11	8	10	12	7
需求量（吨）	60	72	70	56	55	57	57	53	54	70

要求：（1）编制商品需求量（y）与价格（x）相关表，判断二者之间是否存在相关关系，如果存在相关关系，判断其相关形式和方向。

（2）绘制商品需求量与价格的相关图，印证对相关表的观察结果。

（3）计算价格和需求量之间的相关系数，说明相关方向和密切程度。

（4）拟合需求量对价格的回归直线，并解释回归系数的实际含义。

（5）计算估计标准误差，简略判断回归直线是否可靠。

（6）在 95%的置信区间下，预测当商品价格定为 9.5 元时，需求量估计值的可能。

项目七

时间序列分析

案例导入与问题提出

基于时间序列的财政收入预测模型

财政收入是指政府为履行其职能、实施公共政策和提供公共物品与服务需要而筹集的一切资金的总和。财政收入表现为政府部门在一定时期内（一般为一个财政年度）所取得的货币收入。财政收入是衡量一国政府财力的重要指标。政府在社会经济活动中提供公共物品和服务的范围和数量，在很大程度上决定于财政收入的充裕状况。财政是同国家的产生和存在相联系的。政府每年都要做财政预算——按照一定的标准将财政收入和财政支出分门别类地列入特定的收支分类表格之中，以清楚反映政府的财政收支状况。透过公共财政预算，可以使人们了解政府活动的范围和方向，也可以体现政府政策的意图和目标。而这些财政数据可以通过历年数据来合理地推测。

在统计研究中，时间序列用来描述现象的发展过程，进而推测现象的未来水平。如表 7-1 是我国在 1996—2015 年期间的财政收入数据资料。

表 7-1　我国 1996—2015 年财政收入数据

年份	金额（亿元）	年份	金额（亿元）
1996	7 407.99	2006	38 760.20
1997	8 651.14	2007	51 321.78
1998	9 875.95	2008	61 330.35
1999	11 444.08	2009	68 518.30
2000	13 395.23	2010	83 101.51
2001	16 386.04	2011	103 874.43
2002	18 903.64	2012	117 253.52
2003	21 715.25	2013	129 209.64
2004	26 396.47	2014	140 370.03
2005	31 649.29	2015	152 269.23

资料来源：http：//www. stats. gov. cn/.

思考：如果今后我国财政收入按照表格数据表现的趋势持续发展下去，你能根据表中的数据预测未来几年的财政收入吗？如果你觉得这种预测是可行的，你知道用什么方法吗？你选择的预测方法能经得起推敲吗？对于按照这种方法获得的结果，你认为有价值吗？

学习目标

1. 明确时间序列的概念、作用、种类和编制原则。

2. 掌握时间序列分析的各种水平指标，特别是平均发展水平的含义、计算方法和应用条件。

3. 掌握时间序列分析的各种速度指标，特别是平均发展速度的含义、计算方法和应用条件。

4. 掌握时间序列变动的长期趋势、季节变动的分析意义与测定方法。

任务一

时间序列的基本问题

一、时间序列的含义与构成要素

动态是指社会经济现象在时间上的发展和运动的过程。根据历史资料，应用统计的方法来研究社会经济现象数量方面的变化和发展过程，认识它的发展规律并预见它的发展趋势，就是动态分析的方法。

对现象进行动态分析，是在编制时间序列的基础上进行的。时间序列（或称动态数列）是指将同一统计指标的数值按其发生的时间先后顺序排列而形成的数列。时间序列分析的主要目的是根据已有的历史数据对未来进行预测。例如表 7-2 所示是我国 2011—2015 年主要经济统计指标。

表 7-2　　我国 2011—2015 年主要经济统计指标

年份	国内生产总值（亿元）	年末总人口（万人）	人均 GDP（元/人）	城镇单位就业人员平均工资（元）
2011	489 300.6	134 735	36 403	41 799
2012	540 367.4	135 404	40 007	46 769
2013	595 244.4	136 072	43 852	51 483
2014	643 974.0	136 782	47 203	56 360
2015	689 052.1	137 462	50 251	62 029

可见，一个完整的时间序列是由两个要素构成的，一是现象所属的时间，二是对应于不同时间的统计指标数值。时间序列的时间可以是年份、季度、月份或其他任何时间形式，统计指标数值的表现形式可以是绝对数、相对数或平均数等。

编制时间序列的目的是计算时间序列分析指标，了解现象发展变化的方向和速度，预测现象发展的趋势。编制时间序列可以了解社会经济现象的发展变化过程，研究社会经济现象的发展趋势和发展速度，分析现象发展变化的规律，并在此基础上对现象的未来发展趋势做出预测。利用时间序列还可以在不同地区或国家之间进行对比分析，这也是统计分析的重要方法之一。

二、时间序列的种类

时间序列按其指标表现形式的不同分为总量指标时间序列、相对指标时间序列和平均指标时间序列。总量指标时间序列是最基本的时间序列，而相对指标时间序列和平均指标时间序列是在总量指标时间序列的基础上派生出来的时间序列。

（一）总量指标时间序列

总量指标时间序列是把总量指标（即总体参数）在不同时间上的数值按时间先后顺序排列起来形成的时间序列。总量指标时间序列用以反映现象在一段时间内达到的绝对水平及增减变化情况。根据总量指标反映社会经济现象性质的不同，又可分为时期指标时间序列和时点指标时间序列，分别简称时期数列和时点数列。

1. 时期数列

在总量指标时间序列中，如果列入的每一指标是反映现象在一段时间内发展过程的总量，则这种时间序列称为时期数列。简单而言，时期数列就是由时期指标排列而成的时间序列。如表 7－2 中各年的国内生产总值就是时期数列。时期数列具有以下特点：

（1）时期数列中的指标数值具有可加性。由于时期数列中每个指标的数值表示社会经济现象在一段时间内发展过程的累积总量，因此相加以后的数值表示现象更长一段时间内的发展总量。

（2）时期数列中每个指标数值的大小与其所反映的时期长短有直接联系。时间越长，指标数值越大；反之，就越小。

（3）时期数列中每个指标数值通常是通过连续不断登记汇总取得的。时期数列中每个指标的数值是现象在一段时间内发展过程的累积总量，因此必须把在一段时间内所发生的经济事实进行连续不断地登记，再按照一定的方法和程序进行汇总，才能得到所需要的统计指标数值。

2. 时点数列

在总量指标时间序列中，如果每一个指标所反映的是现象在某一时刻上的总量，则这种时间序列称为时点数列。简单而言，时点数列就是由时点指标排列而成的时间序列。如表 7－2中，各年年末总人口就是时点数列。

时点数列具有如下特点：

（1）时点数列中的指标数值不具可加性。时点指标表示现象在某一时刻所达到的水平、状态，相加后无法说明指标属于哪个时点的数量。

（2）时点数列中每个指标数值的大小与其时间间隔的长短没有直接联系。时点指标的各个数值只表明现象某一瞬间的数量，其数值大小与时间间隔长短没有必然的联系。

（3）时点数列中每个指标数值是通过定期的一次登记取得的。时点数列是反映现象在某一时刻状况的数量，只要在某一时点上进行统计，取得该点上的资料，不必连续进行登记。

（二）相对指标时间序列

把一系列同类相对指标按时间先后顺序排列而形成的时间数列称为相对指标时间序列。它反映社会经济现象之间相互联系的发展过程。人均 GDP 是强度相对指标，表 7－2 中的人均 GDP 数列就是相对指标时间序列。

相对指标时间序列反映事物数量关系的发展变化动态，由于各期相对数的对比基数不同，其各个指标数值是不能相加的。

（三）平均指标时间序列

把一系列同类平均指标按时间先后顺序排列而形成的时间数列称为平均指标时间序列。它反映社会经济现象总体各单位标志值一般水平的发展变化趋势。表 7－2 中我国城镇单位就业人员平均工资形成的数列就是平均指标时间序列。

平均指标和相对指标有一个共同点，它们都是由总量指标派生而来，反映一种平均或对比的概念。所以，在平均指标时间序列中，不同时间上的平均指标的数值不能相加，相加以后没有意义。

三、编制时间序列的原则

时间序列编制的目的是要通过对数列中不同时间的指标值的比较，来研究社会经济现象的发展变化规律。因此，保证数列中各个指标数值的可比性，是编制时间序列的基本原则。这种可比性表现在以下几个方面：

（一）时间长短应该一致

时期数列指标值的大小和指标包含的时间长短有直接关系。因此，一般要求时期数列指标值包含的时期前后一致，以利于对比。时期数列的时期长短最好相等，以便于动态比较分析。对于时点数列而言，由于数列上的指标值均表示一定时刻上的状态，因此不存在包含时期长短的因素，只有时间间隔的问题。时点数列指标数值之间的时间间隔若相等，既便于动态对比分析，又便于进一步计算动态分析指标。

（二）总体范围应该一致

总体范围是指时间序列指标值所包括的地区范围、隶属关系范围等。在进行时间序列分析时，要查明所依据的指标值总体范围是否前后一致。只有范围一致才能对比，如有变动应进行必要的调整。

（三）计算方法应该一致

时间序列中各项指标的计算口径、计量单位和计算方法应该一致，保持不变。各个指标的计算方法、计量单位如果不一致，不便于动态对比。

（四）经济内容应该一致

有时时间序列的指标在名称上是相同的，但经济内容和经济含义不同或有了改变。这也是不可比的。

常见的时间序列，往往是反映一段很长时期的过程，各期的统计资料难免由于各种原因导致指标的所属时间、总体范围、计算方法乃至于经济内容不统一，所以可比性问题是要一再强调，不能忽视的。

任务二

时间序列的分析指标

编制时间序列，必须进一步做动态分析，掌握现象发展变化趋势的规律性。动态分析包括分析现象的发展水平和现象的发展速度。水平分析是速度分析的基础，速度分析是水平分析的深入和继续。本节将介绍时间序列的水平指标和速度指标。水平指标包括发展水平、平均发展水平、增长量、平均增长量；速度指标包括发展速度、平均发展速度、增长速度、平均增长速度、增长1%绝对值。

一、时间序列的水平指标

（一）发展水平

发展水平是指时间序列中各时间上所对应的指标的具体数值，反映客观现象发展变化在各个不同时间上所达到的状态、规模或水平。发展水平既可以表现为总量指标，也可以表现为相对指标或平均指标，一般用 a 表示。不论是编制时间序列还是计算各种动态指标，都要求正确地计算发展水平，进行发展水平分析。

时间序列按从左到右的顺序，处在第一个位置上的发展水平，叫做最初发展水平，一般用a_0表示；处在最后位置上的发展水平，称为最末水平，一般用a_n表示。除a_0、a_n外的各项水平，称为中间水平，用a_1，a_2，a_3，…，a_{n-1}表示，因此时间数列的各项水平可用符号表示为：a_0，a_1，a_2，a_3，…，a_{n-1}，a_0。在进行动态对比时，作为对比基础的时期称为基期，其指标值也相应地被称为基期发展水平；用以分析研究的时期称为报告期，其指标值也相应地被称为报告期发展水平。

（二）平均发展水平

1. 平均发展水平的含义

平均发展水平是对不同时间的发展水平加以平均而得出的平均数，又称为序时平均数或动态平均数，一般用$\bar{a}$表示。平均发展水平可以反映现象的一般水平，还可以消除现象在短时间内波动的影响，用来解决同一现象在不同发展时期的比较问题。

平均发展水平和一般平均数有共同之处，都是将各个变量值差异抽象化，反映现象的一般水平。但两者又有区别，平均发展水平是将指标在不同时间上表现的差异抽象化，以一个数值来代表现象在这一段时间内的一般水平。而一般平均数是将总体各单位同一时间的变量值差异抽象化，用以反映总体在具体历史条件下的一般水平，不体现时间的变动。

2. 平均发展水平的计算方法

计算平均发展水平，首先需要区分时间序列的性质和类型。时间序列的性质不同，其计算方法也不同。之前介绍过，时间序列可分为总量指标时间序列、相对指标时间序列和平均指标时间序列。总量指标时间序列按照反映时间状态的不同又分为时期数列和时点数列。下面分别讲述各种不同时间序列的平均发展水平的计算方法。

（1）时期数列的平均发展水平。

由于同一时期数列中各项指标值所属时期的长短相等，因此可以直接将各项指标值相加除以项数，用简单算术平均法计算平均发展水平。其计算公式如下：

$$\bar{a}=\frac{a_1+a_2+a_3+\cdots+a_n}{n}=\frac{\sum ai}{n}$$

式中，$\bar{a}$为平均发展水平，a_i为各期发展水平，n 为时期数。

例 7-1

根据表 7-2 的资料，计算我国 2011—2015 年国内生产总值的年平均发展水平。

解：

$$\bar{a}=\frac{\sum ai}{n}=\frac{489\ 300.6+540\ 367.4+595\ 244.4+643\ 974.0+689\ 052.1}{5}$$

$=591\ 587.7$（亿元）

（2）时点数列的平均发展水平。

要精确计算时点数列序时平均数就应该有每一瞬间都登记的资料，这在实际中几乎是不可能的。在社会经济统计中一般是将一天看作一个时点，即以“一天”作为最小时间单位，这样可认为时点序列有连续时点和间断时点序列之分；而连续和间断时点序列又有时间间隔相等与时间间隔不等之别。其序时平均数的计算方法略有不同。

时间间隔相等连续时点序时平均数的计算：在统计中，以“天”为统计时间间隔的时点序列，视其为时间间隔相等的连续时点。也就是说，这种时点数列是按日登记，而且每天都登记。该数列的平均发展水平计算方法与时期数列相同。其计算公式为：

$$\bar{a}=\frac{a_1+a_2+a_3+\cdots+a_n}{n}=\frac{\sum ai}{n}$$

式中，$\bar{a}$为日平均发展水平，a_i为各时点的发展水平，n 为时点个数。

例 7-2

某商业银行某年 1 月 1 日—5 日的存款余额（万元）分别为：760、655、842、576、640，计算这 5 天的平均存款余额。

解：

$$\bar{a}=\frac{\sum a}{n}=\frac{760+655+842+576+640}{5}=694.6(\text{万元})$$

时间间隔不相等连续时点序时平均数的计算：数据资料登记的时间单位仍然是“天”，但实际上只在观察值发生变动时才记录一次。也就是说，这种时点数列是按日登记，每隔几天登记一次。此时需采用加权算术平均数的方法计算序时平均数，权数是每一观察值的持续天数。计算公式如下：

$$\bar{a}=\frac{a_1 t_1+a t_2+a_3 t_3+\cdots+a_n t_n}{t_1+t_2+t_3\cdots+t_n}=\frac{\sum a_i t}{\sum t}$$

式中，$\bar{a}$为日平均发展水平，a_i为各时点的发展水平，t 为每一指标值持续不变的天数。

例 7-3

某种商品 3 月份的库存量记录如表 7-3 所示，计算 3 月份平均日库存量。

表 7-3　某种商品库存资料表

日期	1 日	5 日	11 日	21 日	27 日
库存量（台）	50	55	40	35	30

解：该商品 3 月份平均日库存量：

$$\bar{a}=\frac{\sum a_i t}{\sum t}=\frac{50\times 4+55\times 6+40\times 10+35\times 6+30\times 5}{4+6+10+6+5}=42(\text{台})$$

时间间隔相等间断时点序时平均数的计算：在实际工作中，大量的时点现象都是间隔一段时间登记一次，只是时间间隔有相等和不等之分。对于以月度、季度、年度为时间间隔单位进行统计的间断时点，而且登记的时间间隔相等的时点数列，计算时假定指标值在两个相邻时点之间的变动是均匀的，先将相邻两个时点的指标数值相加后除以 2，得到这两个时点之间的序时平均数。然后根据这些平均数，再用简单算术平均法，求得整个研究时间的序时平均数。其计算公式为：

$$\bar{a}=\frac{\frac{a_1}{2}+a_2+\cdots+a_{n-1}+\frac{a_n}{2}}{n-1}$$

n 代表时点个数，该公式又称为首末折半法。

例 7-4

某企业第三季度职工人数如表 7-4 所示，计算该企业第三季度月平均发展水平。

表 7-4　某企业第三季度职工人数资料

日期	6 月末	7 月末	8 月末	9 月末
职工人数（人）	120	150	130	140

解：该数列是每月末登记的，每隔一个月登记一次，登记间隔相等。计算时先推算第三季度每月的平均人数，即把本月末的人数看作是下月初的人数，而且假定人数在每月内是均匀变动的。这样，月平均人数$=\frac{\text{月初人数}+\text{月末人数}}{2}$。例如：7 月份平均人数是$\frac{120+150}{2}=135$（人），8 月份平均人数是$\frac{150+130}{2}=140$（人），9 月份平均人数是$\frac{130+140}{2}=135$（人），则第三季度的平均人数在各月平均人数的基础上再平均。

$$\bar{a}=\frac{\frac{120+150}{2}+\frac{150+130}{2}+\frac{130+140}{2}}{4-1}=\frac{\frac{120}{2}+150+130+\frac{140}{2}}{3}=137\text{（人）}$$

计算结果说明该企业第三季度平均每月约有 137 人。

时间间隔不相等间断时点序时平均数的计算：对于以月度、季度、年度为时间间隔单位进行统计的间断时点，而且登记的时间间隔不相等的时点数列，计算时可将不同的时点间隔长度作为权数，用加权算术平均法计算序时平均数。其计算公式为：

$$\bar{a}=\frac{\frac{a_1+a_2}{2}t_1+\frac{a_2+a_3}{2}t_2+\cdots+\frac{a_{n-1}+a_n}{2}t_{n-1}}{t_1+t_2+\cdots+t_{n-1}}$$

式中，t 表示各时点间隔长度。

例 7-5

某银行储蓄存款余额资料如表 7-5 所示，计算该银行本年度平均储蓄存款余额。

表 7-5　　某银行储蓄存款余额资料

日期	上年 12 月末	1 月末	5 月末	8 月末	10 月末	12 月末
存款余额（百万元）	92	87	115	126	128	131

解：该数列是每月末登记的，每隔几个月登记一次，登记间隔不相等。可将一年 12 个月划分为不同的时间段，计算出每一个时间段的平均余额，再以不同的时间间隔长度作为权数，加权平均得到求得整个研究时间的序时平均数。

$$\bar{a}=\frac{\frac{92+87}{2}\times1+\frac{87+115}{2}\times4+\frac{115+126}{2}\times3+\frac{126+128}{2}\times2+\frac{128+131}{2}\times2}{1+4+3+2+2}$$

$$=114\text{（百万元）}$$

（3）相对指标时间序列或平均指标时间序列的平均发展水平。

相对指标或平均指标时间序列是由互相联系的两个总量指标的时间数列加以计算而派生出来的，因此其计算平均发展水平的方法也是由总量指标计算平均发展水平的方法派生出来的。而总量指标又有时期指标和时点指标之分，故只能按数列的性质，先根据资料分别计算出所对比的两个数列的平均发展水平，然后将两个平均发展水平进行对比，从而得到相对指标或平均指标时间序列的平均发展水平。其计算公式为：

$$\bar{c}=\frac{\bar{a}}{\bar{b}}$$

式中，$\bar{c}$代表相对指标或平均指标时间序列的平均发展水平，$\bar{a}$代表分子数列的平均发展水平，$\bar{b}$代表分母数列的平均发展水平。

例 7-6

某企业上半年合同交货情况如表 7-6 所示，计算该企业上半年平均合同履约率。

表 7-6 合同交货情况

月份	1月	2月	3月	4月	5月	6月
合同订货量（万件）	20	30	25	40	30	20
合同交货量（万件）	19	27	25	38	29	20
履约率（%）	95	90	100	95	97	100

解：履约率属于相对指标，它等于合同交货量除以合同订货量。所以平均履约率等于合同交货量的平均发展水平除以合同订货量的平均发展水平。

$$\bar{c}=\frac{\bar{a}}{\bar{b}}=\frac{\dfrac{19+27+25+38+29+20}{6}}{\dfrac{20+30+25+40+30+20}{6}}=95.8\%$$

计算结果表明，该企业上半年平均合同履约率为 95.8%。

（三）增长量

增长量是以绝对数形式表示的动态分析指标，它是时间序列中报告期发展水平与相比较的基期发展水平之差，用以反映社会经济现象报告期比基期增加或减少的数量。其计算公式为：

增长量＝报告期发展水平－基期发展水平

一般而言，分析的目的不同，选择的基期就不同。因此，根据选择基期的不同，可将增长量分为逐期增长量和累计增长量。

1. 逐期增长量

逐期增长量是报告期发展水平与前一期发展水平之差，说明现象逐期增加或减少的数量。其计算公式为：

逐期增长量＝报告期发展水平－前一期发展水平

用符号表示为：

$$a_1-a_0,\ a_2-a_1,\ \cdots,\ a_n-a_{n-1}$$

2. 累计增长量

累计增长量是报告期发展水平与某一固定基期发展水平之差，反映现象在一段时期内总的增加或减少的数量。在这里，固定基期通常是第一期。其计算公式为：

累计增长量＝报告期发展水平－固定基期发展水平

用符号表示为：

$$a_1-a_0,\ a_2-a_0,\ \cdots,\ a_n-a_0$$

逐期增长量与累计增长量之间存在一定的关系：各逐期增长量之和等于相应时期的累计增长量；两相邻时期累计增长量之差等相应时期的逐期增长量。即：

$$\sum_{i=1}^{n}(a_i-a_{i-1})=a_n-a_0$$

$$(a_i-a_0)-(a_{i-1}-a_0)=a_i-a_{i-1}$$

（四）平均增长量

平均增长量是时间序列中各个逐期增长量的序时平均数，用以说明所研究现象在一定时期内平均每期增长或减少的数量。它可以根据逐期增长量求得，也可以根据累计增长量求得。其计算公式为：

$$平均增长量=\frac{逐期增长量之和}{逐期增长量个数}=\frac{累计增长量}{时间数列项数-1}$$

用符号表示为：

$$\bar{a}=\frac{\sum_{i=1}^{n}(a_i-a_{i-1})}{n}=\frac{a_n-a_0}{n}$$

例 7-7

表 7-7 为某钢铁企业 2010—2015 年钢产量的资料，计算该企业各年钢产量的逐期增长量、累计增长量和平均增长量，并将结果列入表中，然后计算该企业 2010—2015 年钢产量的平均增长量。

表 7-7　某钢铁企业钢产量资料　（单位：万吨）

年份	2010	2011	2012	2013	2014	2015
钢产量	200	230	280	320	340	370
字母	a_0	a_1	a_2	a_3	a_4	a_5
逐期增长量	—	30	50	40	20	30
累计增长量	—	30	80	120	140	170

解：该企业 2010—2015 年钢产量的平均增长量为：

$$\bar{a}=\frac{30+50+40+20+30}{5}=\frac{370-200}{6-1}=34（万吨）$$

二、时间序列的速度指标

（一）发展速度

发展速度是同一现象在两个不同时期发展水平对比的结果，用于描述现象在观察期内的相对发展变化程度，说明报告期发展水平是基期发展水平的百分之几或若干倍。发展速度的计算结果大于 100%，表明现象发展水平上升；反之，表明现象发展水平下降。其计算公式为：

$$发展速度=\frac{报告期发展水平}{基期发展水平}$$

一般而言，根据选择基期的不同，可将发展速度分为环比发展速度和定基发展速度。

1. 环比发展速度

环比发展速度是报告期发展水平与前一期发展水平之比，说明社会经济现象逐期发展变化的程度。其计算公式为：

$$环比发展速度=\frac{报告期发展水平}{前一期发展水平}$$

用符号表示为：

$$\frac{a_1}{a_0},\frac{a_2}{a_1},\cdots,\frac{a_n}{a_{n-1}}$$

2. 定基发展速度

定基发展速度是报告期发展水平与某一固定基期发展水平之比，说明社会经济现象在较长时间内总的发展变化程度，故有总速度之称。其计算公式为：

$$定基发展速度=\frac{报告期发展水平}{固定基期发展水平}$$

用符号表示为：

$$\frac{a_1}{a_0},\frac{a_2}{a_0},\cdots,\frac{a_n}{a_0}$$

环比发展速度与定基发展速度之间存在重要的数量关系：

（1）观察期内各个环比发展速度的连乘积等于相应时期的定基发展速度，即：

$$\prod_{i=1}^{n}\frac{a_i}{a_{i-1}}=\frac{a_n}{a_0}$$

（2）两个相邻的定基发展速度的比值等于相应时期的环比发展速度，即：

$$\frac{a_n}{a_0}\div\frac{a_{n-1}}{a_0}=\frac{a_n}{a_{n-1}}$$

根据环比发展速度和定基发展速度之间的相互关系，可以进行环比或定基发展速度的推算，这特别是对于某些短缺历史资料的整理推算有重要的作用。

（二）增长速度

增长速度是表明社会经济现象增长程度的动态相对指标，是根据是增长量与基期发展水平对比求得，用于说明报告期发展水平较基期发展水平的相对增减程度。它可以根据增长量求得，也可以根据发展速度求得，其计算结果一般用倍数或百分数表示。其计算公式为：

$$增长速度=\frac{报告期增长量}{基期发展水平}=\frac{报告期发展水平-基期发展水平}{基期发展水平}=发展速度-1$$

增长速度等于发展速度减 1。当发展速度大于 1 时，增长速度为正值，表示正增长；当发展速度小于 1 时，增长速度为负值，表示负增长。

根据选用的基期不同，增长速度也可分为环比增长速度和定基增长速度。

1. 环比增长速度

环比增长速度是逐期增长量与前一时期发展水平之比，用于描述现象逐期增长的程度。其计算公式为：

$$\begin{aligned}环比增长速度&=\frac{报告期增长量}{前一期发展水平}=\frac{报告期发展水平-前一期发展水平}{前一期发展水平}\\&=环比发展速度-1\end{aligned}$$

2. 定基增长速度

定基增长速度是累计增长量与某一固定基期水平之比，用于描述现象在观察期内总的增长程度。其计算公式为：

$$\begin{aligned}定基增长速度&=\frac{报告期增长量}{固定基期发展水平}=\frac{报告期发展水平-固定基期发展水平}{固定基期发展水平}\\&=定基发展速度-1\end{aligned}$$

环比增长速度与定基增长速度之间没有直接的换算关系。在由环比增长速度推算定基增长速度时，可先将各环比增长速度加 1 后连乘，再将结果减 1，即得定基增长速度。

（三）平均发展速度

平均发展速度是现象各时期的环比发展速度的平均数，用于描述现象在整个观察期内平均发展变化的程度。计算平均发展速度的最简单的方法是几何平均法。

几何平均法又称水平法，它从时间序列的最初发展水平出发，每期按平均发展速度发展，经过 n 期后，达到最末发展水平。

根据环比发展速度计算：

$$\overline{x}=\sqrt[n]{\frac{a_1}{a_0}\times\frac{a_2}{a_1}\times\cdots\times\frac{a_n}{a_{n-1}}}$$

根据定基发展速度计算：

$$\overline{x}=\sqrt[n]{\frac{a_n}{a_0}}$$

上述公式可转换为：

$$a_n=a_0\times\overline{x}^n$$

式中，a_0代表最初发展水平，a_n代表最末发展水平，n 代表环比发展速度的个数。

按几何平均法计算的平均发展速度，实际上只与时间序列的最初发展水平a_0和最末发展水平a_n有关，而与其他中间发展水平无关，这一特点表明，几何平均法旨在考察现在最末一期所应达到的发展水平。在实际应用中，如果所关心的结果是现象在最后一期应达到的水平，例如最末期所能达到的工业生产能力等的增长，则采用几何平均法计算平均发展速度比较合适。

例 7-8

某企业销售收入 2012 年为 200 万元，2018 年为 1 600 万元，计算该企业收入的平均发展速度。

解：

$$平均发展速度=\sqrt[6]{\frac{1\ 600}{200}}=1.414\ 2$$

该企业收入的平均发展速度为 141.42%。

例 7-9

某企业 2014 年生产总量为 12.5 万吨，每年以平均发展速度 110%向前发展，预计 2019 年生产总量将达到多少万吨？

解：

$$a_n=12.5\times1.1^5=20.13\ (万吨)$$

该企业 2019 年生产总量将达到 20.13 万吨。

（四）平均增长速度

从理论上讲，平均增长速度是所研究现象的各期环比增长速度的序时平均数，说明现象在较长一段时间内逐期增长的平均程度，也称平均增长率。它通常用平均发展速度减1来求得。即：

平均增长速度＝平均发展速度－1

（五）增长1%绝对值

由于各期环比增长速度的计算基期不同，其增长1%相对应的增长量是不同的，其经济效益也不同。为了深入分析环比增长速度与逐期增长量之间的关系，有必要计算1%的绝对值指标。

增长1%绝对值是逐期增长量与环比增长速度之比，用以说明现象报告期比基期每增长1%的绝对数量是多少。其计算公式为：

$$增长1\%绝对值=\frac{逐期增长量}{环比增长速度\times 100}=\frac{前一期发展水平}{100}$$

例7-10

根据【例7-7】所示资料，计算该企业各年钢产量的环比发展速度、定基发展速度、环比增长速度、定基增长速度、平均发展速度、平均增长速度和增长1%绝对值，并将数据填入表7-8中。

表7-8 某钢铁企业钢产量的速度指标

年份	2010	2011	2012	2013	2014	2015
钢产量（万吨）	200	230	280	320	340	370
字母	a_0	a_1	a_2	a_3	a_4	a_5
环比发展速度（%）	—	115	121.74	114.29	106.25	108.82
定基发展速度（%）	—	115	140	160	170	185
环比增长速度（%）	—	15	21.74	14.29	6.25	8.82
定基增长速度（%）	—	15	40	60	70	85
增长1%绝对值	—	2	2.3	2.8	3.2	3.4

解：

$$平均发展速度=\sqrt[5]{\frac{370}{200}}=113.09\%$$

$$平均增长速度=113.09\%-1=13.09\%$$

任务三

动态趋势及其计算和应用

一、时间序列的构成因素

在时间序列中，各期发展水平是众多复杂因素共同作用的结果。不同因素的作用不同，导致各期发展水平的结果也相应不同。构成时间序列的共有因素，按它们的性质和作用，可以归纳为以下四种：

（一）长期趋势

长期趋势是指现象在一段较长的时间内，由于普遍的、持续的、决定性的基本因素的作用，使发展水平沿着一个方向，逐渐向上或向下变动的趋势。长期趋势变动是时间序列中最基本的规律性变动。例如粮食生产由于种植方法的不断改良、日益发达的农田水利等根本因素的影响，较长时期看来，其总趋势是持续增加、向上发展的。认识和掌握事物的长期趋势，可以把握事物发展变化的基本特点。

（二）季节变动

季节变动是指现象在一年内随着季节的变化而发生的有规律的周期性变动。其变动的特点是，在一年或更短的时间内随着时序的更换，现象呈周期重复的变化。引起季节变动的原因有自然因素，也有人为因素，如气候条件、节假日以及风俗习惯等。季节变动的影响有以年为周期的，也有以日、周、月为周期的。认识掌握季节变动，对于近期行动决策有重要作用。

（三）循环变动

循环变动是指现象以若干年为周期所呈现出的波澜起伏形态的有规律的变动。通常所指的循环变动是经济发展荣衰不绝相替的变动。它与寒暑温凉相继不息的天时循环变动有明显的不同，也不同于朝单一方向持续发展的长期趋势。不同的原因引起循环变动，使得变动的周期长短不同，常在一年以上甚至十多年。各期始末亦难定为何年何月，上下波动程度也不相同。

（四）不规则变动

不规则变动是一种无规律可循的变动，包括严格的随机变动和不规则的突发性影响很大的突然变动两种类型。随机变动是现象受到各种偶然因素影响而呈现出方向不定、时起时伏、时大时小的变动。突然变动是战争、自然灾害或其他社会因素等意外事件引起的变动，其影响作用无法相互抵消，影响范围很大。不规则变动是无法预知的。

现象变动趋势分析就是要把动态数列受各类因素的影响状况分别测定出来，确定研究对象发展变化的原因及其规律，为预测未来和决策提供依据。

一般而言，时间序列变动包含上述四类原因的影响，因而动态数列的成分结构包括这四种变动的形式。但就实际情况来看，季节变动和循环变动在某些场合并不存在。例如按年排列的时间序列就不体现季节变动，又如我国工业、农业生产发展趋势一般不存在循环变动。因此在实际工作中，要对研究现象进行具体的分析，实际包含什么因素就测定什么因素。在这里，仅介绍通常使用的两种方法，即长期趋势和季节变动的测定。

二、长期趋势的测定

长期趋势的测定就是用一定的方法对时间序列进行修匀，使修匀后的数列排除季节变动、循环变动和不规则变动等因素的影响，显示出现象变动的基本趋势，并对未来的发展趋势做出判断或推测。测定长期趋势的方法主要有时距扩大法、移动平均法和数学模型法。通过这几种方法的介绍，熟悉测定长期趋势的基本方法及各自的特点。

(一) 时距扩大法

这是对长期的时间序列资料进行统计修匀的一种简便方法。时距扩大法是把原有时间序列中各时期资料加以合并，扩大每段计算所包括的时间，得出较长时距的新时间序列，以消除由于时距较短受偶然因素影响所引起的波动，清楚地显示现象变动的趋势和方向。

时距扩大法修匀可以用扩大时距后的总量指标表示，也可以用扩大时距后的平均指标表示。前者只适用于时期数列，后者可以用于时期数列和时点数列。表 7－9 是我国 1961—1995 年粮食产量资料，以它来说明时距扩大法的运用。

表 7－9　　我国 1961—1995 年粮食产量　　单位：万吨

年份	产量	年份	产量	年份	产量
1961	14 750	1973	26 494	1985	37 911
1962	16 000	1974	27 527	1986	39 151
1963	17 000	1975	28 452	1987	40 298
1964	18 750	1976	28 631	1988	39 408
1965	19 453	1977	28 273	1989	40 755
1966	21 400	1978	30 477	1990	43 498
1967	21 782	1979	33 212	1991	43 524
1968	20 906	1980	32 056	1992	44 258
1969	21 097	1981	32 502	1993	45 644
1970	23 996	1982	35 450	1994	44 450
1971	25 014	1983	38 728	1995	45 600
1972	24 084	1984	40 731		

从表 7－9 中看出，35 年我国粮食产量呈不断上升的趋势，但中间有过几次的波动。下面把时距扩大为 5 年，可消除时间受偶然因素影响所带来的波动，如表 7－10 所示。

表 7－10　　时距扩大为五年后的我国粮食产量资料表　　单位：万吨

年份	总产量	平均年产量
1961—1965	85 953	17 190.6
1966—1970	109 181	21 836.6
1971—1975	131 535	26 307.0
1976—1980	152 649	30 529.8
1981—1985	185 320	37 064.0
1986—1990	203 110	40 622.0
1991—1995	223 476	44 695.2

把时距扩大为 5 年，就把中间个别年份波动修匀了，形成 35 年来完全上升的总趋势。

(二) 移动平均法

移动平均法是采用逐期递推移动的方法计算一系列扩大了时距的序时平均数，并以这一系列移动平均数作为对应时期的趋势值。通过移动平均数对数列修匀，可以更深刻地描述现象发展的基本趋势。

移动平均时所采用的扩大时距，也应由时间序列的具体特点决定。同时距扩大法一样，要注意数列水平波动的周期性。一般要求扩大的时距与周期变动的时距相吻合，或为它的整倍数，例如：对于具有季度性的时期数列，经受每年季节性的涨落，主要消除季节变动因素，以运用四项或八项移动平均为宜。在以年为单位的数据形成的动态数列不存在季节变动因素，因此要消除的是循环变动和不规则变动因素。借助于对时间序列的观察，循环周期大体几年，就相应采用几年移动平均。若数列水平呈无规则的波动，也是采取逐步扩大时距的办法，直到所求的移动平均数对把现象变动趋势表现出来。

移动平均法的具体做法是从时间序列的第一项数值开始，按一定项数求序时平均数，逐项移动，得出一个由移动平均数构成的新的时间序列，这个派生数列把某些偶然因素影响所出现的波动修匀了，使整个数列的总趋势更加明显。移动平均法根据资料的特点及研究的具体任务，可能进行三项、四项、五项甚至更多项移动平均。奇数项移动平均所得的数值放在中间一项的位置上；偶数项移动平均所得的数值放在中间两项位置的中间，它需要移正平均。被移动平均的项数越多，对原数列修匀的作用越大，但得到的新时间序列的项数越少。

例 7－11

以表 7－9 中 1986—1995 年的数据为例，分别时距扩大为 3 年、5 年、7 年，采用移动平均法来反映原数列的长期趋势，所表 7－11 所示。

表 7－11　　我国 1986—1995 年粮食产量及其移动平均计算表　　单位：万吨

年份	粮食产量	3 年移动平均	5 年移动平均	7 年移动平均
1986	39 151	—	—	—
1987	40 298	39 619	—	—
1988	39 408	40 153.67	40 622	—
1989	40 755	41 220.33	41 496.6	41 556
1990	43 498	42 592.33	42 288.6	42 483.57
1991	43 524	43 760	43 535.8	43 076.71
1992	44 258	44 475.33	44 274.8	43 961.29
1993	45 644	44 784	44 695.2	—
1994	44 450	45 231.33	—	—
1995	45 600	—	—	—

（三）数学模型法

数学模型法是对时间序列进行分析修匀的方法，它用适当的数学模型对时间序列拟合一个方程式，据以计算各期的趋势值。要对现象变动的长期趋势进行动态预测，就必须建立与长期趋势相适应的数学模型。根据时间序列在散点图上的表现形式接近于某种曲线，可以给它配以适当的曲线。长期趋势模型有直线趋势模型和曲线趋势模型两种，这里只介绍最常用的直线趋势模型。所谓直线趋势模型，是指根据时间序列在散点图上的表现形式接近于一条直线，利用数学方法拟合一条直线，反映现象的发展趋势。最常用的配合直线趋势模型的方法是最小平方法，又称最小二乘法。

如果时间序列逐期增长量相对稳定，即现象的发展水平按相当固定的绝对速度变化时，现象的发展呈线性趋势变化，则采用直线作为趋势线，来描述趋势变化，预测前景。直线趋势方程的一般形式为：

$$y_c = a + bt$$

式中，y_c为时间序列的趋势值；t 为时间序列的时间序号；a 为直线在 Y 轴上的截距，是当 $t=0$ 时的数值；b 为直线的斜率，表示时间 t 变动一个单位时，趋势值的平均变动数量。

对于方程中的参数 a、b，可按最小平方法的原理求得。这种方法的数学依据是：

$\sum (y - y_c)^2 =$ 最小值，即要求各个实际值与其对应的趋势值之间的离差平方和为最小。根据数学分析中的极限原理，用偏微分方法可以得出参数所需的两个标准方程，即：

$$\sum y = na + b\sum t$$

$$\sum ty = a\sum t + b\sum t^2$$

根据以上两个方程可求出 a，b 的值：

$$b = \frac{n\sum ty - \sum t\sum y}{n\sum t^2 - (\sum t)^2}$$

$$a = \frac{\sum y - b\sum t}{n} = \bar{y} - b\bar{t}$$

其中，n 代表时间的项数，时间 t 为 1，2，3，…，n。

例 7-12

某工厂最近 7 年的产品产量资料如表 7-12 所示，试用最小平方法配合直线趋势方程，并预测 2018 年的产品产量。

表 7-12　　某工厂 2010—2016 的产品产量资料表　　单位：万件

年份	时间序号（t）	产品产量（y）	t^2	ty
2010	1	12.4	1	12.4
2011	2	13.8	4	27.6
2012	3	15.7	9	47.1
2013	4	17.6	16	70.4
2014	5	19.0	25	95.0
2015	6	20.8	36	124.8
2016	7	22.7	49	158.9
合计	28	122.0	140	536.2

解：

$$b = \frac{7\times 536.2 - 28\times 122}{7\times 140 - 28^2} = 1.72$$

$$a = \frac{\sum y - b\sum t}{n} = \frac{122 - 1.72\times 28}{7} = 10.55$$

由此得直线方程为：$y_c = 10.55 + 1.72t$

当时间为 2018 年，$t=9$ 时，$y_c = 10.55 + 1.72t = 10.55 + 1.72\times 9 = 26.03$（万件）

所以 2018 年的产量预测为 26.03 万件。

三、季节变动分析

季节变动是指现象受自然因素和社会习俗等因素影响而发生的有规律的周期性变动。季节变动往往会给社会生产和人们的经济生活带来一定影响，如会影响某些商品的生产、销售与库存。

测定季节变动的目的，一是通过分析与测定过去的季节变动规律，为当前的决策提供依据；二是为了对未来现象季节变动做出预测，以便提前做出合理的安排；三是当时间序列被用来分析经济趋势时，能够剔除季节变动因素对时间序列的影响。

季节变动分析的基本原理：首先对一个时间序列计算出季节指数（季节比率），然后根据各季节指数与其平均数（100%）的偏差程度来测定季节变动的程度。季节指数是各月（季）平均数与全年总月（季）平均数的比值。它以全期的总平均水平为基准（100%），用百分比形式来反映各月（季）平均水平相对于总平均水平的高低程度。季节指数高说明“旺”，反之说明“淡”。其中，各月（季）的指数之和应等于1 200%（季资料等于400%）。

测定季节变动的方法从是否考虑长期趋势的影响看，可分为两种：一是不排除长期趋势的影响，直接根据原时间序列来测定；二是依据剔除长期趋势后的时间序列来测定。前者常用简单平均法，后者常用移动平均趋势剔除法。但是，不管采用哪种方法，都需具备连续多年的各月（季）资料，以保证所求的季节指数具有代表性，从而能比较客观地描述现象的季节变动。

（一）简单平均法

简单平均法也称按月（季）平均法，是直接根据原时间序列不剔除长期趋势因素，通过简单算术平均直接计算季节指数的方法。其基本步骤是：

（1）计算出各年同月（季）平均数，以消除随机影响，作为该月（季）的代表值；

（2）然后计算出全部月（季）的总平均数，作为全年的代表值；

（3）计算季节指数，将同月（同季）平均数与全部月（季）的总平均数进行对比，即求得各月（季）的季节指数。

例7-13

表7-13是一家啤酒生产企业2013—2018年各季度的啤酒销售量数据。试按简单平均法计算各季节指数。

表7-13　某啤酒生产企业各季度的销售量　单位：万吨

年份	一季度	二季度	三季度	四季度
2013	25	32	37	26
2014	30	38	42	30
2015	29	39	50	35
2016	30	39	51	37
2017	29	42	55	38
2018	31	43	54	41

解：某啤酒生产企业销售量季节指数计算见表 7－14。

表 7－14　某啤酒生产企业销售量季节指数计算表　　单位：万吨

年份	一季度	二季度	三季度	四季度	全年合计
2013	25	32	37	26	120
2014	30	38	42	30	140
2015	29	39	50	35	153
2016	30	39	51	37	157
2017	29	42	55	38	164
2018	31	43	54	41	169
同季合计	174	233	289	207	903
同季平均	29	38.83	48.17	34.50	37.625
季节指数（%）	77.08	103.20	128.02	91.69	400.00

由表 7－14 的资料可知，某啤酒生产企业销售量季节指数以三季度的 128.02%为最高，而一季度的 77.08%为最低。

按月（季）平均法计算比较简单，但应当注意，运用此法的基本假定是原时间序列没有明显的长期趋势和循环变动，通过各年同期的数据的平均，可以消除不规则变动，而且当所平均的期间与循环周期基本一致时，也一定程度上消除了循环波动。但实际上，许多时间序列所包含的长期趋势和循环波动，很少能够通过平均予以消除。因此，当时间序列存在明显的长期趋势时，该方法计算的季节指数不够准确。所以只有当序列的长期趋势和循环变动不明显时，运用此法才比较合适。

（二）移动平均趋势剔除法

移动平均趋势剔除法，就是在现象具有明显长期趋势的情况下，测定季节变动的一种基本方法。它的基本思想是先将时间序列中的长期趋势因素予以剔除，然后再用同期平均法消除循环变动和不规则变动，最后通过计算季节指数来测定季节变动的程度。

剔除长期趋势因素一般采用移动平均法。因此，它是长期趋势的测定方法（移动平均法）和季节变动的测定方法（简单平均法）的综合应用，在方法上没有新的思想。

移动平均趋势剔除法来测定季节变动趋势的步骤如下：

（1）根据时间序列月份（季度）数据，计算 12 个月（或 4 个季度）移动平均趋势值 T。通过移动平均，消除季节变动和不规则变动，所得移动平均的结果只包含趋势变动和循环变动。

（2）将各实际观察值 Y 除以相对应的移动平均趋势值 T，求得消除趋势变动的序列。

（3）将消除趋势变动的序列，重新按月（季）排列，求得各年同月（同季）平均数，以消除不规则变动的影响；再将其分别除以总平均数，即得季节指数。

（4）把各月（季）的季节指数加起来，其总计数应等于 1 200%（季资料应等于 400%），如果不符，应求出校正系数，把校正系数分别乘上各月（季）的季节指数，即得剔除长期趋势后的季节变动指数。

显然，季节变动分析中的两种方法各有特点，前者计算简便，但所求出的季节指数包括长期趋势的影响。后者计算较繁杂，但却得到了一个反映现象发展过程中的季节变动的缩影——剔除长期趋势后的季节指数。

※ 小结 ※

时间序列（或称动态数列）是指将同一指标的数值按其发生的时间先后顺序排列而形成的数列。一个完整的时间序列由时间和统计指标的数值两个基本要素组成。根据统计指标的形式不同，时间序列可分为总量指标时间序列、相对指标时间序列和平均指标时间序列。总量指标时间序列是最基本的时间序列，是计算相对指标时间序列和平均指标时间序列的基础。

时间序列的水平分析指标有：发展水平、平均发展水平、增长量、平均增长量。平均发展水平的计算要依据不同类别的序列采用不同的计算方法。在总量指标时间序列中，时期数列平均发展水平采用简单算术平均法计算。对于时点数列，由于登记方式的不同，分为以下四种情况：时间间隔相等的连续时点数列，采用简单算术平均法计算平均发展水平；时间间隔不相等的连续时点数列，采用加权算术平均法计算平均发展水平；时间间隔相等的间断时点数列，用首尾折半法计算平均发展水平；时间间隔不相等的间断时点数列，采用加权算术平均法计算平均发展水平。相对指标时间序列和平均指标时间序列的平均发展水平，必须先计算构成相对指标时间序列和平均指标时间序列的分子数列和分母数列的平均发展水平，然后再进行计算。根据选择基期的不同，可将增长量分为逐期增长量和累计增长量。逐期增长量与累计增长量之间存在一定的关系：各逐期增长量的和等于相应时期的累计增长量；两相邻时期累计增长量之差等于相应时期的逐期增长量。平均增长量是时间序列中各个逐期增长量的序时平均数，用以说明所研究现象在一定时期内平均每期增长或减少的数量。

时间序列的速度分析指标有：发展速度、增长速度、平均发展速度、平均增长速度、增长1%绝对值。根据选择基期的不同，发展速度分为环比发展速度和定基发展速度。增长速度也可分为环比增长速度和定基增长速度。增长速度等于发展速度减1。平均发展速度是现象各时期的环比发展速度的平均数，用于描述现象在整个观察期内平均发展变化的程度。计算平均发展速度的最简单的方法是几何平均法。增长1%绝对值是逐期增长量与环比增长速度之比，等于前一期发展水平除以100。

影响时间序列的因素可以分为四种：长期趋势、季节变动、循环变动、不规则变动。测定长期趋势的方法主要有时距扩大法、移动平均法和数学模型法等。测定季节变动的方法有简单平均法和移动平均趋势剔除法。

※ 思考与练习 ※

一、单项选择题

1. 时间序列中，每个指标数值相加有意义的是（　　）。

A. 时期数列　　B. 时点数列　　C. 相对数数列　　D. 平均数数列

2. 序时平均数计算中的“首末折半法”适合于计算（　　）。

A. 时期数列　　B. 连续时点数列

C. 间隔相等的间断时点数列　　D. 时间间隔不等的间断时点数列

3. 已知一个数列的环比增长速度分别为3%、5%、8%，则该数列的定基增长速度为（　　）。

A. 3%×5%×8%　　B. 103%×105%×108%

C. （3%×5%×8%）+1　　　　　　D. （103%×105%×108%）−1

4. 企业生产的某种产品 2018 年比 2017 年增长了 8%，2019 年比 2017 年增长了 12%，则 2019 年比 2018 年增长了（　　）。

A. 3.7%　　B. 50%　　C. 4%　　D. 5%

5. 1990 年为基期，2013 年为报告期，计算粮食产量的年平均发展速度时，需要（　　）。

A. 开 24 次方　　B. 开 23 次方　　C. 开 22 次方　　D. 开 21 次方

6. 发展速度属于（　　）。

A. 比例相对指标　　B. 比较相对指标　　C. 动态相对指标　　D. 强度相对指标

7. 时间序列在一年内重复出现的周期性波动称为（　　）。

A. 长期趋势　　B. 季节变动　　C. 循环变动　　D. 随机变动

8. 时间序列与变量数列（　　）。

A. 都是根据时间顺序排列的

B. 都是根据变量值大小排列的

C. 前者是根据时间顺序排列的，后者是根据变量值大小排列的

D. 前者是根据变量值大小排列的，后者是根据时间顺序排列的

9. 某车间月初工人人数资料如下：

表 7-15　　某车间月初工人人数表

月份	1	2	3	4	5	6	7
月初人数（人）	280	284	280	300	302	304	320

则该车间上半年的平均人数约为（　　）。

A. 296 人　　B. 292 人　　C. 295 人　　D. 300 人

10. 增长一个百分点对应增加的绝对量称为（　　）。

A. 平均增长率　　B. 环比增长率　　C. 增长 1%绝对值　　D. 定基增长率

二、多项选择题

1. 下列时间序列中，属于时点数列的有（　　）。

A. 全国每年大专院校毕业生人数　　B. 全国每年大专院校年末在校学生数

C. 某商店各月末商品库存额　　D. 某企业历年工资总额

E. 全国每年末居民储蓄存款余额

2. 时间序列中，各项指标值不能相加的有（　　）。

A. 时点数列　　B. 时期数列

C. 平均数动态数列　　D. 相对数动态数列

E. 以上数列中的各项指标数值都不能相加

3. 简单算术平均数适合于计算（　　）的序时平均数。

A. 时期数列　　B. 时间间隔不等的间断时点数列

C. 时间间隔相等的间断时点数列　　D. 时间间隔不等的连续时点数列

E. 时间间隔相等的连续时点数列

4. 定基增长速度等于（　　）。

A. 定基发展速度−1　　B. 环比发展速度的连乘积

C. 环比增长速度的连乘积　　D. 环比增长速度加 1 后的连乘积再减 1

E. 定基增长量除以最初水平

5. 测定长期趋势的方法主要有（　　）。

A. 时距扩大法　　B. 方程法　　C. 最小平方法　　D. 移动平均法

E. 几何平均法

6. 关于季节变动的测定，下列说法正确的是（　　）。

A. 目的在于掌握事物变动的季节周期性

B. 常用的方法是按月（季）平均法

C. 需要计算季节比率

D. 按月计算的季节比率之和应等于 400%

E. 季节比率越大，说明事物的变动越处于淡季

7. 时间序列的可比性原则主要指（　　）。

A. 时间长度应该一致　　B. 经济内容应该一致

C. 计算方法应该一致　　D. 总体范围应该一致

E. 计算价格和单位应该一致

8. 对于时间数列，下列说法正确的有（　　）。

A. 数列是按数值大小顺序排列的　　B. 数列是按时间顺序排列的

C. 数列中的数值都有可加性　　D. 数列是进行动态分析的基础

E. 编制时应注意数值间的可比性

9. 下列说法正确的有（　　）。

A. 平均增长速度大于平均发展速度　　B. 平均增长速度小于平均发展速度

C. 平均增长速度＝平均发展速度－1　　D. 平均发展速度＝平均增长速度－1

E. 平均发展速度×平均增长速度＝1

10. 某公司连续五年的销售额资料如下：

表 7-16　　某公司五年的销售额资料　　单位：万元

时间	第一年	第二年	第三年	第四年	第五年
销售额（万元）	1 000	1 100	1 300	1 350	1 400

根据上述资料计算的下列数据正确的有（　　）。

A. 第二年的环比增长速度＝定基增长速度＝10%

B. 第三年的累计增长量＝逐期增长量＝200 万元

C. 第四年的定基发展速度为 135%

D. 第五年增长 1%绝对值为 14 万元

E. 第五年增长 1%绝对值为 13.5 万元

三、实训题

1. 某企业 2018 年 4 月份工人人数变动登记如下：

表 7-17　　某企业 2018 年 4 月份工人人数资料

日期	4 月 1 日	4 月 11 日	4 月 16 日	5 月 1 日
工人人数（人）	1 210	1 240	1 300	1 270

试计算该企业 4 月份的平均工人人数。

2. 某银行 2018 年部分月份的现金库存额资料如下：

表 7-18　　银行 2018 年上半年现金库存额资料

日期	1月1日	2月1日	3月1日	4月1日	5月1日	6月1日	7月1日
库存额（万元）	500	480	450	520	550	600	580

要求：(1) 具体说明这个时间序列属于哪一种时间序列。

(2) 分别计算该银行 2018 年第一季度、第二季度和上半年的平均现金库存额。

3. 某企业 2018 年各月记录在册的工人数如下：

表 7-19　　某企业 2018 年工人人数资料

日期	1月1日	2月1日	4月1日	6月1日	9月1日	12月1日	12月31日
工人人数（人）	326	330	335	408	414	412	412

试计算该企业 2018 年全年平均工人人数。

4. 某企业 2018 年各季度计划产值和计划完成程度的资料如下：

表 7-20　　企业 2018 年各季度计划产值和计划完成程度情况资料

季度	一季度	二季度	三季度	四季度
计划产值（万元）	860	890	875	800
计划完成程度（%）	130	135	140	125

要求：计算该企业 2018 年产值的平均计划完成程度。

5. 某地区 2010—2015 年社会消费品零售总额资料如下：

表 7-21　　2010—2015 年社会消费品零售总额资料　　单位：亿元

年份	2010	2011	2012	2013	2014	2015
社会消费品零售总额	8 255	9 383	10 985	12 238	16 059	19 710

要求：计算全期平均增长量、平均发展速度和平均增长速度，并列表计算：(1) 逐期增长量和累积增长量；(2) 定基发展速度和环比发展速度；(3) 定基增长速度和环比增长速度；(4) 增长 1%绝对值。

6. 某市集市 2013—2016 年各月猪肉销售量如下表：

表 7-22　　2013—2016 年各月猪肉销售量资料　　单位：万公斤

月份	1月	2月	3月	4月	5月	6月	7月	8月	9月	10月	11月	12月
2013	40	50	41	39	45	53	68	73	50	48	43	38
2014	43	52	45	41	48	65	79	86	64	60	45	41
2015	40	64	58	56	67	74	84	95	76	68	56	52
2016	55	72	62	60	70	86	98	108	87	78	63	58

试用简单平均法计算季节指数。

7. 某企业 2010—2015 年利润额资料如下表所示：

表 7-23　　某企业 2010—2015 年利润额资料

年份	2010	2011	2012	2013	2014	2015
利润额（万元）	48	52	55	57	60	64

要求：用最小平方法拟合直线趋势方程，并预测 2020 年企业利润额。

项目八

统计指数与因素分析

案例导入与问题提出

人类发展指数：社会综合发展的指示器

在联合国开发计划署（UNDP）于1990年首次发布的《人类发展报告（1990）》中，第一次使用了人类发展指数（Human Development Index，HDI），来综合测量世界各国的人类发展状况。该指数由三大类指数共5个指标复合组成，三大类指数分别是：平均寿命指数（也称健康指数）、教育水平指数（也称文化指数）和人均GDP指数（也称生活水平指数）。该指数采用标准化方法处理数据，指数取值在0和1之间，取值越高，表明人类发展水平越高。此后，联合国开发计划署每年发布一次全世界的《人类发展报告》，并将评估结果分为三级：HDI取值在0.800及以上的国家和地区属于人类发展高度水平，HDI取值在0.500～0.799之间的国家和地区属于人类发展中度水平，HDI取值在0.500及以下的国家和地区属于人类发展低度水平。目前，联合国开发计划署编制的人类发展指数及其每年发表的《人类发展报告》已经得到世界的普遍认可，成为评价世界各国或地区人类发展综合水平的重要依据。

仅采用5个指标勾画社会发展也是无奈之举，联合国必须考虑数据的国际可比性和可获取性。大多数人类发展指数低的国家或地区，往往缺乏精确的统计数据。因此在选用指标编制指数时，联合国的此项测评受到很多限制，只能选取大多数国家或地区都可能有的统计数据，这使得在利用HDI综合测量社会经济发展水平时，存在结构性缺失与测评上的缺陷。

为此，中国人民大学中国调查与数据中心在深入研究的基础上，根据中国国情，对联合国的人类发展指数进行了拓展，建立了中国人民大学中国发展指数（RCDI）。该指数包括四个大类指数共15个指标，综合反映了全体国民的健康（健康指数）、受教育程度（教育指数）、经济发展和生活水平（生活水平指数）以及社会环境（社会环境指数）的变化情况，目前已经发布2006年至2010年共5年的结果。该指数的建立在社会上引起很大反响，受到政府有关部门的高度重视，并得到中央领导人的批示。这是用指数方法反映社会综合发展的成功案例。

资料来源：贾俊平、何晓群、金勇进：《统计学》（第四版），405页，北京，中国人民大学出版社，2009。

思考：在日常工作生活中，我们经常遇到或者需要各种指数，例如居民消费价格指数（CPI）、股票价格指数、房地产价格指数等，这些指数同我们的社会经济生活关系非常密切。了解指数是如何编制的，有助于我们更好地认识指数的功能与作用。上述案例引出了衡量事物发展的水平指标——指数。通过指数指标，我们可以了解事物发展的一般状态，它们在我们社会生活中发挥着重大作用。你接触过哪些指数？它们又在社会和经济发展中发挥着什么样的作用，可以帮助我们分析处理哪些问题？

学习目标

1. 了解各种指数的概念、形式和作用。
2. 熟练掌握综合指数、平均指数以及如何构建指数体系等的相关理论和计算过程。
3. 能根据特定的统计研究任务，综合构建指数体系分析处理问题。

任务一

统计指数

一、统计指数的概念

统计指数也称经济指数，它是一个完全不同于数学指数的概念。本书为了行文方便，有时也简写作“指数”。统计指数是用来分析社会经济现象数量变动的对比性指标。简单而言，统计指数就是对有关现象进行比较分析的一种相对比率。从广义上讲，一切比较相对数均可称为统计指数。在统计理论和统计实践的发展进程中，统计指数的分析对象也随之发生变化。最早的统计指数研究是由研究物价变动、计算物价指数开始的，后来逐渐扩大到产量、成本、劳动生产率等指数的计算。同时，物价指数也由最初反映一种商品的价格变动指标，逐渐扩展到反映多种商品价格的综合变动指标，并且从动态研究逐渐扩展为同一时间不同地区之间的静态对比。

统计指数在经济分析的各个领域里已得到广泛的应用，是一种常用且重要的分析指标。例如人们所熟知的股票指数，是综合反映股票市场变动情况的统计指标，受到广泛的关注，被称作一国政治经济情况的晴雨表。再如人们通过商品价格指数，可掌握和了解市场价格的动态、对居民生活的影响以及货币流通量的状况；还能通过经济增长指数，分析经济增长水平等。

统计指数具有以下几个基本特点：

（1）统计指数通常以相对数的形式来表示。

（2）反映复杂现象的统计指数具有综合的性质，它综合地反映了复杂现象总体的数量变化关系。例如受多种因素的影响，各种商品价格变动的方向和幅度经常是不一致的，有些商品价格上涨，但上涨的幅度不一；有些商品价格下跌，但下跌的幅度也不一。商品价格总指数则是综合了各种商品价格受各种因素的影响变动的结果。

（3）反映复杂现象的统计指数具有平均的性质，它反映复杂现象总体中各个单位变动的平均水平。就商品综合价格指数而言，它所表明的是各种商品价格变动的平均水平。

二、统计指数的种类

根据分析对象的不同，统计指数可以划分为不同的种类。

（1）按指数所考察的范围不同，分为个体指数、组指数和总指数。

个体指数是反映单个现象或单个事物变动的相对数，例如某种品牌型号的电冰箱产量指数或价格指数，都是个体指数。组指数也称类指数，是综合反映总体内某一类现象变动的相对数，如食品类、衣着类、服务类价格指数等，组指数通常也是编制总指数的中间环节。总指数是综合反映整个复杂现象总体变化情况的相对数，如商品价格总指数、工业产品产量总指数等。

（2）按指数所反映的现象不同，分为数量指标指数和质量指标指数。

数量指标指数反映所研究现象的数量规模变动，如经济增长指数、产品产量指数、商品销售量指数等。质量指标指数反映所研究现象的质量水平变动，如商品价格指数、产品成本指数、劳动生产率指数等。这两种指数各有不同的编制原则和方法，后面将详细介绍。

（3）按指数所反映的时间状态不同，分为动态指数和静态指数。

统计指数的本来含义是动态指数，由两个不同时间的经济量对比形成，反映社会经济现象在不同时间的发展变化。动态指数按所对比的基期的不同，分为定基指数与环比指数两种。静态指数是后来才发展出来的，包括空间指数和计划完成程度指数两种。空间指数指同类现象水平在同一时间内不同空间上对比的结果，反映现象在不同区域的差异程度。计划完成程度指数则是将某种现象的实际水平与计划水平对比的结果，反映计划的完成程度。

三、统计指数的作用

统计指数的作用主要可以表现为以下几个方面：

（1）运用统计指数可以分析复杂现象总体的变动方向和程度。

例如股票价格的变动是一种复杂现象，通过编制股票价格指数可以反映股票市场价格总变动的情况。再如商品销售额、商品销售量、商品价格水平的变动都是复杂的经济现象，通过编制统计指数就能反映其总体的变动方向和程度。

（2）运用统计指数可以分析复杂现象总体变动中各个因素的变动，以及它们的变动对总体变动的影响程度。

复杂现象总体的变动是各种因素综合影响的结果，而各种因素自身变动的速度和变动方向常常是不一致的，对总体变动的影响也不同。例如商品销售额是销售量和销售价的乘积；产品总成本是产品产量与单位成本的乘积；产品产值是劳动量与劳动生产率的乘积，或产品产量与产品价格的乘积等。将不同时期的商品销售额、产品总成本、产品产值进行比较，就能反映其总体的变动方向和变动程度。如某地区 2000 年商品销售额是 1990 年的 110.9%，说明 2000 年该地区商品销售额的增长幅度为 10.9%。这个变动是销售量与价格两个因素共同作用的结果，借助于统计指数可以深入分析和测定这两个因素的变动及其对销售额变动所带来的影响。

（3）运用统计指数可以分析复杂现象平均水平的变动中各个因素的变动，以及它们的变动对总平均水平变动的影响程度。

例如：城镇就业人口平均工资水平的变动，既受各行业职工工资水平变动的影响，也受各行业职工构成变动的影响。借助于统计指数，就能对全体就业人口的工资水平变动进行分析，同时分析各行业职工平均工资变动及其对全体就业人口平均工资变动的影响，分析各行业职工所占比重的变动及其对全体就业人口平均工资的影响。

（4）运用统计指数可以分析复杂现象总体在长时期内的发展变化趋势。

借助连续编制的动态指数形成的指数数列，可以反映现象长时间的发展变化趋势。同时，如果把两个相互联系的指数数列（如居民收入指数和价格指数）加以比较，还可以进一步认识复杂现象总体之间数量上的变动关系。

任务二

综合指数

一、综合指数计算原理

总指数有两种计算形式：一是综合指数；二是平均指数。两种形式有一定联系，但又各有其特点。本节主要阐述综合指数的编制方法。

首先要明确综合指数是总指数的综合形式，反映复杂现象总体的综合变动情况。它是编制总指数的基本形式，是由两个总量指标对比形成的指数。

综合指数编制特点：可以概括为先综合，后对比。也就是说，编制指数首先要解决不同度量单位的问题，使不能直接加总、具有不同使用价值的商品或产品的总体，改变成为能够进行对比的两个时期的现象的总量。进行这种改变是可能的。马克思说过：作为使用价值商品首先有质的差别，作为交换价值商品只能有量的差别，因而不包含任何一个使用价值的原子。由此可见，为了使具有不同度量单位的现象改变为可以加总的总体，需要将各种产品或商品由使用价值形态还原为价值形态。

二、综合指数的常用编制方法

首先，引入同度量因素（又叫权数），其目的是使各种商品或产品的不同使用价值量改变为价值量，即解决复杂现象总体在研究指标上不能直接相加、直接对比的困难，使其通过同度量因素后，可以计算出总体的综合总量；

其次，将同度量因素固定，消除其变化的影响，以便测定所要研究的另一个因素指标的变动；

最后，将两个时期的总量对比，其结果即为综合指数，它综合地反映了复杂现象总体研究指标的变动。

综合指数中同度量因素的固定时期：假若现象总体包括两个变动因素，只有把其中的一个因素固定下来，才能测定另一个因素的变动影响。这个被固定因素究竟要固定在哪个时期上，即同度量因素所属时期的选择。究竟固定在报告期还是固定在基期，是一个十分重要的问题，因为同度量因素不仅起同度量的作用，而且具有加权的作用。这要根据编制指数的具体任务及经济内容来决定。

（一）数量指标综合指数的编制原理和方法

（1）编制数量指标综合指数应以质量指标指数为同度量因素。

(2) 将同度量因素固定在基期。其计算公式如下：

$$k_q=\frac{\sum q_1 p_0}{\sum q_0 p_0}$$

式中，k_q表示数量指标综合指数；q 表示数量指标；p 表示质量指标；下标 1 表示报告期；下标 0 表示基期。

现以商品销售额总指数的编制为例，说明数量指标综合指数编制的一般原则和方法。

例 8-1

某商店三种产品销售量与价格资料如表 8-1 所示：

表 8-1　商店三种产品销售量与价格数据

商品	计量单位	销售量		价格（元/台）	
		基期	报告期	基期	报告期
彩电	台	800	880	3 000	2 800
冰箱	台	600	650	2 500	2 300
空调	台	1 000	1 050	2 800	2 500

要求：(1) 计算三种商品销售量个体指数。

(2) 计算三种商品销售量综合指数。

解：(1) 销售量个体指数计算公式 $k_q=\frac{q_1}{q_0}$，则：

彩电：$\frac{q_1}{q_0}=\frac{880}{800}=110\%$

冰箱：$\frac{q_1}{q_0}=\frac{650}{600}=108.3\%$

空调：$\frac{q_1}{q_0}=\frac{1\ 050}{1\ 000}=105\%$

(2) 三种商品销售量综合指数：

$$k_q=\frac{\sum q_1 p_0}{\sum q_0 p_0}=\frac{880\times 3\ 000+650\times 2\ 500+1\ 050\times 2\ 800}{800\times 3\ 000+600\times 2\ 500+1\ 000\times 2\ 800}$$

$$=\frac{720\ 500}{6\ 700\ 000}=107.5\%$$

通过对三种商品的综合观察，该商店销售量增长了 7.5%。

(二) 质量指标综合指数的编制原理和方法

(1) 编制质量指标综合指数应以数量指标为同度量因素。

(2) 将同度量因素固定在报告期。其计算公式如下：

$$k_p=\frac{\sum q_1 p_1}{\sum q_1 p_0}$$

式中，k_p 表示质量指标综合指数。

例 8-2

仍以表 8-1 中的数据为例，说明质量指标综合指数编制的一般原则和方法。

(1) 计算三种商品价格个体指数 $k_p=\frac{p_1}{p_0}$：

彩电：$\frac{p_1}{p_0}=\frac{2\ 800}{3\ 000}=93.3\%$

冰箱：$\frac{p_1}{p_0}=\frac{2\ 300}{2\ 500}=92\%$

空调：$\frac{p_1}{p_0}=\frac{2\ 500}{2\ 800}=89.3\%$

三种商品价格，分别呈现一定程度的下降。

(2) 计算三种商品价格的综合指数：

$$k_p=\frac{\sum q_1p_1}{\sum q_1p_0}=\frac{880\times 2\ 800+650\times 2\ 300+1\ 050\times 2\ 500}{800\times 3\ 000+600\times 2\ 500+1\ 000\times 2\ 800}$$

$$=\frac{6\ 584\ 000}{7\ 205\ 000}=91.4\%$$

综合观察，三种商品价格下降了 8.6%。

由以上两个例子可以看出：用综合指数编制总指数的优点在于，它不仅可以综合地表明复杂总体变动的相对程度，而且由于用以对比的两个综合总量有着明确的经济内涵，因而有利于从绝对量上分析指标变动所带来的绝对效果。

三、综合指数的其他编制方法

（一）拉氏指数

由德国经济学家拉斯贝尔于 1864 年首先提出来的，称为拉斯贝尔公式。他主张：不论是数量指标综合指数还是质量指标综合指数都采用基期作为同度量因素。

拉氏价格指数：$k_p=\frac{\sum q_0p_1}{\sum q_0p_0}$

拉氏物量指数：$k_q=\frac{\sum q_1p_0}{\sum q_0p_0}$

（二）帕氏指数

由德国经济学家帕煦于 1874 年首创的，称为帕煦公式。他主张：不论是数量指标综合指数还是质量指标综合指数都采用报告期作为同度量因素。

帕氏价格指数：$k_p=\frac{\sum q_1p_1}{\sum q_1p_0}$

帕氏物量指数：$k_q=\frac{\sum q_1p_1}{\sum q_0p_1}$

实践证明：拉氏指数和帕氏指数有明显差异，前者指数值偏高，后者指数值偏低，于是国际上为调和帕氏指数和拉氏指数的矛盾，提出了折中的综合指数形式。

（三）美国统计学家费暄的“理想公式”

$$k_p=\sqrt{\frac{\sum q_0p_1}{\sum q_0p_0}\times\frac{\sum q_1p_1}{\sum q_1p_0}}$$

$$k_q=\sqrt{\frac{\sum q_1p_1}{\sum q_0p_1}\times\frac{\sum q_1p_0}{\sum q_0p_0}}$$

此公式在国际对比中应用得较多。如不同国家统计人均国内生产总值，又如联合国编制地域差别生活费指数，都采用了“理想公式”来计算。

任务三

平均指数

一、平均指数的编制原理

与综合指数相同，平均指数也是总指数的基本形式之一，用来反映复杂现象的总变动。但平均指数与综合指数的编制方法不同，编制综合指数的基本方法是“先综合，后对比”，平均指数编制的基本方法则是“先对比，后平均”。所谓“先综合，后对比”，是指先通过对比计算个体现象的个体指数；所谓“先对比，后平均”，则是指将个体指数赋予适当的权数，加以平均得到总指数。

应当明确的是，平均指数之所以称其为平均指数，是因为它利用了平均数的计算形式。在编制平均数指数时，主要的计算形式有算术平均和调和平均两种。基本公式如下：

$$k=\frac{\sum kpq}{\sum pq} \tag{1}$$

$$k=\frac{\sum pq}{\sum \frac{1}{k}pq} \tag{2}$$

上式中，k 代表个体指数，pq 代表权数。在公式中，“个体指数”k 的地位，相当于平均数计算公式中的“被平均的标志”x 的地位。“权数”pq 是与所要编制的指数密切关联的价值总量，但 p 和 q 的所属时期可以考虑不同的组合，如 p_0q_0，p_1q_0，p_0q_1，p_1q_1 四种。由于 p_1q_0，p_0q_1 的资料不易取得，通常采用 p_1q_1，p_0q_0 为权数。

二、平均指数的编制方法

（一）算数平均指数

公式（1）是加权算术平均指数公式。其权数选择基期总值 p_0q_0 最为常见。所以，质量和数量平均指数的计算公式就变为下面的形式：

$$k_p=\frac{\sum \frac{p_1}{p_0}p_0q_0}{\sum p_0q_0}$$

$$k_q=\frac{\sum \frac{q_1}{q_0}p_0q_0}{\sum p_0q_0}$$

例 8-3

根据表 8-1 的资料，分别计算价格指数和销售量平均指数。

$$k_p=\frac{\sum \frac{p_1}{p_0}p_0q_0}{\sum p_0q_0}=\frac{\frac{2\ 800}{3\ 000}\times 3\ 000\times 800+\frac{2\ 300}{2\ 500}\times 2\ 500\times 600+\frac{2\ 500}{2\ 800}\times 2\ 800\times 1\ 000}{3\ 000\times 800+2\ 500\times 600+2\ 800\times 1\ 000}$$

$$=\frac{1\ 345\ 382\ 500\ 000}{1\ 441\ 502\ 800\ 000}=93.3\%$$

$$k_q=\frac{\sum \frac{q_1}{q_0}p_0q_0}{\sum p_0q_0}\ \frac{\frac{880}{800}\times 3\ 000\times 800+\frac{650}{600}\times 2\ 500\times 600+\frac{1\ 050}{1\ 000}\times 2\ 800\times 1\ 000}{3\ 000\times 800+2\ 500\times 600+2\ 800\times 1\ 000}$$

$$=\frac{18\ 484\ 552\ 940\ 000}{1\ 441\ 502\ 800\ 000}=112.82\%$$

需要指出的是，算术平均指数不仅是综合指数的变形，在许多场合下它还是一种相对独立的总指数编制方法，具有比综合指数更广泛的适用性。以价格指数为例，其计算公式可变形为：

$$k_p=\frac{\sum \frac{p_1}{p_0}p_0q_0}{\sum p_0q_0}=\sum \frac{p_1}{p_0}\times\frac{p_0q_0}{\sum p_0q_0}=\sum \frac{p_1}{p_0}\omega$$

上式表明算术平均指数不仅可以用绝对权数加权，也可以用相对权数加权。而相对权数可以根据全面资料确定，也可以根据非全面资料确定。在一定情况下，还可以将相对权数加以固定，大大方便了指数的编制工作。这是综合指数所不具备的。

（二）调和平均指数

调和平均指数的基本计算形式如公式（2），其权数选择报告期总值 p_1q_1 最为常见。所以，质量指标和数量指标的调和平均指数的计算公式就变为下面的形式：

$$k_p=\frac{\sum p_1q_1}{\sum \frac{1}{\frac{p_1}{p_0}}p_1q_1}$$

$$k_q=\frac{\sum p_1q_1}{\sum \frac{1}{\frac{q_1}{q_0}}p_1q_1}$$

例 8-4

以表 8-1 的数据为基础，分别计算价格指数和销售量指数。

$$k_p=\frac{\sum p_1q_1}{\sum \frac{1}{\frac{p_1}{p_0}}p_1q_1}=\frac{880\times 2\ 800+650\times 2\ 300+1\ 050\times 2\ 500}{\frac{1}{\frac{2\ 800}{3\ 000}}\times 880\times 2\ 800+\frac{1}{\frac{2\ 300}{2\ 500}}\times 650\times 2\ 300+\frac{1}{\frac{2\ 500}{2\ 800}}\times 1\ 050\times 2\ 500}$$

$$=\frac{14\ 171\ 740\ 125\ 000}{18\ 484\ 552\ 940\ 000}=76.67\%$$

$$k_q=\frac{\sum p_1q_1}{\sum \frac{1}{\frac{q_1}{q_0}}p_1q_1}=\frac{880\times 2\ 800+650\times 2\ 300+1\ 050\times 2\ 500}{\frac{1}{\frac{880}{800}}\times 880\times 2\ 800+\frac{1}{\frac{650}{600}}\times 650\times 2\ 300+\frac{1}{\frac{1\ 050}{1\ 000}}\times 1\ 050\times 2\ 500}$$

$$=\frac{14\ 171\ 740\ 125\ 000}{12\ 883\ 452\ 500\ 000}=110\%$$

在编制调和平均指数时，一般采用报告期总值 p_1q_1 加权，而不采用基期总值 p_0q_0 加权。在指数的实际编制中，与编制算术平均指数的理由相同，个体指数与权数之间可以不严格对应，这样编制调和平均指数也就比编制综合指数更为简便了。

任务四

指数体系及因素分析

一、指数体系的概念和作用

（一）指数体系的概念

指数体系的概念有广义和狭义两种理解。

（1）广义指数体系：是指由若干个经济上具有一定联系的指数所构成的一个整体。由于现象之间的联系是多种多样的，因此指数间的相互联系的形式也是多种多样的。

（2）狭义指数体系：是指不仅经济上具有一定联系而且具有一定的数量对等关系的三个或三个以上指数所构成的一个整体。由此可见，狭义指数体系的概念中强调了指数间的数量对等关系。本节主要从狭义上研究指数体系。

社会经济现象所存在的普遍联系，在统计中可以通过相应的指数体系表现出来。例如：

商品销售额指数＝商品价格指数×商品销售量指数

工资总额指数＝平均工资指数×员工人数指数

原材料支出总额指数＝产量指数×单位产品原材料消耗量指数×单位原材料价格

等式左边：称为“对象”或“对象指标”；等式右边：具有乘积关系的多种现象称为“因素”或“因素指标”。两者关系：对象指标等于各因素指标的连乘积。

（二）指数体系的作用

（1）从数量方面研究分析各个因素变动对现象综合变动的影响方向程度和绝对效果。

（2）使用指数体系可进行有关指数之间的推算。例如：在三个指数形成的指数体系中，若已知其中任意两个指数，便可推算出未知的第三个指数。

二、指数因素分析法的意义

（一）指数因素分析法的概念

指数因素分析法是利用指数体系对现象的综合变动从数量上分析其受各因素影响的一种分析方法。

（二）指数因素分析法的种类

指数因素分析法可以从不同角度分类。

（1）按分析指标的表现形式不同，可分为：总量指标变动因素分析、相对指标变动因素分析。

（2）按影响因素多少不同，可分为：两因素分析和多因素分析。

（3）按分析对象的特点不同，可分为：简单现象因素分析和复杂现象因素分析。

简单现象因素分析的基础是个体指数及其指数体系。例如：某种产品产量变动中，投入劳动量及劳动生产率变动影响的分析。

复杂现象因素分析的基础是综合指数和相应的指数体系。例如：多种商品销售额变动中，价格变动及销售量变动影响的分析。

（三）指数因素分析的具体方法

（1）在定性分析的基础上，确定要分析的对象及影响因素。这要从研究的目的出发，依据有关科学理论而具体确定。对同一现象可以从多种不同角度进行影响因素分析。例如：对产品生产总量变动的分析，既可从劳动要素角度，确定劳动量和劳动生产率两个影响因素，也可从物的要素角度，确定设备投入量和设备利用率两个影响因素；既可确定两个因素，也可以确定三个或更多的因素。如何确定影响因素，关键取决于分析的目的、任务和分析对象的性质。

（2）根据指标间数量对等关系的基本要求，确定分析所采用的对象指标和因素指标，并列出其关系式。例如：以产品产量作为分析对象指标，劳动量用职工人数反映。这样，分析对象指标和影响因素指标及其关系式为：

产品产量指数＝职工人数指数×劳动生产率指数

选择指标的要求是：对象指标必须等于各因素指标的连乘积。因素指标的个数，可以是两个，亦可以是多个，依据分析目的、要求决定。因素指标的排列应注意，是先数量指标后质量指标的顺序。

（3）依据指标关系式建立分析指数体系及相应的绝对额增减关系式，如综合指数体系。

$$\frac{\sum p_1q_1}{\sum p_0q_0}=\frac{\sum p_1q_1}{\sum p_0q_1}\times\frac{\sum p_0q_1}{\sum p_0q_0}$$

（4）从相对数（相除关系）分析总变动及其影响因素变动的方向。从绝对数（分子一分母）分析因素指标对对象指标影响绝对数量。

$$\sum p_1q_1-\sum p_0q_0=(\sum p_0q_1-\sum p_0q_0)+(\sum p_1q_1-\sum p_0q_1)$$

三、指数因素分析法的应用——总量指标变动的因素分析

总量指标变动的因素分析，包括简单现象总量指标和复杂现象总量指标变动的因素分析，以及平均指标变动的因素分析。

（一）简单现象总量指标变动的因素分析

在简单现象条件下，总量指标的变动可以从总体单位数和总平均水平两个因素的影响进行分析。因素指数可以直接计算。现举例说明如下：

例 8－5

某企业工资资料如表 8－2 所示，试分析该企业的工资总额变动受职工人数和平均工资变动的影响。

表 8－2　　某企业工人工资数据

指标	符号	2016 年	2017 年
工资总额（万元）	pq	1 500	1 680
职工人数（人）	q	1 000	1 050
平均工资（元/人）	p	15 000	16 000

首先计算工资总额的变动：

变动程度：$\frac{\sum p_1q_1}{\sum p_0q_0}=\frac{1\,680}{1\,500}\times 100\%=112\%$

增加额度：$\sum p_1q_1-\sum p_0q_0=1\,680-1\,500=180$（万元）

其次，计算影响工资总额的因素：

（1）职工人数变动影响：

$$职工人数指数=\frac{\sum p_1q_0}{\sum p_0q_0}=\frac{1\ 050}{1\ 500}\times100\%=105\%$$

职工人数变动影响的绝对数值：

$$\sum p_1q_0-\sum p_0q_0=(1\ 050-1\ 000)\times15\ 000=75(万元)$$

（2）平均工资变动影响：

$$平均工资指数=\frac{\sum p_1q_1}{\sum p_1q_0}=\frac{16\ 000}{15\ 000}\times100\%=106.7\%$$

平均工资变动影响工资总额：

$$\sum p_1q_1-\sum p_1q_0=(16\ 000-15\ 000)\times1\ 050=105(万元)$$

最后确定综合影响：

工资总额变动＝各因素指数连乘积＝112%＝105%×106.7%

工资总额的增加额＝各因素变动影响之和＝180 万元＝75 万元＋105 万元

由上面计算可知：由于职工人数增长 5%，影响工资总额增长 75 万元；由于职工平均工资提高 6.7%，影响工资总额增长 105 万元。两个因素共同作用的结果，使工资总额增长 12%，共增加工资总额 180 万元。

（二）复杂现象总量指标变动的因素分析

例 8－6

表 8－3 是三种商品资料，计算分析销售额的变动以及销售量和价格变动对其影响。

表 8－3　三种商品销售量与价格数据

商品	计量单位	销售量		价格（元）		p_1q_1	p_0q_0	p_0q_1
		基期 q_0	报告期 q_1	基期 p_0	报告期 p_1			
彩电	台	800	900	3 000	2 900	2 610 000	2 400 000	2 700 000
冰箱	台	600	700	2 500	2 400	1 680 000	1 500 000	1 750 000
空调	台	1 000	1 200	2 800	2 600	3 120 000	2 800 000	3 360 000
合计	—	—	—	—	—	7 410 000	6 700 000	7 810 000

（1）先标记符号，销售量标记为 q，价格标记为 p，报告期下标 1，基期下标 0。

（2）写出指数体系公式：

销售额指数＝销售量指数×价格指数

$$\frac{\sum p_1q_1}{\sum p_0q_0}=\frac{\sum p_1q_0}{\sum p_0q_0}\times\frac{\sum p_1q_1}{\sum p_1q_0}$$

（3）计算销售额指数：

$$销售额指数=\frac{\sum p_1q_1}{\sum p_0q_0}=\frac{741}{670}\times100\%=110.6\%(变动程度)$$

$$\sum p_1q_1 - \sum p_0q_0 = 741 - 670 = 71\text{ 万元(增加的绝对数)}$$

(4) 计算影响销售额的因素:

$$\text{销售量指数}(k_p) = \frac{\sum p_0q_1}{\sum p_0q_0} = \frac{781}{670} \times 100\% = 116.6\%$$

销售量变动影响销售额:

$$\sum p_0q_1 - \sum p_0q_0 = 781 - 670 = 111\text{(万元)}$$

$$\text{价格影响指数}\ (k_p) = \frac{\sum p_1q_1}{\sum p_0q_1} = \frac{741}{781} \times 100\% = 94.9\%$$

价格变动影响销售额:

$$\sum p_1q_1 - \sum p_0q_1 = 741 - 781 = -40\text{(万元)}$$

(5) 综合影响:

110.6%=116.6%×94.9%

71 万元=111 万元-40 万元

从以上计算可以看出:销售量增长 16.6%,使得销售额增加 111 万元;价格下降 5.1%,使得销售额减少 40 万元。两个因素共同影响的结果,使得销售额增加 71 万元。

(三) 平均指标变动的因素分析

平均指标是表明社会经济总体一般水平的指标。平均指标变动是指两个时期经济内容相同的平均指标对比而形成的相对数,称为平均指标指数。

平均指标变动的因素分析是一种重要的统计分析方法,对经济管理与研究有重要的意义。总体各部分的水平,主要决定于各部分内部的情况,反映了各部分内部各种因素的作用。而总体结构则是一种与总体全局有关的因素,总体结构状况决定着总体的一些基本特征。经济管理与研究的一项重要任务就是优化结构,使结构合理化。平均指标变动的因素分析为这方面的深入研究提供了重要依据。

平均指标的大小决定于两个因素:一个是总体的结构,即各部分(组)在总体中所占比重 $\frac{f}{\sum f}$;另一个是总体内部各部分(组)的水平 x,总体平均指标的变动是这两个因素变动的综合结果。

依据指数因素分析法的一般原理便可列出平均指标变动的因素分析的指数体系。

平均指标变动的因素分析需要编制三种平均指标指数,它们是可变构成指数、固定构成指数和结构影响指数,并组成如下指数体系:

可变构成指数=固定构成指数×结构影响指数

$$\frac{\overline{x}_1}{\overline{x}_0} = \frac{\overline{x}_n}{\overline{x}_0} \times \frac{\overline{x}_1}{\overline{x}_n}$$

（1）可变构成指数$=\dfrac{\overline{x}_1}{\overline{x}_0}=\dfrac{\dfrac{\sum x_1f_1}{\sum f_1}}{\dfrac{\sum x_0f_0}{\sum f_0}}$

它是根据报告期和基期总体的平均指标的实际水平计算的，包含总体各部分（组）水平和总体结构两个因素变动的综合影响。它全面地反映了总体平均水平的实际变动状况。

（2）固定构成指数$=\dfrac{\overline{x}_1}{\overline{x}_n}=\dfrac{\dfrac{\sum x_1f_1}{\sum f_1}}{\dfrac{\sum x_0f_1}{\sum f_1}}$

它是将总体构成（即各部分比重）固定在报告期计算的总平均指标指数，消除了总体结构变动的影响，专门用以综合反映各部分（组）水平变动对总体平均指标的变动影响。

（3）结构影响指数$=\dfrac{\overline{x}_n}{\overline{x}_0}=\dfrac{\dfrac{\sum x_0f_1}{\sum f_1}}{\dfrac{\sum x_0f_0}{\sum f_0}}$

它是将各部分（组）水平固定在基期条件下计算的总平均指标指数，用以反映总体结构变动对总体平均指标变动的影响。

例 8-7

某总公司所属两个分公司职工工资水平资料如表 8-4 所示。

表 8-4　两公司职工工资水平数据

分公司	年工资总额（万元）		职工人数（人）		每人年平均工资（万元）	
	x_0f_0	x_1f_1	f_0	f_1	x_0	x_1
一公司	2 000	1 470	1 000	700	2 500	2 400
二公司	1 200	2 080	800	1 300	2 800	2 600
合计	3 200	3 550	1 800	2 000	—	—

要求：计算总公司职工平均工资的变动，并对其变动因素进行分析。

可变构成指数＝固定构成指数×结构影响指数

（1）计算总平均工资指数：

$$\frac{\sum x_1f_1}{\sum f_1}\div\frac{\sum x_0f_0}{\sum f_0}=\frac{3\,550\div 2\,000}{3\,200\div 1\,800}=\frac{1.775}{1.778}=99.8\%$$

总平均工资变动的绝对额：

$$\frac{\sum x_1f_1}{\sum f_1}-\frac{\sum x_0f_0}{\sum f_0}=1.775-1.778=-0.003(\text{万元})=-30(\text{元})$$

（2）计算固定构成指数，反映各分公司工资水平的变动对总平均工资影响：

$$\frac{\overline{x}_1}{\overline{x}_n}=\frac{\sum x_1 f_1}{\sum f_1}\div\frac{\sum x_0 f_1}{\sum f_1}=\frac{3\ 550\div 2\ 000}{3\ 350\div 2\ 000}=\frac{1.775}{1.675}=106\%$$

$$\overline{x}_1-\overline{x}_n=1.775-1.675=0.1(\text{万元})=10\ 000(\text{元})$$

（3）计算结构影响指数，观察职工结构变动对总平均工资的影响：

$$\frac{\overline{x}_n}{\overline{x}_0}=\frac{\sum x_0 f_1}{\sum f_1}\div\frac{\sum x_0 f_0}{\sum f_0}=\frac{3\ 550\div 2\ 000}{3\ 200\div 1\ 800}=\frac{1.675}{1.778}=94.2\%$$

$$\overline{x}_n-\overline{x}_0=1.675-1.778=-0.103(\text{万元})=-1\ 030(\text{元})$$

（4）综合影响：

99.8%＝106%×94.2%

－30 元＝1 000 元－1 030 元

计算结果显示：总公司平均工资降低 0.2%，降低绝对额每人平均 30 元，是由于各分公司平均水平提高，使总公司平均工资提高 6%，提高绝对额为平均每人 1 000 元，以及各分公司人员结构变动影响使总公司平均工资下降 5.8%，使总公司平均降低额每人为 1 030 元，这是两个因素共同变动所作用的结果。进一步分析人员结构变动情况：工资水平较低的二公司增加了职工，工资水平较高的一公司减少了职工，职工结构变动，从而影响总平均工资报告期比基期降低 5.8%，从而导致各分公司平均工资与总公司平均工资不一致的矛盾现象。

任务五

几种常用的指数

统计指数在现实经济生活中用途十分广泛，本节介绍与人民生活关系最为密切的商品零售价格指数、工业产品产量指数、居民消费价格指数、产品成本指数和股票价格指数。

一、商品零售价格指数

商品零售价格指数就是针对零售商品的价格而编制的以反映其价格水平的变动程度的指数。

商品零售价格是指工业、贸易业、餐饮业和其他单位以零售方式向城乡居民、机关团体出售生活消费品和办公用品的价格。用加权平均计算法：

$$\text{零售价格指数}=\sum\frac{p_1}{p_0}\times\frac{w}{\sum w}$$

式中，$\frac{p_1}{p_0}$为单项物价指数；$\frac{w}{\sum w}$为代表品所代表类别的零售额在总零售额中占的比重。

二、工业产品产量指数

工业产品产量指数是综合反映工业产品产量增减变化的相对数，可以用来表明一个国家工业发展速度。它是直接利用工业产品产量计算代表产品的个体产量指数，然后以工业增加值作为权数，经加权平均来计算工业总体的发展速度。世界上大多数国家都十分重视编制工业产品产量指数，而且多以基期的增加值（p_0q_0）为权数，或采用各工业部门增加值在全部工业增加值应占的比重（w）作为固定权数的办法。其计算公式为：

$$k_q = \frac{\sum k_q p_0 q_0}{\sum p_0 q_0} \text{ 或 } k_q = \frac{\sum k_q w}{\sum w}$$

式中，k_q 为代表产品的个体产量指数。

我国 1997 年起决定在全国范围内试行编制工业生产指数，原有的用不变价工业总值计算工业发展速度的方法依旧维持和工业产品产量指数双轨并行。从 1999 年正式在全国范围内推行工业产品产量指数。

三、居民消费价格指数

居民消费价格指数就是根据居民购买消费品和服务业的价格变化编制的物价指数，反映其对应的价格水平变动程度。

要编制消费价格指数，首先必须了解消费品的分类。我国现行统计制度将居民消费的商品按用途分为食品烟酒及用品、衣着、家庭设备用品以及维修服务、医疗保健及个人用品、交通通讯、娱乐文化服务和居住 8 个大类，其下又设 251 个基本分类。

消费价格指数编制步骤如下：

（1）根据基本分类所属各规格品报告期和基期综合平均价格，计算环比价格指数。

（2）计算各规格品环比价格指数的几何平均数（k_t）：

$$k_t = \sqrt[n]{x_{t1} x_{t2} x_{t3} \ldots x_{tn}} \times 100\%$$

（3）计算中类指数（类指数）：

$$I_{类} = \frac{\sum W_{t-1} K_t}{\sum W_{t-1}}$$

（4）计算大类指数；

（5）根据大类指数和相应权数，计算全社会消费价格指数 $I_{总}$：

$$I_{总} = \frac{\sum W_{t-1} I_t}{\sum I_{t-1}} (W_{t-1} \text{ 为上期同类商品的消费比重})$$

四、产品成本指数

产品成本指数概括反映生产各种产品的单位成本水平的综合变动程度，它是企业或部门内部进行成本管理的一个有效工具。设各种产品的产量为 q，单位成本为 p，则全部可比产品

（即基期实际生产过且报告期仍在生产的产品）的综合成本指数，通常采用帕氏公式来编制：

$$\overline{k_q}=\frac{\sum p_1q_1}{\sum p_0q_1}$$

该指数的分子与分母之差，可以表示由于单位成本水平的降低（或提高），使得报告期所生产的那些产品的成本总额节约（或超支）了多少。

类似地，在对成本水平实施计划管理的场合，还可以编制相应的成本计划完成程度指数，用以检查有关成本计划的执行情况。其编制方法可以采用帕氏公式：

$$\overline{k_q}=\frac{\sum p_1q_1}{\sum p_nq_1}$$

式中，p_n 为计划规定的单位成本水平。

该指数的分子与分母之差，可以说明计划执行过程中所节约或超支的成本总额。

不过，在同时制定了产量计划的条件下，则应该采用拉氏公式编制成本计划完成情况指数：

$$\overline{k_q}=\frac{\sum p_1q_n}{\sum p_nq_n}$$

式中，q_n 为计划规定的产量水平。

该指数可以在兼顾产量计划的前提下来检查成本计划执行情况，即避免由于片面追求完成成本计划而破坏了产量计划。但在企业按照市场需求组织生产，没有制定产量计划，或不要求恪守产量计划指标的情况下，上面的拉氏指数就失效了。

五、股票价格指数

股票价格指数简称股价指数，是用来反映股票市场价格变动的一种专用经济指标。

股票市场上每时每刻都有多种股票进行交易，且价格各异，有涨有跌，在计算股价平均数和股票价格指数时一般不是对所有股票进行计算，而只能对样本股票进行计算。所选择的样本股票，必须具有代表性和敏感性。

所谓代表性，就是既要选择不同行业的股票，又要选择能代表该行业股价变动趋势的股票。

所谓敏感性，是指样本股票价格的变动能敏感地反映出整个股市价格的升降变化趋势。

（一）股票平均数

股票平均数是股票市场上多种股票在某一时点上的算术平均值，一般以收盘价计算，计算公式为：

$$\text{股票平均数}=\frac{1}{n}\sum_{i=1}^{n}p_i$$

式中，p_i 为第 i 种股票的收盘价；n 样本股票数。

（二）股票价格指数

股票价格指数是指反映某一股票市场上多种股票价格变动趋势的一种相对数，简称股价指数。其单位一般以“点”（point）表示，即将基期指数作为 100，每上升或下降一个单位称为“1 点”。

股票价格指数计算的方法很多，但一般以发行量为权数进行加权计算：

$$p_{1/0}=\frac{\sum p_{1i}q_i}{\sum p_{0i}q_i}$$

式中，p_{1i}为 i 种样本股票报告期价格；p_{0i}为 i 种样本股票基期价格；q_i 为第 i 种股票的发行量，可以确定为基期，也可以确定为报告期，多数情况以报告期发行量为权数计算。

目前，世界各国的主要证券交易所都有自己的股票价格指数。常见的股票价格指数有：

（1）道琼斯股票价格平均指数，又称道氏指数。它采用不加权的算术平均法计算。以 1928 年 10 月 1 日为基期，在纽约证券交易所交易时间每 30 分钟公布一次，用当日当时股票价格算术平均数与基期比值求得，是被西方新闻媒介引用得最多的股票指数。

（2）标准普尔指数，由美国标准普尔公司 1923 年开始编制发表。以 1941—1943 年为基期，用每种股票价格乘以已发行的数量的总和为分子，以基期股价乘以股票发行数量的总和为分母，相除后的百分数即为标准普尔指数。该指数是根据纽约证券交易所上市股票的绝大多数普通股票价格计算而得，数值较精确，且具连续性，因而具有更强的代表性。

（3）恒生指数，是香港股市历史最久的一种股价指数，由香港恒生银行于 1969 年 11 月 24 日公布使用。现行恒生指数以 1996 年 7 月 31 日为基期，根据各行业在香港上市股票中的 33 种具有代表性的股票价格加权计算编制而成。这 33 家公司股票总值占全部香港上市股票总值的 65%以上，所以，恒生指数是目前香港股票市场上最具权威性和代表性的股票价格指数。

（4）日经指数。日经股票价格指数是日本股票市场的股票价格指数。它是用近 500 种股票价格之和除以一个常数得出来的。由于日本经济在世界经济中的地位逐渐提高，日经指数日益为世界金融市场所重视。

（5）上证股票指数。最初是中国工商银行上海分行信托投资公司静安证券业务部根据上海股市的实际情况，参考国外股份指数的生成方法编制而成的。该指数以 1990 年 12 月 19 日为基期，1991 年 7 月 15 日开始公布。上证指数以上海股市的全部股票为计算对象，采取全部股票进行计算。因此，上证指数可以较为贴切地反映上海股市股价变化。

（6）深圳股价指数，由深圳证券交易所编制。它以 1991 年 4 月 3 日为基期，以在深圳证券交易所上市交易的全部股票为计算对象，用每日各种股票的收盘价分别乘以其发行量后求和得到市价总值，除以基期市价总值后除以 100 求得，是反映深圳股市股价变动的有效统计数字。

（7）金融时报指数。采样股票是根据英国伦敦国际证券交易所上市的主要 100 家大公司的股票选定的，并以每分钟一次的频率更新。该指数采用算术加权平均法计算。

在现实生活中，除了编制价格指数外也还要编制一些经济指数。例如：工业经济效益指数、经济景气指数等。

※ 小结 ※

本项目主要介绍的综合指数、平均指数的含义及计算过程，是本项目的重难点内容，需要同学们掌握每一种指数的计算过程并学会解释指数分析最后的结果。

1. 综合指数的编制。综合指数的编制特点是先综合后对比。编制综合指数必须明确指数化指标和同度量因素。指数化指标是被测定的因素，同度量因素也称权数，作为同度量因素的指标固定在哪个时期上，不是固定不变的。拉氏指数将同度量因素固定在基期水平上，帕氏指数将同度量因素固定在报告期水平上。通常情况下，数量指标指数按拉氏公式计算，质量指标指数按帕氏公式计算。

2. 平均指数的编制。平均指数的编制特点是从个体指数出发，先对比后平均。平均指数有算术平均指数和调和平均指数两种形式。算术平均指数一般用基期总值来加权，调和平均指数一般用报告期总值来加权。

※ 思考与练习 ※

一、单项选择题

1. 按指数指标的性质不同，指数可分为（　　）。

A. 个体指数和总指数　　B. 简单指数和加权指数

C. 数量指标指数和质量指标指数　　D. 动态指数和静态指数

2. 综合指数是编制总指数的（　　）。

A. 唯一的方法　　B. 最科学的方法

C. 最基本的方法　　D. 最理想的方法

3. 用综合指数法编制总指数的关键是（　　）。

A. 确定对比对象　　B. 确定同度量因素及其固定的时期

C. 确定对比基期　　D. 计算个体指数

4. 某工厂总成本今年比去年增长 50%，产量比去年增长 25%，则单位成本比去年上升了（　　）。

A. 25%　　B. 37.5%　　C. 20%　　D. 12.5%

5. 某机关单位的职工工资水平今年比去年提高了 5%，职工人数增加了 2%，则该机关单位的工资总额增长了（　　）。

A. 10%　　B. 7.1%　　C. 7%　　D. 11%

6. 若以 q 表示销售量，以 p 表示价格，则下列计算形式中反映帕氏综合指数的公式是（　　）。

A. $q_{1/0}=\dfrac{\sum p_1q_0}{\sum p_0q_0}$　　B. $q_{1/0}=\dfrac{\sum p_1q_1}{\sum p_1q_0}$

C. $q_{1/0}=\dfrac{\sum p_0q_1}{\sum p_0q_0}$　　D. $q_{1/0}=\dfrac{\sum p_1q_1}{\sum p_0q_1}$

7. 某外贸公司 2018 年 12 月份与 11 月份相比各种商品的出口量增长了 8%，出口额增长了 12%，则出口价格变动为（　　）。

A. 增长 103.7%　　B. 增长 50%　　C. 增长 3.7%　　D. 增长 4%

8. 就基本原理而言，固定构成指数和结构影响指数（　　）。

A. 属于总指数的范畴　　B. 属于综合指数的范畴

C. 属于平均指数的范畴　　D. 属于个体指数的范畴

9. 股票价格指数一般是指（　　）。

A. 股票票面上所标明的价格

B. 股票在证券市场上交易时的价格

C. 股票在某一时点上的算术平均值

D. 反映某一股票市场上多种股票价格变动趋势的一种相对数

10. 算术平均指数要成为综合指数的变形，其权数（　　）。

A. 视情况而定　　B. 必须用 p_1q_1

C. 必须用固定权数 W　　D. 必须用 p_0q_0

二、多项选择题

1. 指数按照计入的项目多少不同，分为（　　）。

A. 数量指数　　B. 质量指数　　C. 个体指数

D. 总指数　　E. 环比指数

2. 某食品厂生产两种产品的资料如下表所示：

表 8-5　　两种产品产量价格数据

产品名称	计量单位	产量		单价（元/袋；元/克）	
		2017 年	2018 年	2017 年	2018 年
甲	万袋	50	80	2.4	3
乙	吨	100	120	1.6	2.2

报告期与基期相对比，以下说法正确的有（　　）。

A. 甲产品产量增加了 60%　　B. 乙产品价格下降了 37.5%

C. 产值综合提高了 80%　　D. 产值提高受产量变动的影响较大

E. 产值提高受价格变动的影响较大

3. 已知某外贸公司出口三种商品，基期出口总额为 $\sum p_0q_0 = 400$ 万元，报告期出口总额为 $\sum p_1q_1 = 420$ 万元，报告期假定的出口总额 $\sum p_0q_1 = 380$ 万元，下列计算正确的有（　　）。

A. 商品出口量总指数为 105%　　B. 商品出口量总指数为 95%

C. 出口额总指数 105%　　D. 商品出口单价总指数为 105.26%

E. 商品出口单价总指数为 102.56%

4. 下列属于质量指标综合指数的有（　　）。

A. 商品零售量指数　　B. 商品零售制指数

C. 商品零售价格指数　　D. 职工劳动生产率指数

E. 产品单位成本指数

5. 下列属于数量指标综合指数的有（　　）。

A. 工业生产指数　　B. 劳动生产率指数

C. 职工人数指数　　D. 产品产量指数

E. 产品单位成本指数

6. 编制综合指数的原则是（　　）。

A. 质量指标综合指数以报告期的数量指标作为同度量因素

B. 质量指标综合指数以基期的数量指标作为同度量因素

C. 数量指标综合指数以基期的数量指标作为同度量因素

D. 数量指标综合指数以基期质量指标作为同度量因素

E. 数量指标综合指数以固定时期质量指标作为同度量因素

7. 下面属于综合指数的有（　　）。

A. $\dfrac{\sum p_0 q_1}{\sum p_0 q_0}$　　B. $\dfrac{\sum p_1 q_1}{\sum \frac{1}{k} p_1 q_1}$　　C. $\dfrac{\sum p_1 q_1}{\sum p_0 q_1}$　　D. $\dfrac{\sum p_0 q_0}{\sum p_0 q_0}$

E. $\dfrac{\sum p_1 q_1}{\sum q_1} \div \dfrac{\sum p_1 q_0}{\sum q_1}$

8. 对某商店某时期商品销售额变动情况进行分析，其指数体系包括（　　）。

A. 销售量指数　　B. 销售价格指数

C. 总平均价格指数　　D. 销售额指数

E. 个体指数

三、实训题

1. 已知：某商店四种商品的基期和报告期的相关资料如下表所示：

表 8－6　四种商品基期报告期数据

商品名称	计量单位	价格		销售量	
		基期	报告期	基期	报告期
甲	件	50	60	7 000	6 200
乙	双	40	42	4 000	6 000
丙	米	10	15	4 000	5 000
丁	公升	80	80	5 000	4 800

要求：(1) 计算报告期的销售额比基期的销售额的变动情况。

(2) 试分析价格和销售额数量对销售额变动的影响情况。

2. 某商场对三类商品的收购价格和收购额资料如下表所示：

表 8－7　三类商品价格数据

商品种类	价格（元）		报告期收购额（元）
	基期	报告期	
A	10	12	10 000
B	15	13	15 000
C	22	25	25 000

试求价格总指数和价格变动引起的收购额变动的绝对数。

3. 某企业四个车间 2017 年和 2018 年的工人数和年收入总额资料如下表所示：

表 8-8　　四个车间 2017—2018 年职工人数与收入数据

车间	职工人数（人）		年收入（千元）	
	2017 年	2018 年	2017 年	2018 年
甲	32	33	73	74
乙	37	35	71	72
丙	55	96	132	233
丁	95	135	214	339

要求：(1) 计算该企业工人的年平均收入指数；

(2) 计算固定基期年收入水平的结构影响指数；

(3) 计算固定报告期工人结构的固定构成指数；

(4) 用以上结果验证指数体系公式。

4. 某地区五种主要产品的出口量和离岸价格资料如下表所示：

表 8-9　　五种产品的出口量和价格数据

商品	计量单位	出口量		价格（美元/吨）	
		2017 年	2018 年	2017 年	2018 年
面粉	万吨	2.1	2.4	183.6	182.08
大米	万吨	1.5	1.8	220.1	218.33
干鳕鱼	吨	352	342	2 726	2 719.3
冻猪肉	吨	567	586	851.3	870.31
鱼籽粉	吨	658	665	740.6	736.84

分析这五种产品的出口量和价格的综合变动对出口总值变动的影响。

5. 某工厂生产两种不同种类的产品，有关资料如下表所示：

表 8-10　　两种产品产量价格数据

产品种类	计量单位	产量		价格（元/件；元/台）	
		基期	报告期	基期	报告期
甲	件	20000	24600	40	45
乙	台	108	120	500	450

要求：(1) 计算该厂工业总产值指数及总产值增加额；

(2) 对总产值变动进行因素分析；

(3) 用文字说明分析结果。

项目九

统计分析报告

案例导入与问题提出

《2018 年中国大学生就业报告》

2018 年 6 月 11 日，《2018 年中国大学生就业报告》（就业蓝皮书）在北京由麦可思研究院正式发布。从报告数据统计来看，2017 届大学毕业生的月收入为 4 317 元，比 2008 届的 2 133元翻了一番。但是，各个专业的薪资差别是非常大的，例如本科专业中，信息安全专业的平均起薪达到了 6 386 元，是所有本科专业中薪资最高的，其次是软件工程专业和网络工程专业，这两个专业的平均起薪为 6 259 元和 6 049 元。另外，在就业行业中，互联网开发师、计算机软件应用工程师、游戏策划和网络设计师的工资相对来说是最高的，均超过了 6 500元。

2017 届大学生毕业半年后的就业率（91.9%）与 2016 届、2015 届（分别为 91.6%、91.7%）基本持平。其中，2017 届本科生毕业半年后的就业率为 91.6%，与 2016 届（91.8%）基本持平，近六年应届本科毕业生就业整体稳定。2017 届高职高专毕业生半年后的就业率为 92.1%，比 2016 届（91.5%）略高，近十年应届高职高专毕业生就业率稳步上升，2017 届高职高专毕业生就业率首次超过本科。

资料来源：http：//www.sohu.com/a/236810560_100111840.

思考：你知道统计分析报告的作用吗？你了解统计分析报告是怎么出炉的吗？上述统计分析报告最突出的特点是什么？

学习目标

1. 了解统计分析报告的意义、特点。
2. 了解统计分析报告的结构、写作要求和质量标准。
3. 能结合企业、行业或政府统计工作实际，撰写出高质量的统计分析报告。

任务一 统计分析报告概述

一、统计分析报告的含义

统计工作的整个过程包括统计设计、统计调查、统计整理和统计分析四个方面。统计分析报告，是指运用统计资料和统计分析方法，以独特的表达方法和结构特点，表现所研究事物本质和规律性的一种应用文章。统计分析报告是统计分析研究过程中所形成的论点、论据、结论的集中表现，它不同于一般的总结报告、议论文、叙述文和说明文，更不同于小说、诗歌和散文，它是运用统计资料和统计方法、数字与文字相结合，对客观事物进行分析研究结果的表现。统计分析结果可以通过表格式、图形式和文章式等多种形式表现出来。文章式的主要形式是统计分析报告，它是全部表现形式中最完善的形式。这种形式可以综合而灵活地运用表格、图形等形式；可以表现出表格式、图形式难以充分表现的情况；可以使分析结果鲜明、生动、具体；可以进行深刻的定性分析。

可以从以下几方面对统计分析报告进行理解：

（1）统计分析是统计分析报告写作的前提和基础。要写好统计分析报告，必须首先做好统计分析。

（2）撰写统计分析报告要遵循统计学的基本原理和方法，主要是社会经济统计和数理统计的原理和方法等。

（3）统计分析报告的基本特色是运用大量的统计数据。无论是通过研究去认识事物，或通过反映去表现事物，都要运用统计数据。统计部门这一巨大的“数据库”为统计分析提供了丰富的资料来源，写统计分析报告就应充分运用这个资料源，而且要用好、用活。运用大量的统计数据，这是统计分析报告与其他文体最明显的区别。可以说，没有运用统计数字，就不称其为统计分析报告。

（4）作为一种文体，统计分析报告既要遵循一般文章写作的普遍规律和要求，同时，在写作格式、写作方法、数据运用等方面也有其自身的特点和要求。

二、统计分析报告的特点

（一）数量性

统计分析报告以反映社会经济情况的统计数量为基础，从定量分析入手，逐步上升到定性认识，然后采用书面语言，对这种数量分析及结论予以恰当的表达。它运用数字语言（包括运用统计表和统计图）来描述和分析社会经济现象的发展情况，让统计数字来说话，通过确凿、详实的数字和简练、生动的文字进行说明和分析。

（二）实用性

统计分析报告是统计工作的最终成果，它不但包含统计数据反映的信息，更为重要的是还能进行分析研究，能进行预测，能指出工作中的不足和问题，能提出有益于今后工作的措施和建议，从而直接满足党政领导和社会各界在了解形势、制定政策、编制计划、经营管理、检查监督、总结评比、科研教学等方面的实际需要。可以直接满足领导科学决策和社会各界知情维权、开展科学研究、参与民主管理的需要。

（三）准确性

准确性是统计分析报告乃至整个统计工作的生命。统计分析报告的准确性除了数字准确、不能有丝毫差错，情况真实、不能有虚假之外，还要求论述有理，不能违反逻辑；观点正确，不能出现谬误；建议可行，不能脱离实际。统计分析报告要求用准确的数据说明观点，既要反映客观事物（研究对象）的数量特征和数量关系，又要揭示其联系和本质。如果所依据的统计数据不准，或者没有通过定量分析得出准确的结论，或者脱离数据空泛议论，都不是好的统计分析报告。

（四）时效性

时效性是由统计分析的实用性决定的，是统计信息价值的重要体现，同样的信息，先提供的，发挥作用就大，称之为“及时雨”。统计分析报告具有很强的时效性。失去了时效性，也就失去了实用性，报告写得再好，也成了无效劳动。要保证统计分析报告的时效性，统计人员就要有“一叶知秋”“见微知著”的敏感，要有争分夺秒的时间观念，要有连续作战的工作作风，争取“雪中送炭”，避免“雨后送伞”，把统计分析报告提供在领导决策之前和社会各界需要之时。

（五）通俗性

统计分析报告的写作应当大众化，在结构上，不能过于复杂曲折，要考虑人们思考和阅读的习惯；论事说理时，要深入浅出，不可故弄玄虚；文字方面，要简明朴实，易于理解。

三、统计分析报告的作用

（一）衡量统计工作水平的综合标准

前面讲过统计分析报告是统计工作的最终成果。在一定意义上，也就是统计设计、统计调查、统计整理、统计分析全部工作水平的综合体现。前面几个环节是统计的基础工作，统计分析才是出成果的阶段。一般而言，高质量的统计分析报告，来自高质量的统计设计、统计调查、统计整理、统计分析和统计分析写作。但是，如果仅有较高的写作水平，统计设计、统计调查、统计整理和统计分析都是低质量的，也不可能产生高质量的统计分析报告。因此，统计分析报告写不好，当然是统计工作水平不高的表现。更重要的是，统计人员还要具备方方面面的科学文化知识，包括统计专业知识；需要掌握党和国家的方针政策；需要具备较强的观察能力、思维能力、创新能力、组织能力等。所以，统计分析报告的质量如何，也就反映了统计工作水平如何，这是一个非常重要的综合标准。另外，统计分析的结果虽可以用多种形式表达（如表格式、图形式、文章式等），但只有文章式统计分析报告为最好，也最为常用。因此，统计分析报告也是表现统计成果的好形式。

（二）传播统计信息的有效工具

现代社会是信息的时代，信息已成为重要资源。统计信息又是社会信息的主体，而且是最全面、最稳定、较准确的信息。统计信息要通过载体传播，而统计分析报告是主要载体之一，适合于报纸杂志上发表，传播条件比较简便，具有较大的信息覆盖面，是传播统计信息的有效工具。

（三）党政领导决策的重要依据

现代社会经济管理必须科学决策，而科学的决策又必须依据准确、真实的统计数据。统计分析报告把原始资料信息加工成决策信息，它比一般的统计资料，更能深入地反映客观事实，更便于党政领导和社会各界接受利用。因而，统计分析报告是党政领导决策的重要依据。

（四）统计服务与统计监督的主要手段

统计分析报告把数据、情况、问题、建议等融为一体，既有定量分析，又有定性分析，比一般的统计数据图表更集中；可以更系统、更鲜明、更生动地反映客观实际，便于人们阅读、理解和使用，是表现统计成果的好形式与传播统计信息的有效工具，自然也就成了统计服务与统计监督的主要手段。

（五）增进社会了解，提高统计社会地位的主要窗口

由于历史和体制的原因等，一般人缺乏统计知识，对统计不够了解，对统计工作不够重视，认为统计是“三分统计，七分估计”，统计工作只是加加减减，填个表而已，把统计置于可有可无的地位。要改变这种状况，一方面要加强统计宣传工作，扩大统计的影响，提高人们的认识；另一方面，要提高统计工作水平，写好统计分析报告，做好统计服务和统计监督工作，进而提高统计工作的社会地位。

（六）有利于促进统计工作自身的发展

统计分析报告的质量，反映了统计工作的水平。在统计分析报告的写作过程中，能有效地检验统计工作各个环节的工作质量，发现问题，及时改进，使统计工作得到改善和提高。另外，经常撰写统计分析报告，能综合锻炼提高写作人员的素质，全面增强统计人员的才干。总之，写好统计分析报告十分重要，那种“统计报表是硬任务，统计分析是软任务”的说法，是完全错误的。

四、统计分析报告的分类

（一）专题分析报告

专题分析报告是对社会经济现象的某一个方面的问题进行专门调查和深入研究的一种统计分析报告。它的作用主要是为领导解决某个问题、制定某项政策、做出某项决策提供参考和依据。

专题分析报告具有以下特点：

1. 单一性

专题分析报告的内容单一，不要求反映事物的全貌，只针对社会经济现象的某一问题、某一方面、某一环节、某一因素进行分析。如产品质量监督、原材料供应、市场销售、奖金分配、劳动工资分配、设备改造等。虽然在分析和写作中，有时涉及的范围较广，研究的问题较复杂，但是它的目标必须始终集中在一个问题上，而不能面面俱到。

2. 深入性

由于专题分析报告内容单一、重点突出，因此便于集中精力抓住主要矛盾和主要问题进行深入解剖和透彻分析。它不仅要对社会经济现象的状态进行具体描述，更要探索形成这种

状态的原因和规律，并且还要提出对策和办法。这就要求专题分析报告对社会经济现象的认识比其他类型的分析报告更加深刻，更有力度，切忌蜻蜓点水，泛泛而谈。

3. 灵活性

专题分析报告一般是作者根据对某一社会经济现象的认识以及社会需要，自己选题。要反映什么，分析什么，写作什么，灵活自由，可不受内容和对象的限制，不受时间和空间的限制，只要是带有突发性、动向性、重要性的问题，均可以作为选题的目标。

（二）综合分析报告

综合分析报告是从社会生产全过程综合反映和评价一个地区、一个部门或一个单位全面情况的一种统计分析报告。它的分析对象可以是大小不同的总体——不仅能综合反映一个地区社会经济的总规模、总水平，综合研究国民经济主要比例关系，也能综合研究一个企业产、供、销以及内部生产经营环节之间的比例关系。综合分析报告通过研究生产、分配、交换和消费中的基本状况、各种矛盾以及比例关系，为促进社会生产各部门、各环节的协调发展提供决策依据。

综合分析报告的写作难度较大，它要求在有关社会经济理论指导下，在广泛搜集资料的基础上，灵活使用统计分析方法，对社会经济现象进行比较全面、系统、深刻的分析研究。这种分析报告的特点有：

1. 宏观性

整个社会和国民经济是由多层要素组成的系统，但综合分析报告的着眼点不是社会和国民经济的微观要素，而是这些要素构成的整体，即从整体出发，着力把握和分析总体。

2. 系统性

社会经济是一个有内在联系的有机整体，它不是各组成部分的简单加总。因此，综合分析报告绝不是部门观点和各方面资料的“拼盘式”罗列，而是按照客观事物的内在联系，对各方面情况和数据进行系统的分析整理，以便从整体上揭示事物的本质特征。

3. 复杂性

社会和国民经济系统的正常运行，要求各组成要素之间相互协调、相互配合，也要求该系统与环境之间不断进行物质、能量、信息的交流。综合分析报告要全面、系统反映社会和国民经济运行状况，就必须对社会和国民经济进行较深入的解剖分析。

（三）进度分析报告

进度分析报告是以定期统计报表为依据，反映计划执行情况并分析影响和形成原因的一种统计分析报告。从时间上看，它可分为定期和不定期的、期中的和期末的进度分析报告；从内容上看，它又可分为专题和综合进度分析报告两种。进度分析报告应用十分广泛，既可对整个国民经济的运行进行宏观监督，又可以对一个地区、一个部门、一个企业的发展动态进行分析。只要有定期统计报表任务的部门和单位都要用到进度分析报告。

进度分析报告具有以下特点：

1. 进度性

由于进度分析报告的主要任务是反映计划的执行情况，因此必须把时间的进展与计划完成的程度结合起来进行分析，观察两者是否一致，从而判断计划执行的好坏。为此，在进度分析报告中往往需要进行一些必要的计算，使用一些相对数指标来反映和突出进度。

2. 规范性

进度分析报告基本上成了统计部门和部门统计的例行报告，到时间就必须向本单位领导和上级部门提供。为了阅读和使用的方便，进度分析报告形成了比较规范的写法，一般包括这样几个部分：反映计划完成的基本情况；分析完成或未完成的原因；总结成绩和经验，找出存在的问题；提出改进的措施和建议。不仅结构较规范，而且标题一般变化也不大，有时为了保持连续性，只变动一下时间范围，如《××季度工业生产计划完成情况分析》。

3. 时效性

由进度分析报告的性质和作用决定，它是时效性最强的一种统计分析报告。只有及时提供生产活动进程中的各种信息，才能使领导掌握生产经营管理的主动权，否则将失去机会，贻误工作。为了增强其时效性，进度分析报告的篇幅一般比较短小。

任务二

统计分析报告的撰写

一、统计分析报告的结构

撰写统计分析报告的内容包括：标题的拟定、引言的撰写、主体的安排和结尾的撰写。

（一）标题

标题是报告的名称，位居文章之首，常常是文章主题思想的体现，人们阅读文章首先看到的是标题，因而标题常常被喻为文章的“眼睛”。一个好的标题，能够为统计分析报告增色生辉，吸引读者。在统计分析报告写作中，标题方面的通病有以下三点：一是标题无变化，格式老一套。例如《关于××××的分析》或《关于××××的调查》，这类标题人人可用，年年可用，这种公文式的标题，显得十分呆板。二是题文不一致，往往是题意过宽或题意过窄。三是缺乏吸引力，由于标题无变化、格式陈旧，对读者没有吸引力。

对于统计分析报告来说，标题应该做到贴切、简洁、醒目。

贴切，就是标题能够准确地概括统计分析报告的内容，做到标题与内容相符，文切题旨，宽窄适宜。既要反对文不对题，又要避免题意过宽或过窄，出现“大题目、小文章”或“小题目，大文章”的现象。同时还要推敲文字，使标题的每一个字，每一个词都用得准确、恰当。

简洁，是指言简意赅，高度概括，以尽可能少的文字揭示全文的内容，使读者看了标题就能了解全文的梗概。标题简洁到什么程度，并没有固定的标准，为了做到简洁，要注意标题中不要使用不常见的字和词，尽量少用过于专业化的技术名词和专业术语。

醒目，是指标题要力求新颖生动，不落俗套，有较强的吸引力和感染力，使读者产生阅读的意愿。格式老化，缺乏吸引力，是统计分析报告经常出现的问题。要注意发现新的材料，挖掘新的观点，对别人写过的问题，要注意换个角度去分析研究。

（二）引言

引言，是指统计分析报告开头的部分，通常交代作者撰写统计分析报告的动机、目的、想法，或者说明报告所涉及的范围及其焦点。换言之，就是告诉读者为什么要写这样一个报告，打算涉及的范围有多大。

1. 引言的形式

（1）开门见山。其特点是紧紧围绕文章的基本观点，简明扼要，直叙入题。这种开头方式是统计分析报告最基本的引言形式。例如："目前我国有 3.9 亿农村劳动力，约占社会劳动者人数的四分之三。由于近年来一些地区学龄儿童入学率下降，失学严重，出现了一大批'小农民'劳动力后备军。这种劳动力后备军素质低，制约了农村经济的发展。"

（2）造成悬念。在分析问题或阐述观点之前，先依据文章要旨提出问题，引起读者的注意和思考，催人到文中去寻找答案。例如："去年 5 月份放开猪肉等副食品价格，迈出了价格体系改革的第一步。条例至今出台整一年，人们很想知道这一年城市居民生活水平，特别是食品消费水平是提高了还是降低了。"造成悬念的开头与下文是密切关联的，它们之间形成呼应关系，这样可以使文章在问与答中不断扩展深化，使读者在问与答中不断得到了解和受到启迪。

（3）交代动机。这种开头的主要特点是：起因线索完整，时间、地点俱在，分析动机清楚，命题明显自然。例如："为了了解我省青少年犯罪情况，剖析青少年违法犯罪的原因，以便采取对策，预防和减少青少年违法犯罪，今年 4 月至 7 月，省统计局和司法厅按照随机抽样的方法，从 14 岁至 25 岁的在押在教劳改劳教人员中，抽选了 3 990 人进行了问卷调查。同时走访了管教干警、学校师生和家长、青少年劳改劳教人员共 173 人，搜集整理出反映我省青少年违法犯罪原因、特点及基本状况的近 8 万个数据和青少年劳改劳教人员的近千条意见。现将调查了解的情况综述如下。"这一引言将时间、地点、人物、事件四要素以及所采用的调查方法都作了交代，接着写调查结果会对读者产生一定的吸引力。

除以上三种比较典型的形式之外，统计分析报告的引言还可以有其他多种形式，甚至可以不写引言，直接进入主体部分。

2. 引言的要求

引言就是统计分析报告的开头，文章开头的好坏，是关系全篇成败的一个重要原因。对引言的基本要求，一是要能够抓住读者，引起读者的注意和兴趣；二是要为全文展开脉络，牵出头绪，做好铺垫，确定格局；三是要短、要精、要新。引言的语言要精练、新颖，避免用套话。当然还要注意引言语言与全文的协调，杜绝脱离文章主题而一味求新。

（三）主体

主体就是统计分析报告的正文，报告的观点就是在正文里充分展开的。正文部分要求结构严谨、层次分明、重点突出。主体部分一般都分为几个层次，对于篇幅较长的分析报告，可以把主体分为几个部分，每一部分都标一个概括性或提示性的小标题，使主体的层次结构及每一部分的内容一目了然。有时每一部分的主要内容已经十分明显，为了避免重复，可以不设小标题。

正文要围绕主题，层次分明、条理清晰地展开；依据事物发展的客观规律，循序渐进地分析论述；要考虑到读者的认识程度，从先易后难、先简后繁的原则出发，循循善诱。这就需要把内容的先后次序，展开步骤，及论述的详略从全局出发进行合理组织，这就是正文结构的安排，它包括整篇文章的结构和每一局部的结构。结构安排的如何，直接影响着统计分析报告的质量。统计分析报告常见的结构有递进结构、并列结构和交叉结构三类：

1. 递进结构

该结构又称纵式结构，它的特点是按照事物发展的因果关系或逻辑关系，把文章的主体分成几个部分，各部分之间形成发展或递进的关系。这种安排可以使文章的论述层层深入，便于文章的展开和读者的理解。如按照“现状—原因”“现状—原因—结果”“现状—问题—对策”“历史—现状—未来”“简单—复杂”“具体—抽象”等进行安排都是统计分析报告常见的整体结构。

2. 并列结构

该结构又称横式结构，它是按照所要研究的事物的情况，把报告的主体分成并列的几部分展开。例如：要撰写《某地区国民经济运行情况》的统计分析报告，主体就可以分为“经济发展取得的主要成绩”“经济发展面临的主要困难和问题”“展望和建议”三个部分；在分析国民经济发展状况时，按照农业、工业、建筑业、商业等一部分一部分地进行叙述；在分析企业经营状况时，按照企业偿债能力、企业获利能力、企业营运能力等一方面一方面进行叙述。编写进度分析报告，一般都使用这种结构。

3. 交叉结构

递进结构和并列结构是主体结构的两种基本形式，这两种形式也可以结合起来使用，这就是交叉结构。

要合理安排统计分析报告的内容，使之具有适当的结构，不仅需要明了有什么样的结构，还要清楚分析研究的成果适合哪种结构。在文章结构确定后，还要注意各层次的内容怎样前后呼应，怎样突出分析的主题等一些问题。

（四）结尾

结尾是统计分析报告的结束语，是对作者在引言中提出的观点的总结或复述，或是对作者在引言部分所提问题的回答，它应该与报告的引言相呼应。好的结尾，可以帮助读者明确主题，加深印象，引起读者进一步的思考。对结尾的基本要求，一是自然、圆满，二是简练，不可拖泥带水。

统计分析报告的结尾，大致有以下几种写法：

（1）总结全文。统计分析报告经分析事物发展变化的主、客观原因，论证多层次观点后，在结束全文时予以归纳总结，强调基本观点，突出中心思想，这种结尾形式称为总结全文式结尾。以总结全文结尾的文章一般都有明显的“总起—分说—总结”的结构特点，且结尾的开始多使用“综上所述”“总之”“总而言之”等概括性词语，然后把正文叙述的内容进行简要回顾概括，使读者进一步明确全文的中心思想。

(2) 提出建议。统计分析报告以建议来结束全篇的也十分多见，且形式各异。归纳起来主要有两类：一类是没有结尾段，以最后一个部分的若干建议来收笔；另一类是专门有个建议结尾段，用简练的语言把建议内容概括在终篇段内。例如："鉴于上述存在的问题，建议有关部门对发展经济联合采取合理规划、正确引导、积极扶持、加强管理的方针，把我国商业、饮食业、服务业经济联合推向一个新的阶段。"

(3) 首尾呼应。有的统计分析报告在导语中提出问题，通过分析归纳，结尾时给予回答，这种结尾形式称为首尾呼应。这种形式的结束语为读者明确地揭开谜底，并使全文前后呼应，浑然一体。

(4) 篇末点题。这种形式的统计分析报告在开头不亮出基本观点，经过一系列分析、论证，最后才在文章的收尾处照应题旨，点明题意。所谓"点"，就是用笔极少，但却含义深邃，富有概括力和表现力。例如："通过以上分析，我们认为：越是搞活经济，越是进一步贯彻按劳分配原则，人们的收入差距就会越大，就越要加强和完善社会保障体系的建设。"

对结束语通常有如下要求：

(1) 当止则止。在统计分析报告的结尾，只要把意思表达完整了，就应该收笔，避免画蛇添足。

(2) 合情合理。结尾应该是水到渠成，即从前文的分析论述自然形成，与前文内容相呼应、相一致，避免"尾"不对题。

(3) 首尾照应。结尾要在内容和形式上呼应开头，与开头相一致，避免"有头无尾"或"虎头蛇尾"。

(4) 准确简洁。结尾对文中提出的问题或对策建议的归纳应准确，语言表达要简洁，避免冗长。

二、统计分析报告写作要求

(一) 主题要突出

主题是统计分析报告的中心思想或基本论点。它像一根红线贯穿于全文，是文章的灵魂与统帅。统计分析报告要根据统计研究的任务，抓住要解决的主要矛盾及矛盾的主要方面，开展分析工作。内容要紧扣主题，从统计资料反映的复杂社会经济现象中，抓住重点问题，突出主题思想加以阐述。

(二) 材料和观点要统一

统计分析报告必须以统计资料为依据，但不能将资料堆砌，要用统计资料来说明观点。这就要求编写统计分析报告时处理好材料与观点的关系。统计资料要支持报告所说明的观点，而观点要依据统计资料，做到材料与观点的辩证统一。如果材料与观点脱节，统计分析报告便失去了说服力。

(三) 判断推理要符合逻辑

统计分析报告的准确性，不仅要求运用的统计数字准确可靠，而且要求准确地说明社会经济现象的本质和发展变化的规律。这就要求编写统计分析报告时在统计资料的基础上进行深入分析，运用推理和判断的逻辑方法。判断是以准确的统计数字为依据的，推理是以充分的依据为前提的。正确的判断和推理，从事物发展上说，就是要有根有据，符合客观的规律性；从思维发展上说，就是要实事求是，合乎事物的逻辑性。判断和推理的结果，前后不能矛盾，左右不能脱节，要如实反映客观事物的内在联系。从逻辑角度看，统计分析报告应该概念明确，判断恰当，推理合乎逻辑。要使统计分析报告逻辑性强，有说服力，很重要的一条，就是观点和材料的统一。首先，观点应来自准确、丰富的材料，在材料的基础上形成观点。在搜集材料时，要“以十当一”，材料越多越好；在运用材料时，要“以一当十”，材料越精越好。其次，材料和观点不应脱节。

（四）结构要严谨

结构要严谨，是指统计分析报告内容的组织、构造精当细密，无懈可击，甚至达到“匠心经营，天衣无缝”的地步。这就要求首先要思想周密，没有挂一漏万、顾此失彼；其次要组织严谨，没有颠三倒四、破绽百出。因此，结构能否严谨，首先取决于作者思想认识和思路是否清晰、严密。作者只有充分认识与掌握事物发展的内在规律，才能把它顺理成章地表达出来。

（五）语言要力求准确、精炼、通俗易懂

统计分析报告是提供情况、表达思想的，如果所用语言不符合统计分析报告的规范，文理不通，就无法达到写作统计分析报告的目的。掌握使用语言的基本功，提高语言表达能力，是写好统计分析报告的重要条件之一。只有在具备较强的文字驾驭能力的基础上，按照统计分析报告的语言规范写作，写出的文章才能生动流畅、真切自然。反之，如果不善于运用语言，即使作者占有丰富的资料，又有比较深刻的认识，写出来的报告也往往不知所云、造成误解，或者语言风格与文章不协调，影响报告的质量。因此，要写好统计分析报告，必须在语言方面做到准确、精炼、通俗易懂。

在表述时，不宜使用夸张、华丽、虚构、想象等文学手法。统计分析报告要求用最少的文字来表达其丰富的内涵，做到言简意赅、精炼准确，并做到资料与基本观点相统一，论点和论据相一致。由于统计分析报告是一种独立文体，较多地使用统计数字，具有较强的专业性和实用性，因此为了写好这种文体，还必须注意语言和数字的使用问题。数字是统计的语言，但统计数字与数学中的数字不同。一是汉字和阿拉伯数字要求体例统一，凡是可以使用阿拉伯数字而又很得体的地方，均使用阿拉伯数字。在特殊情况下可以变通，但应保持相对一致。数字使用具体规定如下：

（1）除标题和文章末尾标明写作日期外，文章其他部分表示公历、年代、年、月、日和时刻均应使用阿拉伯数字。例如：公元前 8 世纪，20 世纪 90 年代，2011 年 1 月 1 日 21 时 30 分等。同时，年份不能简写，表示星期几的数字要使用汉字。

（2）如果统计数字用得太多，容易使读者产生枯燥感和疲劳感，难以再读下去。一般而言要控制统计数字的总用量，以占全篇文字的 10％～20％为宜，不能超过 30％。

例 9-1

《2018 年上半年湖州市区 CPI 运行情况分析》

上半年，湖州市区居民消费价格总水平同比上涨 2.2%，涨幅较去年同期扩大 0.4 个百分点。其中：食品烟酒类价格上涨 0.9%，工业品价格上涨 1.6%，服务项目价格上涨 3.6%。

一、基本运行情况

（一）八大类商品和服务价格“七涨一跌”

上半年，八大类商品和服务价格呈“七涨一跌”走势，上涨的七类商品和服务价格按涨幅排序分别为居住、教育文化和娱乐、生活用品及服务、医疗保健、食品烟酒、交通和通信、衣着，同比分别上涨 6.6%、1.8%、1.8%、1.7%、0.9%、0.9%和 0.1%；其他用品和服务价格同比下跌 1.5%。

（二）各月价格走势

从同比情况看，各月涨幅“低开高走”，1—6 月份，各月同比涨幅分别为 1.2%、3.0%、2.1%、2.4%、2.1%和 2.5%；从环比情况看，1—2 月份受节日效应影响，环比价格分别上涨 0.6%和 1.9%，3 月份随节后商品和服务价格回落，环比价格下跌 1.4%，4—6 月份指数涨跌互现，窄幅震荡，指数分别为 100.2、99.6 和 100.0。（详见图 9-1）

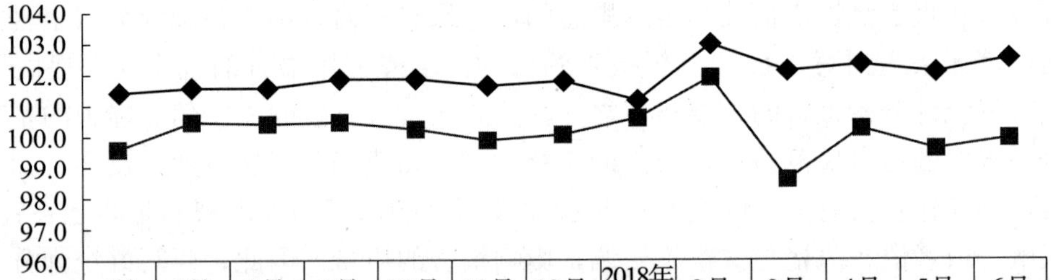

	6月	7月	8月	9月	10月	11月	12月	2018年1月	2月	3月	4月	5月	6月
同比	101.5	101.6	101.6	101.8	101.8	101.7	101.8	101.2	103.0	102.1	102.4	102.1	102.5
环比	99.6	100.5	100.4	100.5	100.2	99.9	100.1	100.6	101.9	98.6	100.2	99.6	100.0

图 9-1　湖州市区居民消费价格走势图

（三）市区 CPI 与全省平均水平比较

上半年湖州市区 CPI 同比上涨 2.2%，涨幅与全省平均水平一致，在全省 11 个设区市中与衢州、丽水并位列第五，比涨幅第一的舟山低 0.6 个百分点，比涨幅最小的金华高 0.5 个百分点。（详见表 9-1）

表 9-1　全省 11 个设区市居民消费价格指数情况

涨幅大于全省平均			涨幅低于或等于全省平均		
城市名称	指数	位次	城市名称	指数	位次
舟山	102.8	1	湖州、衢州、丽水	102.2	5
温州	102.6	2	嘉兴、绍兴	101.9	8
杭州	102.5	3	宁波	101.8	10
台州	102.3	4	金华	101.7	11

二、主要商品和服务价格运行特点

（一）食品烟酒价格同比上涨0.9%，鲜菜、猪肉价格走势呈两极化

上半年，食品烟酒价格同比上涨0.9%，涨幅与去年同期持平。其中食品价格上涨1.4%，拉动CPI总水平上涨0.26个百分点。主要特点：一是鲜菜价格转跌为升，受年初低温雨雪天气影响，加之去年鲜菜基期价格较低，导致鲜菜价格快速上涨，同比上涨11.1%，涨幅较去年同期扩大24.6个百分点，拉动CPI总水平上涨0.25个百分点，是食品价格上涨主因；二是鸡蛋价格恢复性上涨，同比上涨10.4%，涨幅较去年同期扩大18.0个百分点，拉动CPI总水平上涨0.03个百分点；三是猪肉价格跌幅扩大，受生猪仍处于“猪周期”影响，猪肉价格持续走低，同比下跌7.8%，跌幅较去年同期扩大7.1个百分点，拉动CPI总水平下跌0.17个百分点。

（二）工业品价格同比上涨1.6%

上半年，工业品价格持续上涨，同比上涨1.6%，涨幅较去年同期回落0.3个百分点，拉动CPI总水平上涨0.51个百分点。主要特点：一是受国际大宗商品价格上涨影响，国内成品油价格有所上调，柴油、汽油、液化石油气价格同比分别上涨10.5%、9.5%、0.1%；二是受原材料熟料价格上涨、房地产市场行情较热影响，住房装潢材料价格上涨5.9%，其中水泥、木地板、其他住房装潢材料、管材、板材价格分别上涨21.0%、14.2%、11.6%、11.1%、10.8%；三是受药品定价改革政策影响，遏制了中西药价格上涨势头，西药、中药价格同比分别上涨4.0%和2.9%，涨幅较去年同期分别缩小1.0和4.5个百分点。

（三）服务项目价格同比上涨3.6%，成为推动CPI上涨的主因

上半年，服务项目价格同比上涨3.6%，涨幅较去年同期扩大1.1个百分点，拉动CPI总水平上涨1.45个百分点。主要特点：一是受三改一拆、城中村改造影响，房地产市场行情较热，推动私房房租、中介服务费、装潢维修费价格分别同比上涨9.4%、9.1%、3.2%；二是翘尾因素影响教育价格上涨，教育价格同比上涨2.5%，其中学前教育、高中中职教育、小学初中教育价格分别上涨7.8%、5.7%、5.2%，主要原因是去年9月份开学部分民办学校收费上调；三是受人工和租房等成本逐年攀升的影响，快递服务、车辆修理与保养、其他文娱服务、家政服务、停车费价格分别上涨18.4%、15.5%、11.3%、10.1%、3.7%。

三、下阶段居民消费价格走势预判

下半年，一是食品类价格预计将保持稳中有升态势，鲜菜、鸡蛋受夏季高温天气影响，供应量将会趋紧，价格有所回升；二是工业品价格持续上涨，受原材料及国际市场部分大宗商品价格波动的传导，价格仍可能略有上涨；三是服务项目价格趋于平稳，房租价格经过阶段上涨之后将趋于稳定，教育服务等调价翘尾因素也将逐步消失。

综上所述，预计下半年湖州居民消费价格总水平将维持温和上涨的态势。

例9-2

《2017年全国科技经费投入统计公报》

2017年，我国科技经费投入力度加大，研究与试验发展（R&D）经费投入增速加快，国家财政科技支出平稳增长，研究与试验发展（R&D）经费投入强度稳步提高。

一、研究与试验发展（R&D）经费情况

2017年，全国共投入研究与试验发展（R&D）经费17 606.1亿元，比上年增加1 929.4亿元，增长12.3%，增速较上年提高1.7个百分点；研究与试验发展（R&D）经费投入强度（与国内生产总值之比）为2.13%，比上年提高0.02个百分点。按研究与试验发展（R&D）人员（全时工作量）计算的人均经费为43.6万元，比上年增加3.2万元。

分活动类型看，全国基础研究经费975.5亿元，比上年增长18.5%；应用研究经费1 849.2亿元，增长14.8%；试验发展经费14 781.4亿元，增长11.6%。基础研究、应用研究和试验发展经费所占比重分别为5.5%、10.5%和84%。

分活动主体看，各类企业经费支出13 660.2亿元，比上年增长12.5%；政府属研究机构经费支出2 435.7亿元，增长7.8%；高等学校经费支出1 266亿元，增长18.1%。企业、政府属研究机构、高等学校经费支出所占比重分别为77.6%、13.8%和7.2%。

分产业部门看，高技术制造业研究与试验发展（R&D）经费3 182.6亿元，投入强度（与主营业务收入之比）为2%，比上年提高0.1个百分点；装备制造业研究与试验发展（R&D）经费6 725.7亿元，投入强度为1.65%，比上年提高0.14个百分点。在规模以上工业企业中，研究与试验发展（R&D）经费投入超过500亿元的行业大类有8个，这8个行业的经费占全部规模以上工业企业研究与试验发展（R&D）经费的比重为65.2%；研究与试验发展（R&D）经费投入在100亿元以上且投入强度超过规模以上工业企业平均水平的行业大类有10个（分行业情况详见表9-2）。

表9-2　2017年分行业规模以上工业企业研究与试验发展（R&D）经费情况

行业	R&D经费（亿元）	R&D经费投入强度（%）
合计	12 013.0	1.06
采矿业	281.8	0.59
煤炭开采和洗选业	148.9	0.60
石油和天然气开采业	57.3	0.76
黑色金属矿采选业	7.3	0.18
有色金属矿采选业	31.2	0.61
非金属矿采选业	11.9	0.28
开采辅助活动	25.4	1.62
制造业	11 624.7	1.14
农副食品加工业	274.6	0.46
食品制造业	148.1	0.67
酒、饮料和精制茶制造业	99.8	0.58
烟草制品业	19.8	0.22
纺织业	233.2	0.64
纺织服装、服饰业	110.5	0.53
皮革、毛皮、羽毛及其制品和制鞋业	65.1	0.46
木材加工和木、竹、藤、棕、草制品业	60.3	0.47
家具制造业	55.4	0.63
造纸和纸制品业	144.6	0.97
印刷和记录媒介复制业	53.9	0.69

续前表

行业	R&D经费（亿元）	R&D经费投入强度（%）
文教、工美、体育和娱乐用品制造业	100.5	0.63
石油加工、炼焦和核燃料加工业	146.6	0.36
化学原料和化学制品制造业	912.5	1.11
医药制造业	534.2	1.97
化学纤维制造业	106.1	1.34
橡胶和塑料制品业	307.2	1.01
非金属矿物制品业	362.8	0.61
黑色金属冶炼和印刷加工业	638.7	0.99
有色金属冶炼和压延加工业	461.6	0.85
金属制品业	343.2	0.95
通用设备制造业	696.8	1.53
专用设备制造业	636.9	1.78
汽车制造业	1 164.6	1.38
铁路、船舶、航空航天和其他运输设备制造业	428.8	2.53
电气机械和器材制造业	1 242.4	1.73
计算机、通信和其他电子设备制造业	2 002.8	1.88
仪器仪表制造业	210.2	2.11
其他制造业	32.6	1.31
废弃资源综合利用业	16.3	0.42
金属制品、机械和设备修理业	14.7	1.35
电力、热力、燃气及水生产和供应业	106.4	0.16
电力、热力生产和供应业	85.8	0.15
燃气生产和供应业	11.1	0.18
水的生产和供应业	9.6	0.40

分地区看，研究与试验发展（R&D）经费投入超过千亿元的省（市）有6个，分别为广东（占13.3%）、江苏（占12.8%）、山东（占10%）、北京（占9%）、浙江（占7.2%）和上海（占6.8%）。研究与试验发展（R&D）经费投入强度（与地区生产总值之比）超过全国平均水平的省（市）有7个，分别为北京、上海、江苏、广东、天津、浙江和山东（分地区情况详见表9-3）。

表9-3　2017年各地区研究与试验发展（R&D）经费情况

地区	R&D经费（亿元）	R&D经费投入强度（%）
全　国	17 606.1	2.13
北　京	1 579.7	5.64
天　津	458.7	2.47
河　北	452.0	1.33
山　西	148.2	0.95
内蒙古	132.3	0.82
辽　宁	429.9	1.84
吉　林	128.0	0.86

续前表

地区	R&D经费（亿元）	R&D经费投入强度（%）
黑龙江	146.6	0.92
上　海	1 205.2	3.93
江　苏	2 260.1	2.63
浙　江	1 266.3	2.45
安　徽	564.9	2.09
福　建	543.1	1.69
江　西	255.8	1.28
山　东	1 753.0	2.41
河　南	582.1	1.31
湖　北	700.6	1.97
湖　南	568.5	1.68
广　东	2 343.6	2.61
广　西	142.2	0.77
海　南	23.1	0.52
重　庆	364.6	1.88
四　川	637.8	1.72
贵　州	95.9	0.71
云　南	157.8	0.96
西　藏	2.9	0.22
陕　西	460.9	2.10
甘　肃	88.4	1.19
青　海	17.9	0.68
宁　夏	38.9	1.13
新　疆	57.0	0.52

二、财政科学技术支出情况

2017年，国家财政科学技术支出8 383.6亿元，比上年增加622.9亿元，增长8%；财政科学技术支出占当年国家财政支出的比重为4.13%，与上年持平。其中，中央财政科学技术支出3 421.5亿元，增长4.7%，占财政科学技术支出的比重为40.8%；地方财政科学技术支出4 962.1亿元，增长10.5%，占比为59.2%。

※ 小结 ※

统计分析报告是分析研究过程中所形成的论点、论据、结论的集中表现；是运用统计资料和统计方法、数字与文字相结合，对客观事物进行分析研究的结果的表现。它包括专题分析报告、综合分析报告和进度分析报告。统计分析结果可以通过表格式、图形式和文章式等多种形式表现出来。

※ 思考与练习 ※

一、单项选择题

1. 写出一篇高质量的统计分析报告，应求“新”，指（　　）。

A. 深入透彻　　B. 透彻认识　　C. 资料可靠　　D. 内容形式新颖

2. （　　）是对研究过程进行表述的文章，是统计分析结果的最终形式。

A. 统计数据分析　　B. 统计分析报告　　C. 动态分析方法　　D. 定性分析方法

3. （　　）是对文章基本思想的浓缩，在文章中占有重要的地位。

A. 标题　　B. 引言　　C. 结束语　　D. 论点

4. 按照“现状—原因”“现状—原因—结果”“历史—现状—未来”“简单—复杂”等整体结构的统计分析报告的结构是（　　）。

A. 并列结构　　B. 序时结构　　C. 递进结构　　D. 三者都不是

5. 下列不属于统计分析报告特点的是（　　）。

A. 以统计数据为语言　　B. 以定性分析为主

C. 具有简明的表达方式和结构　　D. 是对研究过程的高度概括

6. 统计分析报告质量标准的“四性”指（　　）。

A. 准确性　　B. 时效性　　C. 针对性　　D. 逻辑性

7. 统计分析报告的选题要注意结合的“三点”指（　　）。

A. 注意点　　B. 矛盾点　　C. 发生点　　D. 深入点

8. 常见的标题拟定方式有（　　）。

A. 以分析目的为标题　　B. 以主要论点为标题

C. 以主要结论为标题　　D. 以提问的方式为标题

9. （　　）是对研究过程进行表述的文章，是统计分析结果的最终形式。

A. 统计数据分析　　B. 统计分析报告

C. 动态分析方法　　D. 定性分析方法

二、实训题

自选项目，写一篇统计分析报告。

项目十

Excel 在统计中的应用

案例导入与问题提出

酒杯对酒杯

1980 年施利兹·布鲁温公司报道说，该公司啤酒的销售量 5 年内下降了 50%。在一项促进萧条的啤酒生意复苏的活动中，总经理弗朗克·赛林格宣布：1980 年 12 月 28 日，在全美足球联盟美国足球联合会举办的狂人锦标赛上，将利用休斯敦油井队与奥克兰袭击者队比赛的半场休息时间，举行百人啤酒品尝试验的电视现场直播。为此，施利兹·布鲁温公司事前委托在当地有很高信誉的调查咨询公司——A 公司，从自称是巴特威塞啤酒（一种近年畅销的啤酒）的忠实饮用者中，随机选 100 人免费观看比赛并品尝啤酒。

现场直播到半场休息时，每个免费品尝活动参加者都得到两杯不加标签的啤酒：一杯是施利兹啤酒，一杯是巴特威塞啤酒。品尝者被告知在他们所喜欢的那杯啤酒的旁边按下电子按钮，然后 A 公司当着成千上万球迷的面统计出，巴特威塞啤酒的忠实饮用者中，有 46 人喜欢的是施利兹啤酒。施利兹·布鲁温公司的市场分析专家曾告诉公司说，品尝试验中只要有 35 人喜欢本公司的啤酒，就能够成功提高其销售量。事实也正如他们所愿，施利兹·布鲁温公司很快就走出了困境。

资料来源：

思考：全部巴特威塞啤酒的忠实饮用者中喜欢施利兹啤酒的比例会是多少？此样本值是否真的能够说明巴特威塞啤酒的忠实饮用者中喜欢施利兹啤酒的总体比例大于 35%？

学习目标

1. 学会制作统计图表展示数据，并从中得出结论。

2. 学会利用 Excel 表格计算综合指标，进行区间估计和假设检验，并根据结果得出结论。

4. 学会利用 Excel 表格分析时间序列数据，并学会分离时间序列数据中可能存在的长期趋势、季节变动、循环变动和不规则变动。

5. 学会利用 Excel 表格两个变量之间的相关性，建立一元线性回归方程，刻画两个变量之间的关系。

任务一

Excel 在统计整理中的应用

Microsoft Excel（简称 Excel）是一款设计精良、功能齐全的办公软件。它除了具有我们常用的办公功能，如通过电子表格的形式对数字数据进行组织和计算，将数字数据转化为可视化的图表和数据库管理功能外，还是一个十分强大而且非常易用于使用的数据统计和预测工具。Excel 提供的基本统计功能主要包括描述性统计、频数统计、等级和百分数等。这些统计方法主要利用 Excel 统计函数或数据分析中的描述统计过程来实现。

统计整理是统计分析的基础，同时也是统计调查的继续，在整个统计工作和研究过程的中间环节，起承上启下的作用。统计图是一种表现统计资料的非常直观有效的手段，统计整理中涉及大量数据的定性分析，因而绘制统计图具有重要价值。在 Excel 中可以利用【插入】选项卡和数据分析工具绘制出大量统计图，为进一步分析数据指明方向。

Excel 在数据的预处理、图形的绘制等方面具有相当出色的作用：其内置函数数量多且使用方便。Excel 具有卓越的自动填充与数据编辑、查询功能，并可迅速建立子数据清单；图形绘制功能非常强大，修饰加工的图形尤其美观；单元格数据与数据分析结果具有联动关系，改变其中一个单元格数据，与之相关的 Excel 公式或图表就会发生相应的改变，具有即改即见的效果。此功能在目前的 SAS、SPSS 等统计软件中尚无法实现。此外，Excel 也能完成绝大多数常用统计分析功能，是中文界面，无须编程，且一般的计算机内均安装有此软件（Microsoft Office）。因此，在统计学原理的教学中，经常会使用 Excel 来辅助教学，本任务就其在统计整理中图形绘制的功能作一个介绍。需要指出的是，这里使用的是 Office 2016 版本的 Excel 软件。

现有某高校 128 名男生的身高数据（见表 10－1）。试使用 Excel 软件作统计图展示数据。

一、直方图的绘制

具体步骤如下：

（1）打开 Excel 数据表格，在 B19 单元格中输入【各组上限】字样，这里将数据分为 8 组，分别是 164、168、172、176、180、184、188、192。组距为 4。

（2）打开【数据】菜单栏，选中【数据分析】；如果这里没有找到【数据分析】栏，可以在【文件】菜单栏中找到【加载项】，在其中找到【分析工具库】，然后转到将【分析工具库】的复选框选中，这时便可以在【数据】菜单栏中找到【数据分析】选项了。

（3）在弹出的【数据分析】对话框中选择【直方图】，如图 10－1 所示。

表 10-1　　高校男生身高原始数据

128 名高校男生身高数据							
160	170	169	174	175	176	180	172
160	169	172	174	172	179	184	176
164	169	168	175	176	179	181	186
165	169	170	176	177	179	181	184
166	168	172	175	176	179	181	187
165	171	172	176	176	178	180	186
164	169	175	176	177	177	185	184
171	170	175	172	177	179	188	189
168	169	175	174	179	177	185	175
172	168	176	173	176	183	188	180
171	172	172	174	176	181	185	180
172	169	176	175	179	180	180	177
172	171	175	173	177	182	180	176
170	171	175	174	178	182	180	174
171	168	172	176	177	181	174	172
180	172	174	174	182	175	176	184

图 10-1　【数据分析】对话框

（4）单击【确定】，然后弹出【直方图】对话框中。在【输入区域】中输入原始数据所在的单元格，本例选择原始数据的区域是 A2:H17；在接收区域选择第一步中确定的各组上限值，即 B20:B27；在【输出区域】中选择频数分布表的起点单元格，最后勾选【累计百分率】和【图表输出】复选框，如图 10-2 所示，单击【确定】，得到如图 10-3 所示的结果。

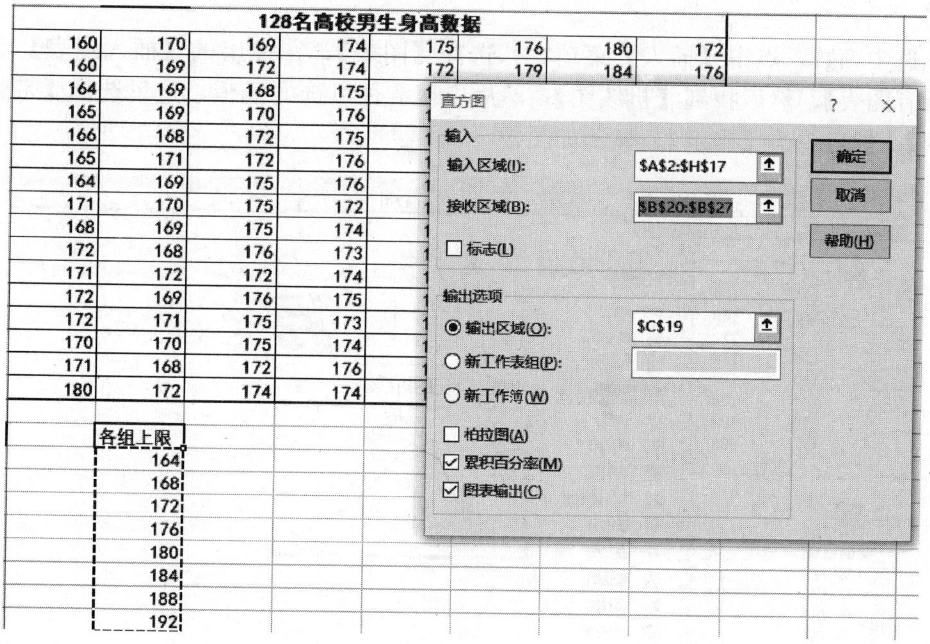

图 10-2　【直方图】对话框

128名高校男生身高数据							
160	170	169	174	175	176	180	172
160	169	172	174	172	179	184	176
164	169	168	175	176	179	181	186
165	169	170	176	177	179	181	184
166	168	172	175	176	179	181	187
165	171	172	176	176	178	180	186
164	169	175	176	177	177	185	184
171	170	175	172	177	179	188	189
168	169	175	174	179	177	185	175
172	168	176	173	176	183	188	180
171	172	172	174	176	181	185	180
172	169	176	175	179	180	180	177
172	171	175	173	177	182	180	176
170	170	175	174	178	182	180	174
171	168	172	176	177	181	174	172
180	172	174	174	182	175	176	184

各组上限	接收	频率	累积 %
164	164	4	3.13%
168	168	8	9.38%
172	172	31	33.59%
176	176	37	62.50%
180	180	26	82.81%
184	184	13	92.97%
188	188	8	99.22%
192	192	1	100.00%
	其他	0	100.00%

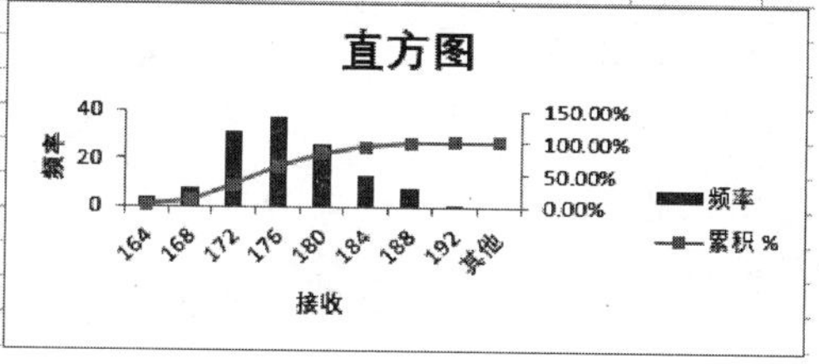

图 10-3　频数分布表和直方图

二、折线图的绘制

具体步骤如下：

（1）首先将上面的数据分组结果整理出完整的闭口组分组数据，分别是 160～164、164～168、168～172、172～176、176～180、180～184、184～188、188～192，以及对应的

频数数据。

（2）选中频数，点击【插入】菜单栏，选择【图表】，在弹出的【插入图表】对话框中选择【所有图表】，然后找到【折线图】，然后出现 7 种可选的模板，这里选择【带数据标记的折线图】，然后单击【确定】，显示如图 10－4。

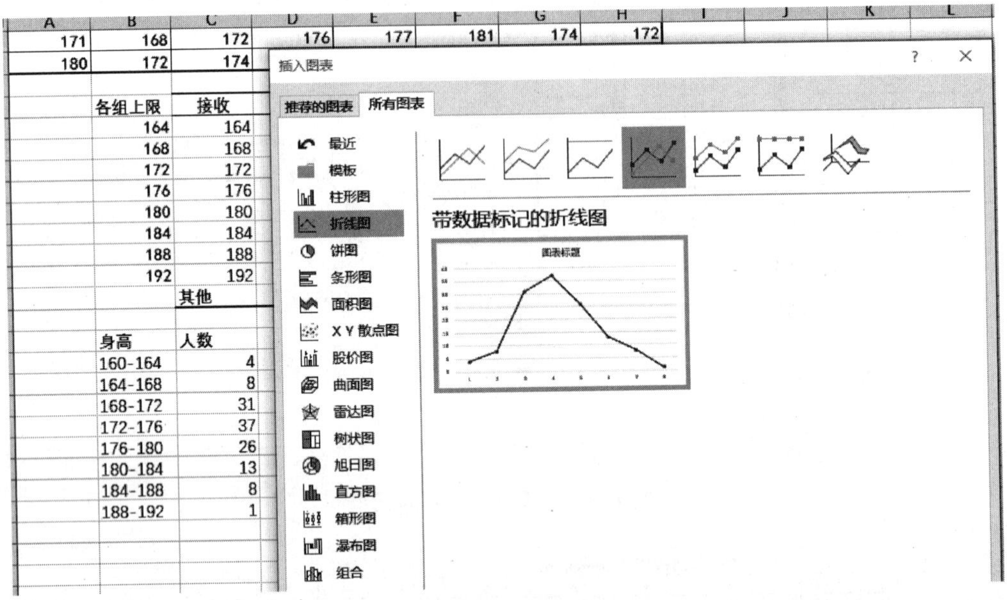

图 10－4 【插入图表】对话框

（3）出现的折线图较简单，所有这里需要进一步处理。点击折线图右边的加号，出现很多的可选【图表元素】，这里选中【坐标轴】【坐标轴标题】【图表标题】【数据标签】以及【网络线】中的【主要水平网络线】和【主要垂直网络线】的复选框。在折线图上标题和坐标轴标题上分别填入正确的名称。结果如图 10－5 所示。

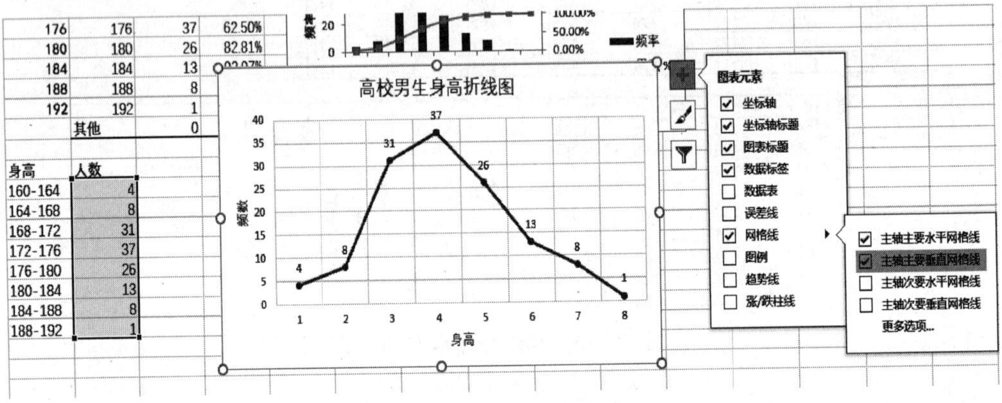

图 10－5 身高折线图

（4）折线图横坐标还是 1～8，不符合要求，所以这里选中折线图右击，选择【选择数据】，在弹出的对话框中，在【水平（分类）轴标签】下单击【编辑】，这里选择身高的分组数据及 B31:B38，单击【确定】，如图 10－6 所示。最后单击确定，得到比较好的折线图（见图 10－7）。

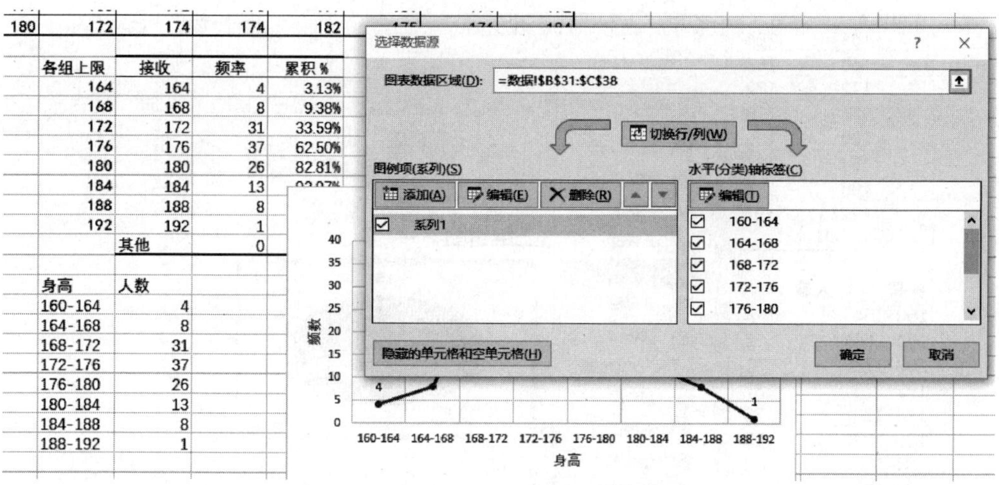

图 10－6　【选择数据源】对话框

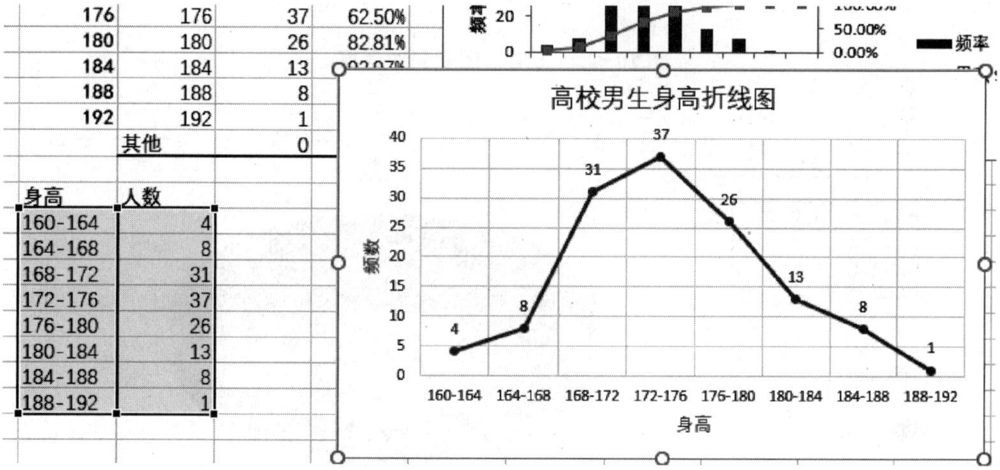

图 10－7　折线图结果

三、饼图的绘制

具体步骤如下：

（1）首先选择上述原始数据分组后的结果作为画图的数据，选中身高、人数数据及 B30:C38，点击【插入】菜单栏，然后选择【图表】，在弹出的【插入图表】对话框中，选择【所有图表】，再选择【饼图】。这里显示有 5 种模板，选择【三维饼图】，如图 10－8 所示，单击确定。

（2）进一步美化饼图，选中饼图后面的加号，点击【图表标题】【数据标签】【图例】，选择【右】的复选框，最终得到如图 10－10 所示的饼图。

从上述的分析绘制过程中可以看出，Excel 在图形绘制方面功能非常强大，修饰加工的图形尤其美观，绘制方法简单易懂。熟练使用 Excel，会使对原始数据的统计整理变得简便易行。

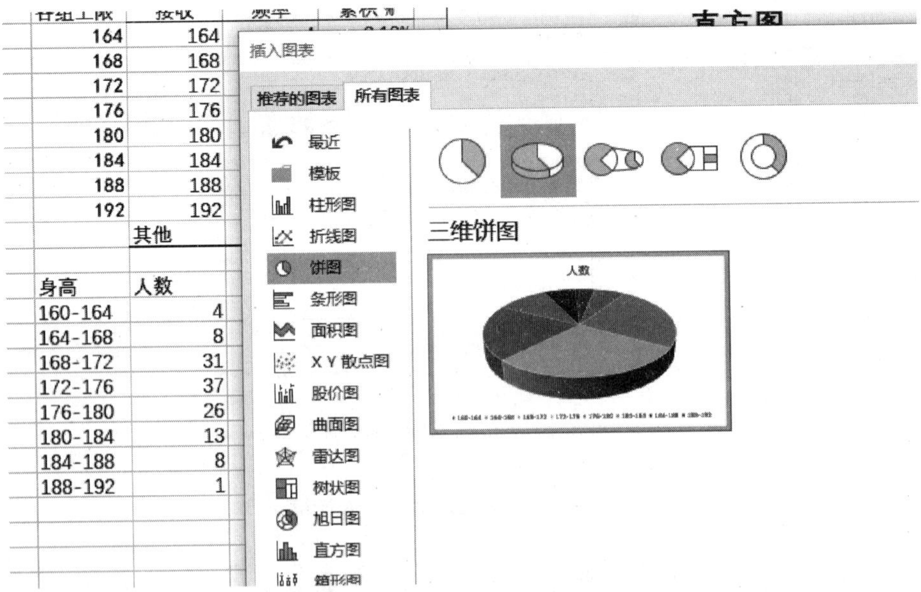

图 10－8 【插入图表】对话框

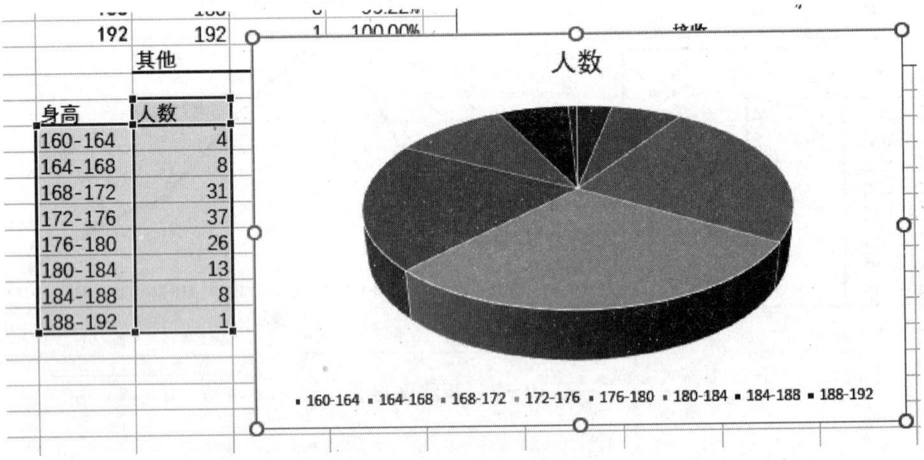

图 10－9 人数占比饼图

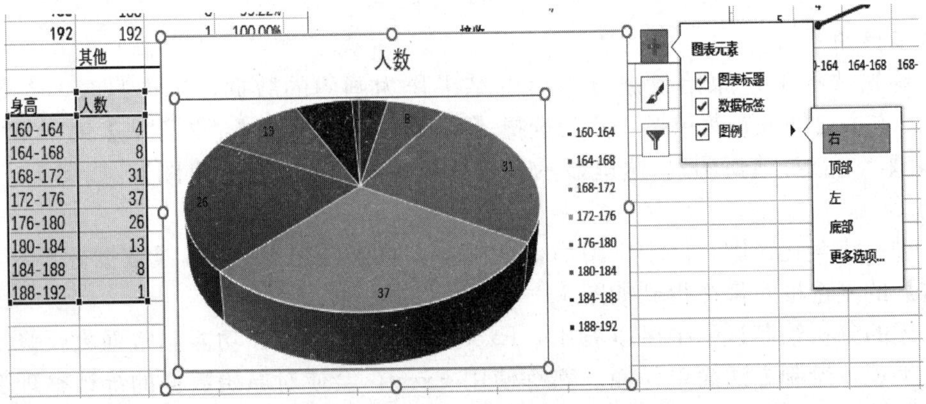

图 10－10 饼图结果

任务二

Excel 在综合指标分析中的应用

科研人员正在三块试验田中种植一种新型西瓜，为研究这种西瓜的特征属性，现在两块试验田中根据栽种的比例分别采摘若干个西瓜，分别对其外观色泽、根蒂形态、敲击时产生的声音、表面纹理、脐部形态、手的触感、西瓜密度以及含糖量的数据进行了测定，数据如表 10－2 所示：

表 10－2　　　　　　　　　　　**西瓜数据**

西瓜数据									
试验田	色泽	根蒂	敲声	纹理	脐部	触感	密度	含粮量	数量
A	浅白	蜷缩	浊响	模糊	凹陷	硬滑	0.591	0.393	5
	青绿	蜷缩	沉闷	模糊	稍凹	软粘	0.594	0.387	5
	乌黑	稍蜷	清脆	模糊	平坦	硬滑	0.850	0.336	4
	浅白	硬挺	浊响	模糊	凹陷	软粘	1.047	0.360	3
	浅白	硬挺	沉闷	稍糊	稍凹	硬滑	0.660	0.358	7
	浅白	蜷缩	沉闷	清晰	稍凹	硬滑	0.907	0.300	3
	浅白	稍蜷	清脆	清晰	稍凹	硬滑	0.033	0.378	5
	浅白	硬挺	浊响	模糊	稍凹	软粘	0.377	0.257	3
B	浅白	稍蜷	沉闷	稍糊	平坦	软粘	0.443	0.294	1
	青绿	硬挺	清脆	稍糊	稍凹	软粘	0.840	0.340	1
	乌黑	稍蜷	沉闷	模糊	凹陷	硬滑	0.612	0.262	2
	浅白	硬挺	沉闷	稍糊	稍凹	硬滑	0.836	0.373	2
	浅白	蜷缩	清脆	稍糊	稍凹	硬滑	0.965	0.468	3
	青绿	蜷缩	沉闷	模糊	平坦	硬滑	0.677	0.162	1
	乌黑	稍蜷	清脆	清晰	稍凹	软粘	0.338	0.223	2
	乌黑	蜷缩	清脆	稍糊	平坦	软粘	0.444	0.331	1

一、总量指标计算

从西瓜数据中可以看出有 6 个品质标志、3 个数量标志，所以可以做一些简单的统计计算，以便划分总体。现在假设含糖量大于 0.35 为比较甜，试统计摘取的西瓜中有多少个满足条件。

由于这是有条件地筛选样本，因此需要借助 Excel 中的 SUMIF 函数，该函数可以对范围中符合指定条件的值求和。具体用法：SUMIF（range，criteria，[sum_range]），具有以下参数：range 区域，必须填写；根据条件进行计算的单元格的区域；每个区域中的单元格必须是数字或名称、数组或包含数字的引用；空值和文本值将被忽略；criteria 必须填写。此函数用于确定对哪些单元格求和的条件，其形式可以为数字、表达式、单元格引用、文本或函数。例如条件可以表示为“32”“>32”“B5”“32”“苹果”“TODAY”等。需要注意的是，任何文本条件或任何含有逻辑或数学符号的条件都必须使用双引号（“”）括起来。如果条件为数字，则无须使用双引号。最后一个参数 sum_range 为可选参数，是要求和的实际单元格（如果要对未在 range 参数中指定的单元格求和）。如果省略 sum_range 参数，Excel 会对在 range 参数中指定的单元格（即应用条件的单元格）求和。

具体操作示范：在 Excel 工作簿中 A20 单元格内输入【=SUMIF（I3:I18，“>=0.35”，J3:J18)】，其中 I3:I18 区域是含糖量数据的位置，也就是条件变量值的所在位置，第二个参数是我们设置的条件“>=0.35”，最后一个参数需要计算求和的数据区域。这样按回车键之后便可以得到数据了，如图 10－11 所示。

A20　=SUMIF(I3:I18,">=0.35",J3:J18)

	A	B	C	D	E	F	G	H	I	J
1	西瓜数据									
2	试验田	色泽	根蒂	敲声	纹理	脐部	触感	密度	含糖量	数量
3	A	浅白	蜷缩	浊响	模糊	凹陷	硬滑	0.591	0.393	5
4		青绿	蜷缩	沉闷	模糊	稍凹	软粘	0.594	0.387	5
5		乌黑	稍蜷	清脆	模糊	平坦	硬滑	0.850	0.336	4
6		浅白	硬挺	浊响	模糊	凹陷	软粘	1.047	0.360	3
7		浅白	硬挺	沉闷	稍糊	稍凹	硬滑	0.660	0.358	7
8		浅白	蜷缩	沉闷	清晰	稍凹	硬滑	0.907	0.300	3
9		浅白	稍蜷	清脆	清晰	稍凹	硬滑	0.033	0.378	5
10		浅白	硬挺	浊响	模糊	稍凹	软粘	0.377	0.257	3
11	B	浅白	稍蜷	沉闷	稍糊	平坦	软粘	0.443	0.294	1
12		青绿	硬挺	清脆	稍糊	稍凹	软粘	0.840	0.340	1
13		乌黑	稍蜷	沉闷	模糊	凹陷	硬滑	0.612	0.262	2
14		浅白	硬挺	沉闷	稍糊	稍凹	硬滑	0.836	0.373	2
15		浅白	蜷缩	清脆	稍糊	稍凹	硬滑	0.965	0.468	3
16		青绿	蜷缩	沉闷	模糊	平坦	硬滑	0.677	0.162	1
17		乌黑	稍蜷	清脆	清晰	稍凹	软粘	0.338	0.223	2
18		乌黑	蜷缩	清脆	稍糊	平坦	软粘	0.444	0.331	1
19										
20	30									

图 10－11　满足条件的数据求和操作

二、相对指标计算

总量指标是相对指标的基础，相对指标需要有总量指标才能计算。本案例中涉及消费者挑选西瓜的问题。大家知道挑西瓜是一门学问，这里人们总结了一些小经验：色泽青绿色为好、根蒂蜷缩的西瓜比较新鲜、敲击声是清脆的声音为熟瓜、纹理要清晰、脐部稍凹、瓜皮过软或掐不动的不好。这里就上述经验在 A、B 试验田中的西瓜作简单对比。

按照经验，这里将各个变量值按照经验分别统计，然后计算出百分比。制作如表 10－3 所示的表格：

表 10-3　　　　　　　　　　　　　　**汇总表**

区域	总数	青绿		蜷缩		清脆		清晰		稍凹	
		数量	比例（%）	数量	比例（%）	数量	比例（%）	数量	比例（%）	数量	比例（%）
A											
B											

首先分别统计 A、B 两个区域的总数，利用 SUM 函数简单地统计 J3:J10 和 J11:J18 区域即可。然后分别利用 SUMIF 函数计算满足色泽为青绿、根蒂蜷缩、敲声清脆、纹理清晰、脐部稍凹的数量。由于计算涉及的计算较多，这里仅以“色泽为青绿”为例讲解。在 N5 位置及青绿的数量下面的单元格内输入【=SUMIF（B3:B10，N3，J3:J10)】，即：B3:B10 区域是 A 区域色泽变量值所在位置，筛选条件的比较数值区域；N3 单元格即为【青绿】；J3:J10 区域是最后需要统计数量的变量值区域，这样按回车键后便得到了色泽青绿的 A 区域的总量指标。以此类推，计算出其他所有的总量指标，结果如图 10-12 所示。

区域	总数	青绿		蜷缩		清脆		清晰		稍凹	
		数量	比例(%)	数量	比例(%)	数量	比例(%)	数量	比例(%)	数量	比例(%)
A	35	5		13		9		8		23	
B	13	2		5		7		2		8	

图 10-12　汇总表数据

从图 10-12 可以看出，A、B 两个区域的总数不同，直接比较每个指标值下面的总量指标不方便。因此这里需要借助简单的相对指标计算结果分析 A、B 两区域的西瓜品种。

接着，计算每个指标的比例，在青绿的比例（%）的单元格中输入【=N5/M5 * 100】，即用每个变量的标志值除以总数。最后的结果如图 10-13 如所示。

区域	总数	青绿		蜷缩		清脆		清晰		稍凹	
		数量	比例(%)	数量	比例(%)	数量	比例(%)	数量	比例(%)	数量	比例(%)
A	35	5	=O11	13	37.14	9	25.71	8	22.86	23	65.71
B	13	2	15.38	5	38.46	7	53.85	2	15.38	8	61.54

图 10-13　相对指标数值结果

通过图 10-13 可以看到，在需要分析的 5 个特征中，色泽青绿、根蒂蜷缩、敲声清脆相对指标均是 B 区域的西瓜较好；而在纹理清晰、脐部稍凹两个相对指标的比较中 A 区域的西瓜较好。可见比较相对指标可以弥补总量指标在数值分析中的某些不足，综合应用总量指标和相对指标可以使分析变得简单。

三、平均指标和标志变异指标计算

Excel 针对每一种平均指标都有相应的函数可以实现。然后利用数据分析工具可以以最快的速度完成同样的工作。上面的数据中有两个数量标志，分别是密度和含糖量。这里就使用平均指标对这两个变量进行分析。具体步骤如下：

（1）打开西瓜数据的表格。

（2）点击工具栏【数据】，然后选择【数据分析】，在弹出的对话框中选中【描述统计】选项，然后单击【确定】，如图 10－14 所示。

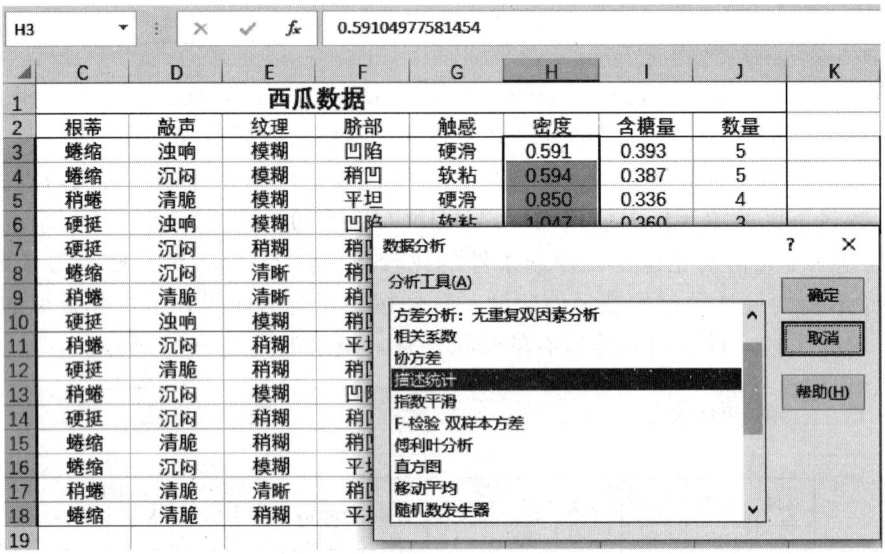

图 10－14　数据分析对话框

（3）在弹出的描述性统计对话框中，首先选择【输入区域】，这里是指我们需要分析的原始数据的位置，对于本例而言的数据区域为 H3：H18，即密度数据；然后选择【分组方式】中的【逐列】。由于本组数据全是在第一列中，因此这里计算的就是针对第一列进行分析。再选择输出区域，这里选择 A2 单元格 0；然后选中【汇总统计】【平均数置信度】【第 K 值大值】和【第 K 值小值】前的复选框；最后单击【确定】，如图 10－15 所示。随后对含糖量也做同样分析，将两次分析的结果汇总在一起，得到图 10－16 所示的结果。

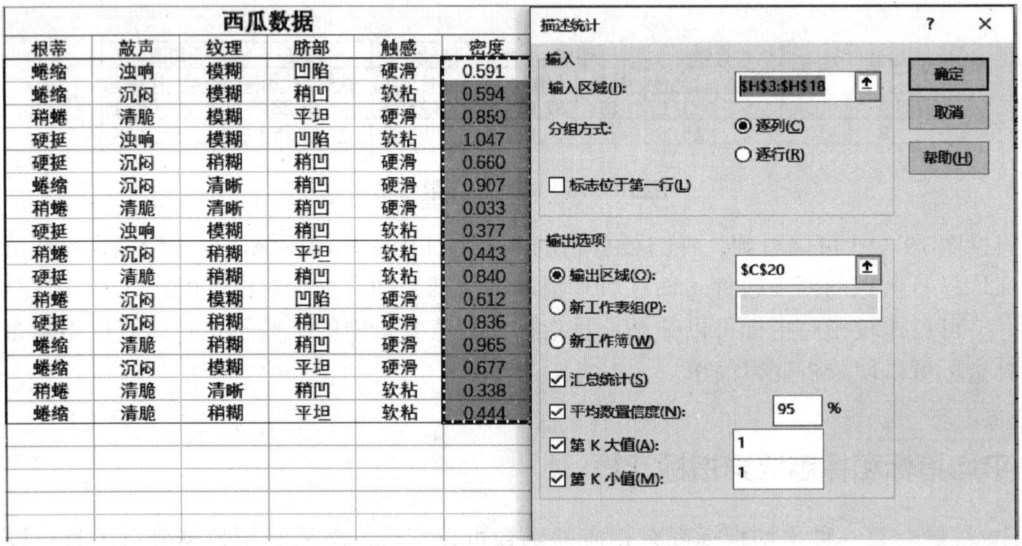

图 10－15　数据分析对话框选项

19					
20	列1			列1	
21					
22	平均	0.638352		平均	0.326319
23	标准误差	0.067003		标准误差	0.018672
24	中位数	0.63616		中位数	0.338074
25	众数	#N/A		众数	#N/A
26	标准差	0.268014		标准差	0.074688
27	方差	0.071831		方差	0.005578
28	峰度	0.138554		峰度	0.564682
29	偏度	-0.52724		偏度	-0.46802
30	区域	1.013578		区域	0.30596
31	最小值	0.033499		最小值	0.161669
32	最大值	1.047077		最大值	0.467629
33	求和	10.21364		求和	5.221107
34	观测数	16		观测数	16
35	最大(1)	1.047077		最大(1)	0.467629
36	最小(1)	0.033499		最小(1)	0.161669
37	置信度(95.	0.142815		置信度(95.	0.039799

图 10－16　数据分析结果

从图 10－16 中可以看到西瓜数据的密度指标共有 16 个观测值，平均值为 0.64，标准差为 0.27，峰度 0.14 为尖峰分布，偏度－0.53 为左偏分布。而含糖量数据的结果显示平均数为 0.32，标准差为 0.07，峰度 0.56 为尖峰分布，偏度－0.47 为左偏分布。可见西瓜数据的密度和含糖量数据中较大的数值较多且较集中。作为描述平均指标的代表平均数和标志变异指标的代表标准差在分析数据中具有重要作用，而峰态和偏态作为描述总体分布特点的指标在实际分析中都有较强的使用价值。

任务三

Excel 在抽样中的应用

一、在总体平均数区间估计中的应用

若要对总体参数进行有效的估计，统计中需要关注两个比较重要的变量。一个是平均数，一个是标准差。因此如果要对总体平均进行有效的估计，需要知道样本平均数和样本标准差，最后通过计算求得估计区间的上下限。

现有新采摘的西瓜 100 个，分别称重后得到如表 10－4 所示的数据（kg）。试使用 Excel 软件计算新采摘西瓜的总体平均数在 95％的置信度下在什么重量范围内。

表 10－4　　西瓜重量数据

西瓜重量数据									
5.1	4.4	5.3	5.9	4	4.9	6	5.2	4.7	4.2
5.2	5.9	5.6	5.4	5.1	4.1	5.8	4.4	4.6	5.3
4.4	6	4.6	4.7	4.5	5.2	6	5.5	4.8	5.6
4.7	5.3	2.5	4	5.2	5.6	5.9	5.4	4.6	5.5
5.7	4.6	5.3	5.2	14.5	1.1	4.7	4.1	4.8	4.6
5.8	5	4.8	5.8	5	4	5.9	5	5.8	4.8
5.3	4.2	3.9	5.9	4.7	5.7	4.9	5.9	5.7	5.8
5.3	5	5.7	4.4	5	2.3	5	4.6	4.4	5.1
5.2	5.3	5.9	5.9	5.6	4.6	4.2	5.3	4.9	3
4.4	5.1	4.7	4.3	5.8	5.1	5.5	5.3	4.8	4.5

具体步骤如下：

(1) 打开西瓜数据的表格。

(2) 点击工具栏【数据】，然后选择【数据分析】，在弹出的对话框中选中【描述统计】选项，然后单击【确定】，如图 10－17 所示。

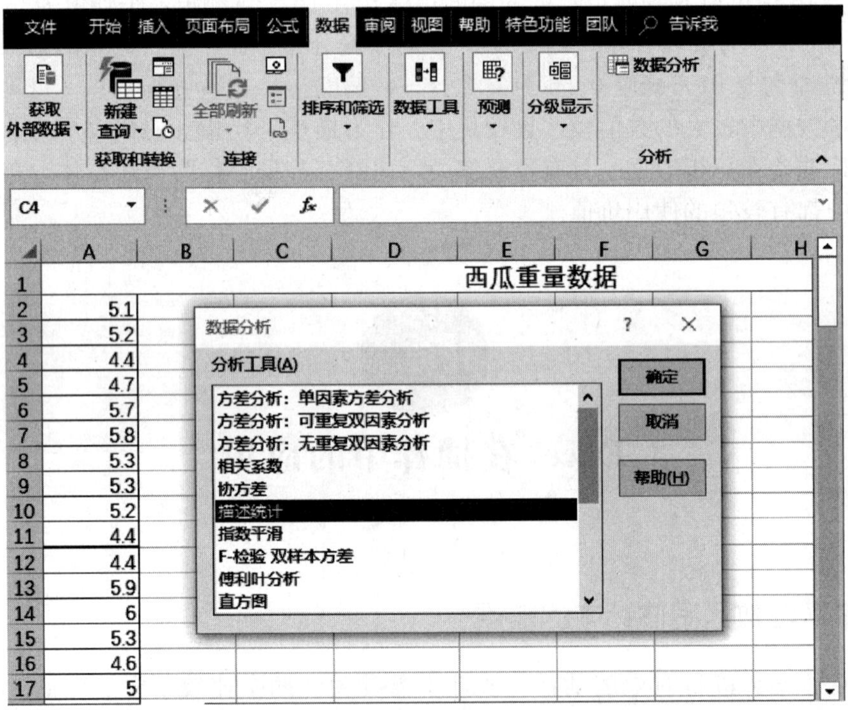

图 10－17　数据分析对话框

(3) 在弹出的描述性统计对话框中，首先选择【输入区域】，这里是指我们需要分析的原始数据的位置，对于本例而言数据区域为 A2:A101；然后选择【分组方式】，选中【逐列】，由于本组数据全是在第一列中，因此这里就是针对第一列进行分析；再选择输出区域，这里选择 D4 单元格；然后选中【汇总统计】【平均数置信度】【第 K 值大值】和【第 K 值小值】前的复选框；最后单击【确定】。如图 10－18 所示。

	西瓜重量数据	
5.1		
5.2		
4.4	列1	
4.7		
5.7	平均	4.958
5.8	标准误差	0.080719
5.3	中位数	5.05
5.3	众数	5.3
5.2	标准差	0.807187
4.4	方差	0.651552
4.4	峰度	5.62315
5.9	偏度	-1.75492
6	区域	4.9
5.3	最小值	1.1
4.6	最大值	6
5	求和	495.8
4.2	观测数	100
5	最大(1)	6
5.3	最小(1)	1.1
5.1	置信度(95.0%)	0.160163
5.3		

图 10－18　总体平均数的上下限值

（4）在图 10－18 中可以看到大量的总体描述性统计信息，其中“平均”便是样本平均数，“标准误差”是标准差，“置信度”便是 95%置信度下对应的值。这里在 G15 和 G16 单元格根据计算公式分别计算出总体平均数的估计区间。

二、在假设检验中的应用

假设检验是在原假设的基础上以小概率事件一次试验不可能发生的条件下，检验原假设真假的逻辑反证法过程。整个假设检验中最重要的就是需要计算出检验统计量的值以及对应的 P 值，对此 Excel 中有较为全面的函数支持，本节主要介绍如何使用 Excel 作为工具进行假设检验，需要掌握并熟练运用一些简单的函数处理概率问题。

（一）标准正态分布

标准正态分布的平均值为 0，标准偏差为 1。对应的 Excel 函数为 NORMSDIST（Z），标准正态分布随机变量的观察值小于或等于 Z 的概率，即 P（$Z\leqslant x$），如图 10－19 所示。

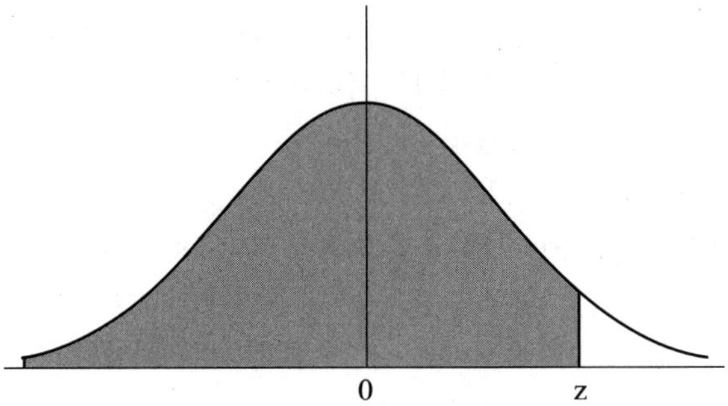

图 10－19　标准正态分布图

创建一个空白 Excel 工作表，将工作表中的 A1:D10 区域位置填入几个数值，然后利用 NORMSDIST（Z）函数分别计算每一个数值对应的标准正态分布的概率值，即在 B2 位置输入【=NORMSDIST（B2)】，在 B3 位置输入【=NORMSDIST（B3)】等，如图 10－20 所示。

A	B
z	NORMSDIST(z)
0	0.5
0.2	0.579259709
-0.2	0.420740291
-1	0.158655254
-2	0.022750132
-3	0.001349898
-4	3.16712E-05
-5	2.86652E-07
-7	1.27981E-12

图 10－20　标准正态分布概率值函数应用演示

（二）T 分布

T 分布用于小型样本数据集的假设检验。与标准正态分布曲线相比，自由度 v 越小，T 分布曲线越平坦，曲线中间越低，曲线双侧尾部翘得越高；自由度 v 愈大，T 分布曲线越接近正态分布曲线，当自由度 $v=+\infty$ 时，T 分布曲线为标准正态分布曲线。

T 分布对应的 Excel 函数是：TDIST（X，deg_freedom，tails)。这里涉及参数较多，其中 X 必须填写，指需要计算分布的数值。Deg_freedom 必须填写，是一个表示自由度数的整数。tails 必须填写，指定返回的分布函数是单尾分布还是双尾分布，如果 tails=1，则 TDIST 返回单尾分布；如果 tails=2，则 TDIST 返回双尾分布。

创建一个空白 Excel 工作表，在 A2 单元格填入需要计算的数据 1.959 999 998，在 A3 单元格填入自由度为 60，然后分别应用 A5 和 A6 单元格的公式计算双尾和单尾分布的结果，最后的结果在 C5 和 C6 单元格显示，如图 10－21 所示。

	A	B	C
1	数据	说明	
2	1.959999998	需要计算分布的数值	
3	60	自由度	
4	公式	描述（结果）	结果
5	TDIST(A2,A3,2)	双尾分布（0.054644930 或 5.46%）	5.46%
6	TDIST(A2,A3,1)	单尾分布（0.027322465 或 2.73%）	2.73%

图 10－21　T 分布概率值函数应用演示

（三）卡方分布

若有 n 个相互独立的随机变量 x_1，x_2，…，x_n，均服从标准正态分布（也称独立同分布于标准正态分布)，则这 n 个服从标准正态分布的随机变量的平方和 $\sum x_i^2$ 构成一个新的随机变量，记为 χ^2（n）卡方分布，其中参数 n 称为自由度。自由度不同就是另一个 χ^2 分布，正如正态分布中平均值或方差不同就是另一个正态分布一样。卡方分布可比较观察值和预期值的结果。例如：某项遗传学实验可能假设下一代植物将呈现某一组颜色，通过使用该函数比较观察结果和理论值，可以确定初始假设是否有效。

卡方分布对应的 Excel 函数是 CHIDIST（X，deg_freedom)，其中参数 X 必须填写，用来表示需要计算分布的数值；deg-freedom 必须填写，表示自由度。

创建一个空白 Excel 工作表，在 A2 单元格填入需要计算的数据 18.307，在 A3 单元格填入自由度为 10，然后应用 A5 单元格的公式计算单尾卡方分布的结果，最后的结果在 C5 位置显示，如图 10－22 所示。

	A	B	C
1	数据	说明	
2	18.307	用来计算分布的值	
3	10	自由度	
4	公式	说明	结果
5	CHIDIST(A2,A3)	卡方分布的单尾概率	0.0500006

图 10－22　卡方分布概率值函数应用演示

（四）F 分布

F 分布：设 X、Y 为两个独立的随机变量，X 服从自由度为 k_1 的 χ^2（k_1）分布，Y 服从自由度为 k_2 的 χ^2（k_2）分布，这两个独立的随机变量除以各自的自由度后的比率，称之为服从自由度为 k_1、k_2 的 F 分布。使用此函数可以确定两组数据是否存在变化程度上的不同。例如分析进入中学的男生、女生的考试分数，来确定女生分数的变化程度是否与男生不同。

F 分布对应的 Excel 函数为 FDIST（X，$deg\_freedom_1$，$deg\_freedom_2$）。其中参数 X 必须填写，表示需要计算函数的值；$Deg\_freedom_1$ 必须填写，表示分子自由度；$Deg\_freedom_2$ 必须填写，表示分母自由度。

创建一个空白 Excel 工作表，在 A2 单元格填入需要计算的数据 15.20 686 486，在 A3 单元格填入分子自由度 6，在 A4 单元格填入分母自由度 4，然后应用 A6 单元格的公式计算 F 分布的结果，最后的结果在 C6 单元格显示，如图 10－23 所示。

	A	B	C
1	数据	说明	
2	15.20686486	用来计算函数的值	
3	6	分子的自由度	
4	4	分母的自由度	
5	公式	说明	结果
6	FDIST(A2,A3,A4)	F 概率分布函数的函数值	0.01

图 10－23　F 分布概率值函数应用演示

在假设检验的过程中，针对总体的不同和抽样方式和样本数量的不同确定使用不同的检验统计量，然后结合具体的 Excel 函数计算得到某些数值对应的发生概率，最后通过计算所得的概率值与临界值对比得到科学的结论。在假设检验的一般过程中，计算发生的概率尤为重要，而 Excel 中有着较为完善的函数体系可以帮助我们完成这样复杂的操作，避免了大量的计算，为分析问题提供了方便。

任务四

Excel 在时间序列分析及预测中的应用

截面数据反映同一时点上的所有研究对象的状态，通过横向对比找到研究事物的差异。而时间序列数据强调对事物的纵向分析，即将研究事物的过去状态逐个列出，以期望在这种连续的时间状态下找到某种规律，反映和刻画客观规律。

现从国家统计局官网下载居民人均医疗保健消费支出_累计值（元）数据分季度数据，期间为 2015 年第一季度到 2018 年第三季度，如图 10－24 所示。

	A	B
1	时间	居民人均医疗保健消费支出_累计值(元)
2	2018年第三季度	1275
3	2018年第二季度	860
4	2018年第一季度	424
5	2017年第四季度	1451
6	2017年第三季度	1086
7	2017年第二季度	718
8	2017年第一季度	352
9	2016年第四季度	1307
10	2016年第三季度	960
11	2016年第二季度	642
12	2016年第一季度	303
13	2015年第四季度	1165
14	2015年第三季度	860
15	2015年第二季度	567
16	2015年第一季度	275

图 10－24　居民人均医疗保健消费支出分季度统计数据

一、计算增长量和平均增长量

在 Excel 工作簿的 C3 和 C4 单元格分别输入逐期增长量和累计增长量，由于数据是降序排列的，因此计算逐期增长量需要在 C15 单元格输入【＝B15－B16】，然后按回车键，再将鼠标拖曳，将公式复制到 C15:C2 区域，如图 10－25 所示。

C15　=B15-B16

	A	B	C
1	时间	居民人均医疗保健消费支出_累计值(元)	逐期增长量
2	2018年第三季度	1275	415
3	2018年第二季度	860	436
4	2018年第一季度	424	-1027
5	2017年第四季度	1451	365
6	2017年第三季度	1086	368
7	2017年第二季度	718	366
8	2017年第一季度	352	-955
9	2016年第四季度	1307	347
10	2016年第三季度	960	318
11	2016年第二季度	642	339
12	2016年第一季度	303	-862
13	2015年第四季度	1165	305
14	2015年第三季度	860	293
15	2015年第二季度	567	292
16	2015年第一季度	275	

图 10－25　逐期增长量计算结果

计算累计增长量时，在 D15 单元格输入【＝B15－＄B＄16】，然后按回车键，再将鼠标拖曳，将公式复制到 D15:D2 区域，如图 10－26 所示。

D15　=B15-B16

	A	B	C	D
1	时间	居民人均医疗保健消费支出_累计值(元)	逐期增长量	累计增长量
2	2018年第三季度	1275	415	1000
3	2018年第二季度	860	436	585
4	2018年第一季度	424	-1027	149
5	2017年第四季度	1451	365	1176
6	2017年第三季度	1086	368	811
7	2017年第二季度	718	366	443
8	2017年第一季度	352	-955	77
9	2016年第四季度	1307	347	1032
10	2016年第三季度	960	318	685
11	2016年第二季度	642	339	367
12	2016年第一季度	303	-862	28
13	2015年第四季度	1165	305	890
14	2015年第三季度	860	293	585
15	2015年第二季度	567	292	292
16	2015年第一季度	275		

图 10－26　累计增长量计算结果

计算平均增长量时，在 B17 单元格输入【＝（B2－B16）/14】，然后按回车键，即可得到平均增长量的值，如图 10－27 所示。

B17　=(B2-B16)/14

	A	B	C	D
1	时间	居民人均医疗保健消费支出_累计值(元)	逐期增长量	累计增长量
2	2018年第三季度	1275	415	1000
3	2018年第二季度	860	436	585
4	2018年第一季度	424	-1027	149
5	2017年第四季度	1451	365	1176
6	2017年第三季度	1086	368	811
7	2017年第二季度	718	366	443
8	2017年第一季度	352	-955	77
9	2016年第四季度	1307	347	1032
10	2016年第三季度	960	318	685
11	2016年第二季度	642	339	367
12	2016年第一季度	303	-862	28
13	2015年第四季度	1165	305	890
14	2015年第三季度	860	293	585
15	2015年第二季度	567	292	292
16	2015年第一季度	275		
17	平均增长量:	71.42857143		

图 10－27　平均增长量的计算结果

从结果可以看出，从 2015 年第一季度到 2018 年第三季度共 15 个季度的变化中，我国的居民人均医疗保健消费支出除 2017 年第四季度到 2018 年第一季度、2016 年第四季度到 2017 年第一季度、2015 年第四季度到 2016 年第一季度存在较大波动外，其他季度变动不大。即秋冬季医疗保健消费较大，其他季节较少。且这 15 个季度的居民人均医疗保健消费支出增长量为 71.428 571 43 元。

二、发展速度和平均发展速度

在 Excel 工作簿的 C3 和 C4 单元格分别输入定基发展速度和环比发展速度。

定基发展速度：以 2015 年第一季度的人均医疗保健消费支出作为基期值，在 C15 单元格中输入【=B15/＄B＄16】，然后按回车键，再将鼠标拖曳，将公式复制到 C15:C2 区域，如图 10 - 28 所示。

C15　=B15/B16

	A	B	C
1	时间	居民人均医疗保健消费支出_累计值(元)	定基发展速度
2	2018年第三季度	1275	4.636363636
3	2018年第二季度	860	3.127272727
4	2018年第一季度	424	1.541818182
5	2017年第四季度	1451	5.276363636
6	2017年第三季度	1086	3.949090909
7	2017年第二季度	718	2.610909091
8	2017年第一季度	352	1.28
9	2016年第四季度	1307	4.752727273
10	2016年第三季度	960	3.490909091
11	2016年第二季度	642	2.334545455
12	2016年第一季度	303	1.101818182
13	2015年第四季度	1165	4.236363636
14	2015年第三季度	860	3.127272727
15	2015年第二季度	567	2.061818182
16	2015年第一季度	275	

图 10 - 28　定基发展速度的计算结果

环比发展速度：在 D15 单元格的单元格中输入【=B15/B16】，然后按回车键，再将鼠标拖曳，将公式复制到 D15:D2 区域，如图 10 - 29 所示。

D15　=B15/B16

	A	B	C	D
1	时间	居民人均医疗保健消费支出_累计值(元)	定基发展速度	环比发展速度
2	2018年第三季度	1275	4.636363636	1.48255814
3	2018年第二季度	860	3.127272727	2.028301887
4	2018年第一季度	424	1.541818182	0.292212267
5	2017年第四季度	1451	5.276363636	1.336095764
6	2017年第三季度	1086	3.949090909	1.512534819
7	2017年第二季度	718	2.610909091	2.039772727
8	2017年第一季度	352	1.28	0.269319051
9	2016年第四季度	1307	4.752727273	1.361458333
10	2016年第三季度	960	3.490909091	1.495327103
11	2016年第二季度	642	2.334545455	2.118811881
12	2016年第一季度	303	1.101818182	0.260085837
13	2015年第四季度	1165	4.236363636	1.354651163
14	2015年第三季度	860	3.127272727	1.51675485
15	2015年第二季度	567	2.061818182	2.061818182
16	2015年第一季度	275		

图 10 - 29　环比发展速度的计算结果

平均发展速度：在 B17 单元格输入【=GEOMEAN（D2:D15)】，然后按回车键，即可得到平均发展速度的值。这里的函数 GEOMEAN 计算的是一组数的几何平均数，如图 10－30 所示。

B17 =GEOMEAN(D2:D15)

	A	B	C	D
1	时间	居民人均医疗保健消费支出_累计值(元)	定基发展速度	环比发展速度
2	2018年第三季度	1275	4.636363636	1.48255814
3	2018年第二季度	860	3.127272727	2.028301887
4	2018年第一季度	424	1.541818182	0.292212267
5	2017年第四季度	1451	5.276363636	1.336095764
6	2017年第三季度	1086	3.949090909	1.512534819
7	2017年第二季度	718	2.610909091	2.039772727
8	2017年第一季度	352	1.28	0.269319051
9	2016年第四季度	1307	4.752727273	1.361458333
10	2016年第三季度	960	3.490909091	1.495327103
11	2016年第二季度	642	2.334545455	2.118811881
12	2016年第一季度	303	1.101818182	0.260085837
13	2015年第四季度	1165	4.236363636	1.354651163
14	2015年第三季度	860	3.127272727	1.51675485
15	2015年第二季度	567	2.061818182	2.061818182
16	2015年第一季度	275		
17	平均发展速度:	1.115794218		

图 10－30 平均发展速度的计算结果

从定基发展速度的结果可以看出，每年的第一季度、第二季度、第三季度、第四季度的值都在稳步增长，说明相比 2015 年第一季度，分季度发展速度每年都在增长，同时也说明环境情况堪忧，人们健康意识和自身保健意识更加强烈；从环比发展速度的结果可以看出，每年第二季度环比发展速度都是最快的，每年第一季度环比发展速度都是最慢的。春季细菌容易滋生，导致大量流感疫情的爆发，所以此时的人均医疗保健消费支出相对冬季而言较高。而作为秋季过渡到冬季的第四季度和第一季度，由于气温较为寒冷，人均医疗保健消费支出变动不大；最后可以看出，这 15 个季度的总体平均发展速度呈现逐步缓慢增长趋势。

三、长期趋势

由于数据中是季度数据，因此这里使用移动平均法计算先四期的结果。在工作簿中 C1 单元格中输入【四项移动平均】，然后在 C14 单元格中输入【=SUM（B13:B16）/4】，然后按回车键，计算得到 2015 年四季的移动平均值，再将鼠标拖曳，将公式复制到 C14:C3 区域，如图 10－31 所示。

采用移动平均法形成的平均序列进行研究目的在于消除或削弱原序列中各指标值在短期内因偶然因素的影响所引起的波动，从而呈现在较长时间的基本发展趋势。因此，由上述分析可知，自 2015 年第一季度到 2018 年第三季度，我国居民人均医疗保健消费支出呈现稳定的增长态势。

C14 =SUM(B13:B16)/4

	A	B	C
1	时间	居民人均医疗保健消费支出_累计值(元)	四项移动平均
2	2018年第三季度	1275	
3	2018年第二季度	860	1002.5
4	2018年第一季度	424	955.25
5	2017年第四季度	1451	919.75
6	2017年第三季度	1086	901.75
7	2017年第二季度	718	865.75
8	2017年第一季度	352	834.25
9	2016年第四季度	1307	815.25
10	2016年第三季度	960	803
11	2016年第二季度	642	767.5
12	2016年第一季度	303	742.5
13	2015年第四季度	1165	723.75
14	2015年第三季度	860	716.75
15	2015年第二季度	567	
16	2015年第一季度	275	

图 10－31　移动平均的计算结果

四、季节变动

将原始数据截取一部分，仅剩下 2015 年第一季度到 2017 年第四季度的数据。因为数据采用的是季度数据，仅保留整年份的整季度数据方便下面的分析。首先需要对数据进行四项移动平均，然后计算趋势值即二项移动平均，接着需要剔除长期趋势，然后对数据按照年份和季度重新排列计算各年各季的平均数，最后计算调整系数和季节比率得出结论即可。

首先进行四项移动平均，在 C1 单元格中输入【四项移动平均】。在 C12 单元格中输入【=SUM（B10:B13）/4】，然后按回车键，再将鼠标拖曳，将公式复制到 C12:C4 区域，如图 10－32 所示。

C12 =SUM(B10:B13)/4

	A	B	C
1	时间	居民人均医疗保健消费支出_累计值(元)	四项移动平均
2	2017年第四季度	1451	
3	2017年第三季度	1086	
4	2017年第二季度	718	901.75
5	2017年第一季度	352	865.75
6	2016年第四季度	1307	834.25
7	2016年第三季度	960	815.25
8	2016年第二季度	642	803
9	2016年第一季度	303	767.5
10	2015年第四季度	1165	742.5
11	2015年第三季度	860	723.75
12	2015年第二季度	567	716.75
13	2015年第一季度	275	

图 10－32　四项移动平均的结果

计算趋势值，在 D1 单元格中输入【二项移动平均】。在 D11 单元格中输入【=（C12+C11）/2】，然后按回车键，再将鼠标拖曳，将公式复制到 D11:D4 区域，如图 10－33 所示。

D11 =(C12+C11)/2

	A	B	C	D
1	时间	居民人均医疗保健消费支出_累计值(元)	四项移动平均	二项移动平均
2	2017年第四季度	1451		
3	2017年第三季度	1086		
4	2017年第二季度	718	901.75	883.75
5	2017年第一季度	352	865.75	850
6	2016年第四季度	1307	834.25	824.75
7	2016年第三季度	960	815.25	809.125
8	2016年第二季度	642	803	785.25
9	2016年第一季度	303	767.5	755
10	2015年第四季度	1165	742.5	733.125
11	2015年第三季度	860	723.75	720.25
12	2015年第二季度	567	716.75	
13	2015年第一季度	275		

图 10－33　二项移动平均的结果

剔除长期趋势，在 E1 单元格中输入【剔除长期趋势】，在 E11 单元格中输入【=B11/D11】，然后按回车键，再将鼠标拖曳，将公式复制到 E11:E4 区域，如图 10－34 所示。

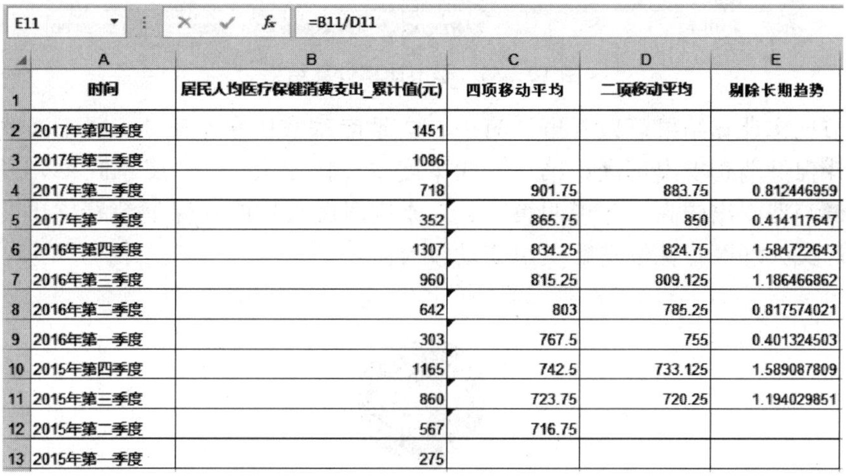
E11 =B11/D11

	A	B	C	D	E
1	时间	居民人均医疗保健消费支出_累计值(元)	四项移动平均	二项移动平均	剔除长期趋势
2	2017年第四季度	1451			
3	2017年第三季度	1086			
4	2017年第二季度	718	901.75	883.75	0.812446959
5	2017年第一季度	352	865.75	850	0.414117647
6	2016年第四季度	1307	834.25	824.75	1.584722643
7	2016年第三季度	960	815.25	809.125	1.186466862
8	2016年第二季度	642	803	785.25	0.817574021
9	2016年第一季度	303	767.5	755	0.401324503
10	2015年第四季度	1165	742.5	733.125	1.589087809
11	2015年第三季度	860	723.75	720.25	1.194029851
12	2015年第二季度	567	716.75		
13	2015年第一季度	275			

图 10－34　剔除长期趋势后的结果

整理数据，将图 10－34 中的数据按照年份和季度重新排列，得到表 10－5 的结果。

表 10－5　　数据重新整理

年份	第一季度	第二季度	第三季度	第四季度
2015	0	0	1.194029851	1.589087809
2016	0.401324503	0.817574021	1.186466862	1.584722643
2017	0.414117647	0.812446959	0	0

计算各年各季度的平均数，在 A19 单元格中输入【平均数】，在 B19 单元格中输入【=AVERAGE（B16:B18)】，再将鼠标拖曳，将公式复制到 B19:E19 区域，如图 10－35 所示。

B19 =AVERAGE(B16:B18)

	A	B	C	D	E
13	2015年第一季度	275			
14					
15	年份	第一季度	第二季度	第三季度	第四季度
16	2015	0	0	1.194029851	1.589087809
17	2016	0.401324503	0.817574021	1.186466862	1.584722643
18	2017	0.414117647	0.812446959	0	0
19	平均	0.27181405	0.543340327	0.793498904	1.057936817

图 10－35　各年各季度的平均数

计算调整系数，在 A20 单元格中输入【调整系数】，在 B20 单元格输入【=4/SUM(B19:E19)】。计算季节比率，在 A21 单元格中输入【季节比率】，在 B21 单元格输入【=B19＊B20】，再将鼠标拖曳，将公式复制到 B21:E21 区域，如图 10－36 所示。

E21 =E19*B20

	A	B	C	D	E
13	2015年第一季度	275			
14					
15	年份	第一季度	第二季度	第三季度	第四季度
16	2015	0	0	1.194029851	1.589087809
17	2016	0.401324503	0.817574021	1.186466862	1.584722643
18	2017	0.414117647	0.812446959	0	0
19	平均	0.27181405	0.543340327	0.793498904	1.057936817
20	调整系数	1.500043071			
21	季节比率	0.407732782	0.815033892	1.190282533	1.586950792

图 10－36　季节比率计算结果

通过季节比率计算结果可以看出，第一、二季度季节比率小于 1，属于淡季，说明全国居民对于医疗保健消费支出不高；第三、四季度季节比率大于 1，属于旺季，说明全国居民对于医疗保健消费支出较高。还说明第一、二季度居民人均医疗保健消费支出变动不大；第三、四季度居民人均医疗保健消费支出变动较大。

任务五

Excel 在相关与回归分析中的应用

Excel 作为强大的数据处理软件，包含大量的相关与回归分析函数和工具。通过这些函数和工具我们可以方便快捷地进行相关与回归分析，降低对统计专业知识的要求，提高应用效率。应用好 Excel 软件，对于利用统计专业知识解决实际问题，具有事半功倍的效果。本任务以 Excel 2007 为例介绍 Excel 在相关与回归分析中的应用。

一、相关与回归分析中常用的 Excel 函数或功能模块

在相关与回归分析中所用函数和功能模块如表 10－6 所示。

表 10－6 相关与回归分析中常用的 Excel 函数或功能模块

函数或功能模块名称	函数说明	语法形式或操作步骤
CORREL	返回单元格区域数列 1 和数列 2 之间的相关系数	CORREL（array1，array2）； array1 第一组数值单元格区域， array2 第二组数值单元格区域
INTERCEPT	利用现有的 x 值和 y 值计算直线与 y 轴截距	INTERCEPT（known_y's，known_x's）； known_y's 为因变量的观察值或数据集合， known_x's 为自变量的观察值或数据集合
SLOPE	返回根据 known_y's 和 known_x's 中的数据点拟合的线性回归直线的斜率	SLOPE（known_y's，known_x's）； known_y's 为因变量数据点数组或单元格区域， known_x's 为自变量数据点集合区域
LINEST	可通过使用最小二乘法计算与现有数据最佳拟合的直线，返回描述此直线的截距和斜率	LINEST（known_y's，[known_x's]，[count]，[stats]）， [] 内为可选项，返回回归直线的截距和斜率（利用数组计算）
STEYX	返回通过线性回归法计算每个 x 的 y 预测值时所产生的标准误差	STEYX（known_y's，known_x's）； known_y's 为因变量数据点数组或区域， known_x's 为自变量数据点数组或区域
TREND	返回一条线性回归拟合直线的预测值	TREND（known _ y's，known _ x's，new _ x's，count）； known_y's 为因变量的观察值或数据集合， known_x's 为自变量的观察值或数据集合， new_x's 为用于预测 y 值的新 x 值
相关系数工具	返回两列数据的相关系数矩阵	操作步骤：数据→数据分析→相关系数
回归分析工具	返回相关与回归分析的各项参数及统计检验结果	操作步骤：数据→数据分析→回归
作图法	利用散点图，采用作图法求解回归方程	操作步骤：插入→图表→散点图（选中点，右击）添加趋势线→趋势线选项→显示公式和 r_2 值

二、Excel 在相关与回归分析中的应用实例

现有 2018 年某地区 20 家同类工业企业产量与单位成本的统计数据，如表 10－7 所示。

表 10 - 7　　2018 年某地区 20 家同类工业企业产量与单位成本统计表

序号	产量（吨）	单位成本（元/吨）	序号	产量（吨）	单位成本（元/吨）
1	500	1 000	11	700	900
2	800	890	12	800	880
3	600	950	13	1 000	720
4	700	960	14	600	900
5	900	740	15	800	850
6	1 000	700	16	600	920
7	500	980	17	700	920
8	800	900	18	800	870
9	700	910	19	800	850
10	600	940	20	900	800

（一）利用 Excel 绘制相关表

新建一个 Excel 工作簿文件，文件名为“相关与回归分析”，将表 10 - 7 中的数据复制粘贴到相关与回归分析工作簿的表 sheet1 中，如图 10 - 37 所示。

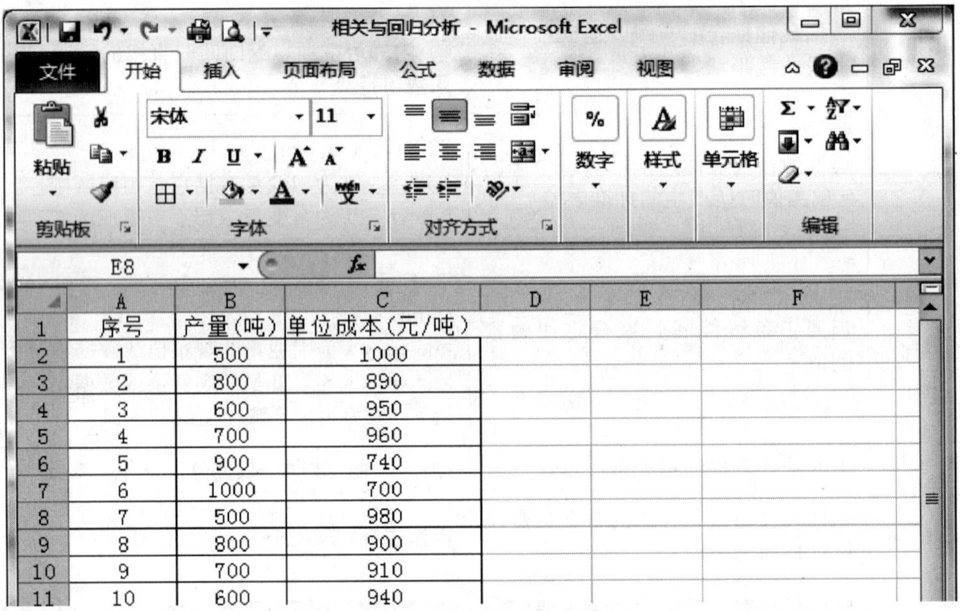

图 10 - 37　产量与单位成本原始数据

将光标移至 B 列的任意数值上，在【开始】选项卡下，单击【编辑】组的【排序和筛选】按钮，选择升序，即可得到相关表，如图 10 - 38 所示。通过【数据】选项卡中的【排序和筛选】组相关按钮，同样可以实现数据的排序。根据相关表即可对两变量间的相关方向加以判断。

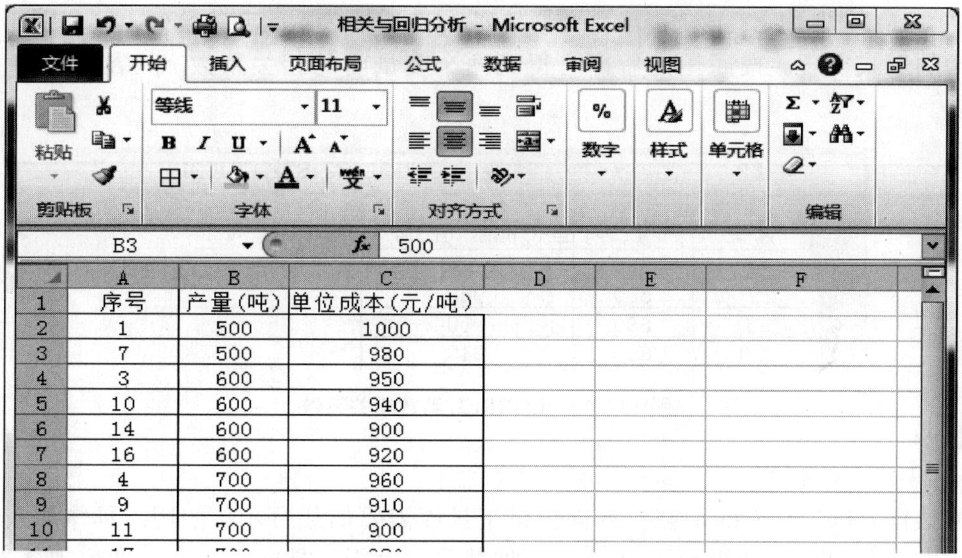

	A	B	C	D	E	F
1	序号	产量(吨)	单位成本(元/吨)			
2	1	500	1000			
3	7	500	980			
4	3	600	950			
5	10	600	940			
6	14	600	900			
7	16	600	920			
8	4	700	960			
9	9	700	910			
10	11	700	900			

图 10-38　产量与单位成本相关表

（二）利用 Excel 绘制散点图

相关图即散点图，是将自变量和因变量在第一象限描绘出来的点组成的图形。散点图的绘制步骤如下：

在相关与回归分析工作簿的 sheet1 工作表中，选中 B1:C21 区域，在【插入】选项卡中选择【图表】，点击【散点图】下拉按钮，选第一项（仅带数据标记的散点图）得到原始相关图，选中相关图，通过【设计】和【布局】选项卡，经过对标题栏及坐标栏的美化，即可得到如图 10-39 所示的散点图。

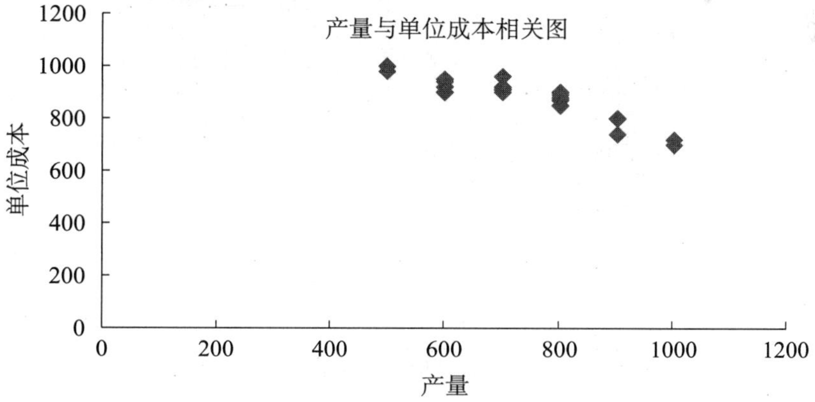

图 10-39　散点图

（三）相关系数的计算

1. 函数计算法

运用 Excel 中的 CORREL 函数可以很方便地计算出所要的结果。具体操作步骤如下：在相关与回归分析工作簿的 sheet1 工作表中，在 E2 单元格输入公式【=CORREL（B2:

B21，C2:C21)】，其中 B2:B21 表示自变量数列，C2:C21 表示因变量数列，可分别通过拖动鼠标选中的形式实现。按回车键后即可得到两个变量间的相关系数 r。结果如图 10－40 所示。

E2　　fx　=CORREL(B2:B21,C2:C21)

	A	B	C	D	E
1	序号	产量(吨)	单位成本(元/吨)		
2	1	500	1000	相关系数=	-0.91934
3	7	500	980		
4	3	600	950		
5	10	600	940		

图 10－40　CORREL 函数相关系数

2. 数据分析工具法

(1) 数据分析工具库的加载。数据分析工具库需要加载后才能使用，具体加载步骤如下：单击左上角 Office 按钮→Excel 选项→加载项→分析工具库→转到，即出现【加载宏】对话框，在分析工具库前的方框内打“√”，单击【确定】即完成分析工具库的加载。此时，操作步骤为:【数据】选项卡→【分析】组，出现了【数据分析】工具。

(2) 利用数据分析工具计算相关系数。在相关与回归分析工作簿 sheet1 工作表中，操作步骤为：单击【数据】选项卡→【分析】组→【数据分析】工具→【相关系数】→【确定】，出现【相关系数】对话框，如图 10－41 所示。将输入区域选中 B1:C21，标志位于第一行打“√”，输出区域选中 E2 单元格，确定后即可计算得到相关系数计算矩阵，如图 10－42 所示。

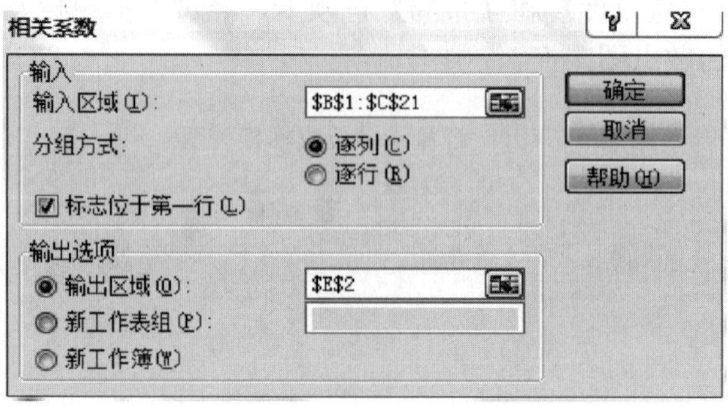

图 10－41　数据分析工具计算相关系数

	产量(吨)	单位成本(元/吨)
产量(吨)	1	
单位成本(	-0.919341713	1

图 10－42　数据分析工具计算相关系数的结果

(四) 一元线性回归分析

一元线性回归分析的关键是确定回归方程 $y_c=a+bx$ 中参数 a、b 的值。在 Excel 中参数

a、b 的确定，常用的方法有以下三种：

1. 函数法

确定参数 a、b 的函数可以有两组，一组是利用 SLOPE 函数和 INTERCEPT 函数分别计算 a 和 b 的值；另一组是利用 LINEST 函数采用数组计算形式直接计算出 a 和 b 的值。现利用相关与回归分析工作簿的 sheet1 工作表中的数据来介绍两组函数的用法。具体公式及计算结果如图 10－43 所示。

	A	B	C	D	E	F	G	H	I
1	序号	产量(吨)	单位成本(元/吨)			函数名称	公式	结果	
2	1	500	1000		方法1	slope函数	SLOPE(C2:C21,B2:B21)	-0.5201	回归系数b
3	7	500	980			intercept函数	INTERCEPT(C2:C21,B2:B21)	1263.873	截距a
4	3	600	950						
5	10	600	940		方法2	linest函数	LINEST(C2:C21,B2:B21)	回归系数b	截距a
6	14	600	900					-0.5201	1263.873
7	16	600	920						

图 10－43　函数计算回归参数

方法 1 中，在 H2、H3 单元格中分别输入左边的公式，即可得到回归系数 b 和截距 a 的值。注意公式中，数值区域范围是先输入因变量的值域，再输入自变量的值域。

方法 2 中，同时选中 H6 和 I6 单元格，输入公式【＝LINEST（C2：C21，B2：B21)】，然后同时按 Ctrl＋Shift＋Enter，进行数组运算，即可在 H6 和 I6 单元格得到回归系数 b 和截距 a 的值。

2. 数据分析工具法

仍以相关与回归分析工作簿的 sheet1 工作表中的数据为例，操作步骤如下：单击【数据】选项卡→【分析】组→【数据分析】工具→【回归】→【确定】，出现【回归】对话框，如图 10－44 所示。正确输入 Y 值和 X 值区域，并标志和置信度前方框内打“√”，输出区域选中 E2 单元格，确定后即可计算得到回归分析结果，如图 10－45 所示。

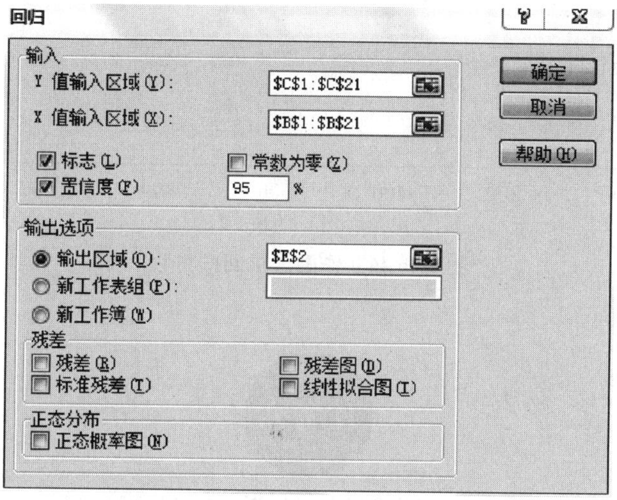

图 10－44　分析工具库进行回归分析

通过数据分析工具中的回归分析，可以得到相关系数 r、r^2、回归系数 b、截距 a 和估计标准误差等数值，并且可以进行假设检验和区间估计。

SUMMARY OUTPUT								
回归统计								
Multiple	0.919341713							
R Square	0.845189186							
Adjusted	0.836588585							
标准误差	33.51218359							
观测值	20							
方差分析								
	df	SS	MS	F	gnificance F			
回归分析	1	110364.8039	110364.8	98.27095	1.02E-08			
残差	18	20215.19608	1123.066					
总计	19	130580						
	Coefficients	标准误差	t Stat	P-value	Lower 95%	Upper 95%	下限 95.0%	上限 95.0%
Intercept	1263.872549	39.54092391	31.96366	2.61E-17	1180.8	1346.945	1180.8	1346.945
产量(吨)	-0.520098039	0.052465359	-9.91317	1.02E-08	-0.63032	-0.40987	-0.63032	-0.40987

图 10－45　分析工具库进行回归分析的结果

3. 作图法

利用散点图，添加趋势线也可以自动计算出回归方程。下面利用相关与回归分析工作簿的 sheet1 工作表中的数据来介绍其操作过程。操作步骤如下：选中 B1:C21 区域→单击【插入】选项卡→【图表】组→【散点图】→选中点，右击→添加趋势线→【设置趋势线格式】对话框→趋势线选项→在【显示公式】和【显示 r^2 值】前方框内打“√”，即可得到回归方程和 r^2 值。如图 10－46 所示。

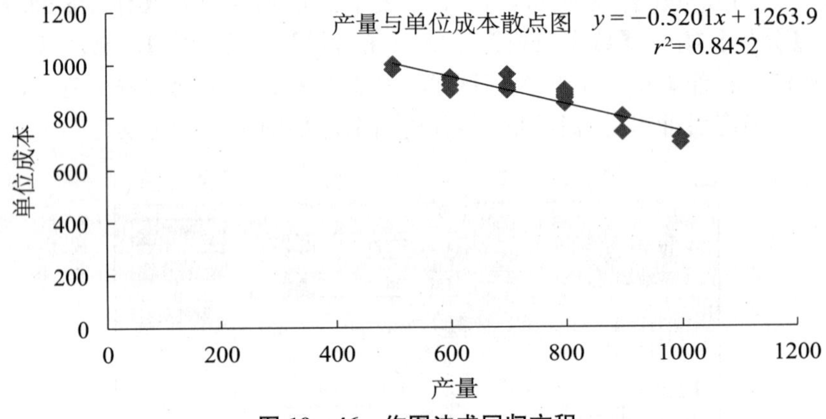

图 10－46　作图法求回归方程

任务六

Excel 在统计指数中的应用

Excel 在数据分析方面提供了诸多便利的操作。本任务将使用 Excel 计算统计指数。现有某企业甲、乙、丙三种产品的生产情况，如表 10－8 所示。

表 10－8　　某企业甲、乙、丙三种产品的生产情况统计表

产品	计量单位	产量（q_0）	产量（q_1）	成本（p_0）	成本（p_1）
甲	万件	20	24	8	6
乙	万吨	8	11	10	8
丙	万吨	4	6	20	17

一、计算生产量指数

新建一个 Excel 工作簿文件，文件名为“指数分析”，将表 10－8 中的数据复制粘贴到指数分析工作簿的表 sheet1 中。

计算步骤如下：

(1) 计算各个 p_0q_0：在 G2 单元格中输入【＝C2 * E2】，并用鼠标拖曳将公式复制到 G2:G4 区域。

(2) 计算各个 p_0q_1：在 H2 单元格中输入【＝E2 * D2】，并用鼠标拖曳将公式复制到 H2:H4 区域。

(3) 计算 $\sum p_0q_0$ 和 $\sum p_0q_1$：选定 C2:G4 区域，单击工具栏上的【∑】按钮，在 G5 单元格出现该列的求和值。选定 H2:H4 区域，单击工具栏上的【∑】按钮，在 H5 出现该列的求和值。

(4) 计算生产量综合指数 $I_q=\dfrac{\sum p_0q_1}{\sum p_0q_0}$：在 C7 单元格中输入【＝H5/G5】便可得到生产量综合指数。

注意：在输入公式的时候，不要忘记输入等号，否则就不会出现数值。

上述操作的结果如图 10－47 所示。

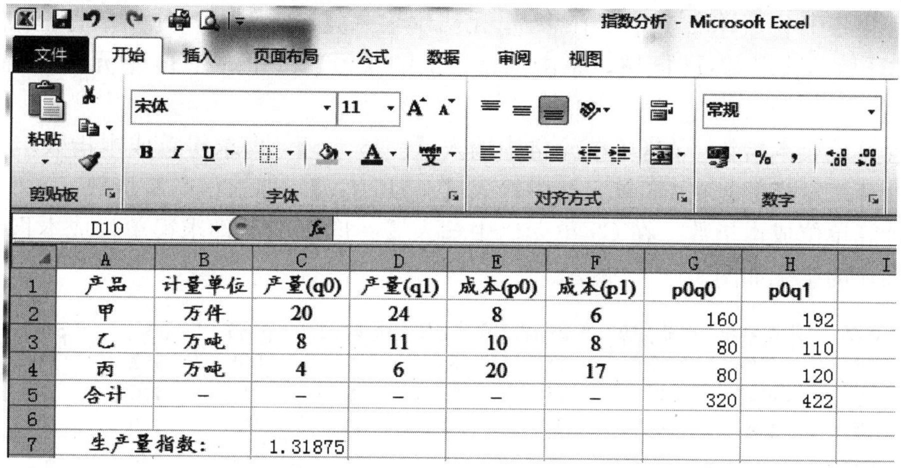

	A	B	C	D	E	F	G	H
1	产品	计量单位	产量(q0)	产量(q1)	成本(p0)	成本(p1)	p0q0	p0q1
2	甲	万件	20	24	8	6	160	192
3	乙	万吨	8	11	10	8	80	110
4	丙	万吨	4	6	20	17	80	120
5	合计	–	–	–	–	–	320	422
6								
7	生产量指数:		1.31875					

图 10－47　生产量指数计算结果

二、计算生产量平均指数

以生产量平均指数为例，说明加权平均数的计算方法。这里以其成本为同度量因素，计

算生产量平均指数。

计算步骤如下：

(1) 计算个体指数 $k=q_1/q_0$：在 I2 单元格中输入【=D2/C2】，并用鼠标拖曳将公式复制到 I2:I4 区域。

(2) 计算 $k*p_0*q_0$ 并求和。在 J2 单元格中输入【=I2*G2】，并用鼠标拖曳将公式复制到 J2:J4 区域。选定 J2:J4 区域，单击工具栏上的【∑】按钮，在 J5 单元格列出现该列的求和值。

(3) 计算生产量平均指数：在 I7 单元格中输入【=J5/G5】，即得到所求的值。

上述操作的结果如图 10-48 所示。

A	B	C	D	E	F	G	H	I	J
产品	计量单位	产量(q0)	产量(q1)	成本(p0)	成本(p1)	p0q0	p0q1	q1/q0	kp0q0
甲	万件	20	24	8	6	160	192	1.2	192
乙	万吨	8	11	10	8	80	110	1.375	110
丙	万吨	4	6	20	17	80	120	1.5	120
合计	–	–	–	–	–	320	422		422
生产量指数:		1.31875				生产量平均指数:		1.31875	

图 10-48 生产量平均指数计算结果

三、因素分析

进行因素分析的计算步骤如下：

(1) 计算各个 p_0q_0 和 $\sum p_0q_0$：由计算生产量及生产量平均指数已经求得。

(2) 计算各个 p_0q_1 和 $\sum p_0q_1$：由计算生产量及生产量平均指数已经求得。

(3) 计算各个 p_1q_1 和 $\sum p_1q_1$：在 I2 单元格中输入【F2*D2】，并用鼠标拖曳将公式复制到 I2:I4 区域。选定 I2:I4 区域，单击工具栏上的【∑】按钮，在 I5 单元格出现该列的求和值。

(4) 计算总成本指数：在 C7 单元格中输入【=I5/G5】，即求得总成本指数。

(5) 计算产量指数：在 C8 单元格中输入【=H5/G5】，即求得产量指数。

(6) 计算单位成本指数：在 C9 单元格中输入【=I5/H5】，即求得单位成本指数。

上述操作的结果如图 10-49 所示。

产品	计量单位	产量(q0)	产量(q1)	成本(p0)	成本(p1)	p0q0	p0q1	p1q1
甲	万件	20	24	8	6	160	192	144
乙	万吨	8	11	10	8	80	110	88
丙	万吨	4	6	20	17	80	120	102
合计	–	–	–	–	–	320	422	334
总成本指数:		1.04375						
产量指数:		1.31875						
成本指数:		0.791469						

图 10-49 因素分析计算结果

※ 小结 ※

Excel在图形绘制方面功能非常强大，修饰加工后的图形尤其美观，且绘制方法简单易懂。熟练地使用Excel，会使对原始数据的统计整理变得简便易行。通过Excel这一有力工具，针对一个总体，计算得到的总量指标、相对指标、平均指标、标志变异指标都是描述总体的良好工具。这些综合指标的数值变化情况，在实际案例中可以灵活运用，最终得到有用的结论。

在假设检验的过程中针对总体的不同和抽样方式、样本数量的不同，确定使用不同的检验统计量，然后结合具体的Excel函数计算得到某些情况对应的发生概率，最后通过计算所得的概率与临界值对比得到科学的结论。在假设检验的一般过程中计算发生的概率尤为重要，而Excel中较为完善的函数体系可以帮助我们完成这样复杂的操作，避免了大量的计算，为分析问题提供了方便。

时间序列数据因为受到多种因素的影响，在分析计算时需要将这些干扰因素去除。然而这些计算往往相对复杂，而对于Excel工具而言，处理大量数据十分方便。回归分析是基于截面数据进行的，一元线性回归分析建立模型的基本过程是：首先计算两个变量的相关系数，在相关系数较大的条件下，利用Excel建立回归模型，得到回归模型的截距项和回归系数项，最后解释截距项和回归系数的实际含义。

指数是一种反映社会经济现象数量变动的相对数，指数这一概念可应用于许多科学领域中，但能引起特别关注的还是经济学领域。运用指数可以测定不能直接相加和不能直接对比的社会经济现象的总动态；可以分析社会经济现象总变动中各因素变动的影响程度；可以研究总平均指标变动中各组标志水平和总体结构变动的作用。

※ 思考与练习 ※

1. 设计调查问卷，统计本班学生的生活消费情况，包括学习、餐饮、衣着、日用品、社会交往、文体活动等方面的消费情况：

（1）利用本项目中的几种统计图对相关数据进行展示，并得出结论；

（2）利用这些数据汇总得到总量指标，针对总量指标计算综合指标体系，直接从这些指标中得出结论，发现本班同学的消费倾向；

（3）利用这些数据估计全校或全会计学院的学生生活消费情况，并检验在不同类型的消费中全年级的消费情况是否等于该类型消费的中位数。

2. 统计自己一年的消费情况，或者根据支付宝年度账单，将自己连续几年的消费情况记录下来，形成时间序列数据。并利用这些数据查看自己消费是否具有周期性变动，是否也会受到季节因素的影响等。最终试着使用一个时间序列模型将自己的消费情况记录下来，并预测自己在下一个阶段的大致消费情况。

3. 针对自己的消费情况，试着利用指数体系来对总量指标的变动进行因素分析，最终利用因素分析方法对自己的消费情况进行指导。可以从相对数和绝对数上进行分析，并说明产生这种变化的原因。

参考文献

1. 刘纯霞，苏元涛. 统计学 [M] . 北京：中国商业出版社，2012.
2. 余群英. 统计学原理 [M] . 北京：高等教育出版社，2008.
3. 庄胡蝶. 统计实务 [M] . 北京：北京交通大学出版社，2010.
4. 肖战峰. 统计学原理 [M] . 成都：西南财经大学出版社，2012.
5. 凌明雁，赵雪梅，谈留芳 . 基础统计(第四版) [M] . 北京：高等教育出版社，2014.
6. 中华人民共和国统计局网站，http：//www. stats. gov. cn/.

附录一：中华人民共和国统计法（2009年修订）

（我国唯一的一部统计法律，于1983年12月8日由第六届全国人民代表大会常务委员会第三次会议审议通过，1996年5月15日经第八届全国人民代表大会常务委员第十九次会议修正，2009年6月27日再次经第十一届全国人民代表大会常务委员会第九次会议修订通过，于2010年1月1日起施行。）

第一章　总则

第一条　为了科学、有效地组织统计工作，保障统计资料的真实性、准确性、完整性和及时性，发挥统计在了解国情国力、服务经济社会发展中的重要作用，促进社会主义现代化建设事业发展，制定本法。

第二条　本法适用于各级人民政府、县级以上人民政府统计机构和有关部门组织实施的统计活动。

统计的基本任务是对经济社会发展情况进行统计调查、统计分析，提供统计资料和统计咨询意见，实行统计监督。

第三条　国家建立集中统一的统计系统，实行统一领导、分级负责的统计管理体制。

第四条　国务院和地方各级人民政府、各有关部门应当加强对统计工作的组织领导，为统计工作提供必要的保障。

第五条　国家加强统计科学研究，健全科学的统计指标体系，不断改进统计调查方法，提高统计的科学性。

国家有计划地加强统计信息化建设，推进统计信息搜集、处理、传输、共享、存储技术和统计数据库体系的现代化。

第六条　统计机构和统计人员依照本法规定独立行使统计调查、统计报告、统计监督的职权，不受侵犯。

地方各级人民政府、政府统计机构和有关部门以及各单位的负责人，不得自行修改统计机构和统计人员依法搜集、整理的统计资料，不得以任何方式要求统计机构、统计人员及其他机构、人员伪造、篡改统计资料，不得对依法履行职责或者拒绝、抵制统计违法行为的统计人员打击报复。

第七条　国家机关、企业事业单位和其他组织以及个体工商户和个人等统计调查对象，必须依照本法和国家有关规定，真实、准确、完整、及时地提供统计调查所需的资料，不得提供不真实或者不完整的统计资料，不得迟报、拒报统计资料。

第八条　统计工作应当接受社会公众的监督。任何单位和个人有权检举统计中弄虚作假等违法行为。对检举有功的单位和个人应当给予表彰和奖励。

第九条　统计机构和统计人员对在统计工作中知悉的国家秘密、商业秘密和个人信息，应当予以保密。

第十条　任何单位和个人不得利用虚假统计资料骗取荣誉称号、物质利益或者职务晋升。

第二章　统计调查管理

第十一条　统计调查项目包括国家统计调查项目、部门统计调查项目和地方统计调查项目。

国家统计调查项目是指全国性基本情况的统计调查项目。部门统计调查项目是指国务院有关部门的专业性统计调查项目。地方统计调查项目是指县级以上地方人民政府及其部门的地方性统计调查项目。

国家统计调查项目、部门统计调查项目、地方统计调查项目应当明确分工，互相衔接，不得重复。

第十二条　国家统计调查项目由国家统计局制定，或者由国家统计局和国务院有关部门共同制定，报国务院备案；重大的国家统计调查项目报国务院审批。

部门统计调查项目由国务院有关部门制定。统计调查对象属于本部门管辖系统的，报国家统计局备案；统计调查对象超出本部门管辖系统的，报国家统计局审批。

地方统计调查项目由县级以上地方人民政府统计机构和有关部门分别制定或者共同制定。其中，由省级人民政府统计机构单独制定或者和有关部门共同制定的，报国家统计局审批；由省级以下人民政府统计机构单独制定或者和有关部门共同制定的，报省级人民政府统计机构审批；由县级以上地方人民政府有关部门制定的，报本级人民政府统计机构审批。

第十三条　统计调查项目的审批机关应当对调查项目的必要性、可行性、科学性进行审查，对符合法定条件的，作出予以批准的书面决定，并公布；对不符合法定条件的，作出不予批准的书面决定，并说明理由。

第十四条　制定统计调查项目，应当同时制定该项目的统计调查制度，并依照本法第十二条的规定一并报经审批或者备案。

统计调查制度应当对调查目的、调查内容、调查方法、调查对象、调查组织方式、调查表式、统计资料的报送和公布等作出规定。

统计调查应当按照统计调查制度组织实施。变更统计调查制度的内容，应当报经原审批机关批准或者原备案机关备案。

第十五条　统计调查表应当标明表号、制定机关、批准或者备案文号、有效期限等标志。

对未标明前款规定的标志或者超过有效期限的统计调查表，统计调查对象有权拒绝填报；县级以上人民政府统计机构应当依法责令停止有关统计调查活动。

第十六条　搜集、整理统计资料，应当以周期性普查为基础，以经常性抽样调查为主体，综合运用全面调查、重点调查等方法，并充分利用行政记录等资料。

重大国情国力普查由国务院统一领导，国务院和地方人民政府组织统计机构和有关部门共同实施。

第十七条　国家制定统一的统计标准，保障统计调查采用的指标涵义、计算方法、分类目录、调查表式和统计编码等的标准化。

国家统计标准由国家统计局制定，或者由国家统计局和国务院标准化主管部门共同制定。

国务院有关部门可以制定补充性的部门统计标准，报国家统计局审批。部门统计标准不得与国家统计标准相抵触。

第十八条　县级以上人民政府统计机构根据统计任务的需要，可以在统计调查对象中推广使用计算机网络报送统计资料。

第十九条　县级以上人民政府应当将统计工作所需经费列入财政预算。

重大国情国力普查所需经费，由国务院和地方人民政府共同负担，列入相应年度的财政预算，按时拨付，确保到位。

第三章　统计资料的管理和公布

第二十条　县级以上人民政府统计机构和有关部门以及乡、镇人民政府，应当按照国家有关规定建立统计资料的保存、管理制度，建立健全统计信息共享机制。

第二十一条　国家机关、企业事业单位和其他组织等统计调查对象，应当按照国家有关规定设置原始记录、统计台账，建立健全统计资料的审核、签署、交接、归档等管理制度。

统计资料的审核、签署人员应当对其审核、签署的统计资料的真实性、准确性和完整性负责。

第二十二条　县级以上人民政府有关部门应当及时向本级人民政府统计机构提供统计所需的行政记录资料和国民经济核算所需的财务资料、财政资料及其他资料，并按照统计调查制度的规定及时向本级人民政府统计机构报送其组织实施统计调查取得的有关资料。

县级以上人民政府统计机构应当及时向本级人民政府有关部门提供有关统计资料。

第二十三条　县级以上人民政府统计机构按照国家有关规定，定期公布统计资料。

国家统计数据以国家统计局公布的数据为准。

第二十四条　县级以上人民政府有关部门统计调查取得的统计资料，由本部门按照国家有关规定公布。

第二十五条　统计调查中获得的能够识别或者推断单个统计调查对象身份的资料，任何单位和个人不得对外提供、泄露，不得用于统计以外的目的。

第二十六条　县级以上人民政府统计机构和有关部门统计调查取得的统计资料，除依法应当保密的外，应当及时公开，供社会公众查询。

第四章　统计机构和统计人员

第二十七条　国务院设立国家统计局，依法组织领导和协调全国的统计工作。

国家统计局根据工作需要设立的派出调查机构，承担国家统计局布置的统计调查等任务。

县级以上地方人民政府设立独立的统计机构，乡、镇人民政府设置统计工作岗位，配备专职或者兼职统计人员，依法管理、开展统计工作，实施统计调查。

第二十八条　县级以上人民政府有关部门根据统计任务的需要设立统计机构，或者在有关机构中设置统计人员，并指定统计负责人，依法组织、管理本部门职责范围内的统计工作，实施统计调查，在统计业务上受本级人民政府统计机构的指导。

第二十九条　统计机构、统计人员应当依法履行职责，如实搜集、报送统计资料，不得伪造、篡改统计资料，不得以任何方式要求任何单位和个人提供不真实的统计资料，不得有其他违反本法规定的行为。

统计人员应当坚持实事求是，恪守职业道德，对其负责搜集、审核、录入的统计资料与统计调查对象报送的统计资料的一致性负责。

第三十条　统计人员进行统计调查时，有权就与统计有关的问题询问有关人员，要求其如实提供有关情况、资料并改正不真实、不准确的资料。

统计人员进行统计调查时，应当出示县级以上人民政府统计机构或者有关部门颁发的工作证件；未出示的，统计调查对象有权拒绝调查。

第三十一条　国家实行统计专业技术职务资格考试、评聘制度，提高统计人员的专业素质，保障统计队伍的稳定性。

统计人员应当具备与其从事的统计工作相适应的专业知识和业务能力。

县级以上人民政府统计机构和有关部门应当加强对统计人员的专业培训和职业道德教育。

第五章　监督检查

第三十二条　县级以上人民政府及其监察机关对下级人民政府、本级人民政府统计机构和有关部门执行本法的情况，实施监督。

第三十三条　国家统计局组织管理全国统计工作的监督检查，查处重大统计违法行为。

县级以上地方人民政府统计机构依法查处本行政区域内发生的统计违法行为。但是，国家统计局派出的调查机构组织实施的统计调查活动中发生的统计违法行为，由组织实施该项统计调查的调查机构负责查处。

法律、行政法规对有关部门查处统计违法行为另有规定的，从其规定。

第三十四条　县级以上人民政府有关部门应当积极协助本级人民政府统计机构查处统计违法行为，及时向本级人民政府统计机构移送有关统计违法案件材料。

第三十五条　县级以上人民政府统计机构在调查统计违法行为或者核查统计数据时，有权采取下列措施：

（一）发出统计检查查询书，向检查对象查询有关事项；

（二）要求检查对象提供有关原始记录和凭证、统计台账、统计调查表、会计资料及其他相关证明和资料；

（三）就与检查有关的事项询问有关人员；

（四）进入检查对象的业务场所和统计数据处理信息系统进行检查、核对；

（五）经本机构负责人批准，登记保存检查对象的有关原始记录和凭证、统计台账、统计调查表、会计资料及其他相关证明和资料；

（六）对与检查事项有关的情况和资料进行记录、录音、录像、照相和复制。

县级以上人民政府统计机构进行监督检查时，监督检查人员不得少于二人，并应当出示执法证件；未出示的，有关单位和个人有权拒绝检查。

第三十六条　县级以上人民政府统计机构履行监督检查职责时，有关单位和个人应当如实反映情况，提供相关证明和资料，不得拒绝、阻碍检查，不得转移、隐匿、篡改、毁弃原始记录和凭证、统计台账、统计调查表、会计资料及其他相关证明和资料。

第六章　法律责任

第三十七条　地方人民政府、政府统计机构或者有关部门、单位的负责人有下列行为之一的，由任免机关或者监察机关依法给予处分，并由县级以上人民政府统计机构予以通报：

（一）自行修改统计资料、编造虚假统计数据的；

（二）要求统计机构、统计人员或者其他机构、人员伪造、篡改统计资料的；

（三）对依法履行职责或者拒绝、抵制统计违法行为的统计人员打击报复的；

（四）对本地方、本部门、本单位发生的严重统计违法行为失察的。

第三十八条　县级以上人民政府统计机构或者有关部门在组织实施统计调查活动中有下列行为之一的，由本级人民政府、上级人民政府统计机构或者本级人民政府统计机构责令改正，予以通报；对直接负责的主管人员和其他直接责任人员，由任免机关或者监察机关依法给予处分：

（一）未经批准擅自组织实施统计调查的；

（二）未经批准擅自变更统计调查制度的内容的；

（三）伪造、篡改统计资料的；

（四）要求统计调查对象或者其他机构、人员提供不真实的统计资料的；

（五）未按照统计调查制度的规定报送有关资料的。

统计人员有前款第三项至第五项所列行为之一的，责令改正，依法给予处分。

第三十九条　县级以上人民政府统计机构或者有关部门有下列行为之一的，对直接负责的主管人员和其他直接责任人员由任免机关或者监察机关依法给予处分：

（一）违法公布统计资料的；

（二）泄露统计调查对象的商业秘密、个人信息或者提供、泄露在统计调查中获得的能够识别或者推断单个统计调查对象身份的资料的；

（三）违反国家有关规定，造成统计资料毁损、灭失的。

统计人员有前款所列行为之一的，依法给予处分。

第四十条　统计机构、统计人员泄露国家秘密的，依法追究法律责任。

第四十一条　作为统计调查对象的国家机关、企业事业单位或者其他组织有下列行为之一的，由县级以上人民政府统计机构责令改正，给予警告，可以予以通报；其直接负责的主管人员和其他直接责任人员属于国家工作人员的，由任免机关或者监察机关依法给予处分：

（一）拒绝提供统计资料或者经催报后仍未按时提供统计资料的；

（二）提供不真实或者不完整的统计资料的；

（三）拒绝答复或者不如实答复统计检查查询书的；

（四）拒绝、阻碍统计调查、统计检查的；

（五）转移、隐匿、篡改、毁弃或者拒绝提供原始记录和凭证、统计台账、统计调查表及其他相关证明和资料的。

企业事业单位或者其他组织有前款所列行为之一的，可以并处五万元以下的罚款；情节严重的，并处五万元以上二十万元以下的罚款。

个体工商户有本条第一款所列行为之一的，由县级以上人民政府统计机构责令改正，给予警告，可以并处一万元以下的罚款。

第四十二条　作为统计调查对象的国家机关、企业事业单位或者其他组织迟报统计资料，或者未按照国家有关规定设置原始记录、统计台账的，由县级以上人民政府统计机构责令改正，给予警告。

企业事业单位或者其他组织有前款所列行为之一的，可以并处一万元以下的罚款。

个体工商户迟报统计资料的，由县级以上人民政府统计机构责令改正，给予警告，可以并处一千元以下的罚款。

第四十三条　县级以上人民政府统计机构查处统计违法行为时，认为对有关国家工作人员依法应当给予处分的，应当提出给予处分的建议；该国家工作人员的任免机关或者监察机关应当依法及时作出决定，并将结果书面通知县级以上人民政府统计机构。

第四十四条　作为统计调查对象的个人在重大国情国力普查活动中拒绝、阻碍统计调查，或者提供不真实或者不完整的普查资料的，由县级以上人民政府统计机构责令改正，予以批评教育。

第四十五条　违反本法规定，利用虚假统计资料骗取荣誉称号、物质利益或者职务晋升的，除对其编造虚假统计资料或者要求他人编造虚假统计资料的行为依法追究法律责任外，由作出有关决定的单位或者其上级单位、监察机关取消其荣誉称号，追缴获得的物质利益，撤销晋升的职务。

第四十六条　当事人对县级以上人民政府统计机构作出的行政处罚决定不服的，可以依法申请行政复议或者提起行政诉讼。其中，对国家统计局在省、自治区、直辖市派出的调查机构作出的行政处罚决定不服的，向国家统计局申请行政复议；对国家统计局派出的其他调查机构作出的行政处罚决定不服的，向国家统计局在该派出机构所在的省、自治区、直辖市派出的调查机构申请行政复议。

第四十七条　违反本法规定，构成犯罪的，依法追究刑事责任。

第七章　附则

第四十八条　本法所称县级以上人民政府统计机构，是指国家统计局及其派出的调查机构、县级以上地方人民政府统计机构。

第四十九条　民间统计调查活动的管理办法，由国务院制定。

中华人民共和国境外的组织、个人需要在中华人民共和国境内进行统计调查活动的，应当按照国务院的规定报请审批。

利用统计调查危害国家安全、损害社会公共利益或者进行欺诈活动的，依法追究法律责任。

第五十条　本法自 2010 年 1 月 1 日起施行。

附录二：统计专业职务试行条例

第一章　总则

第一条　为了充分发挥统计人员的积极性、创造性，鼓励他们在社会主义现代化建设中作出更大的贡献，根据中央和国务院关于改革职称评定，实行专业技术职务聘任制度的规定，特制定本条例。

第二条　统计专业职务的名称定为：高级统计师、统计师、助理统计师、统计员。高级统计师为高级职务；统计师为中级职务；助理统计师、统计员为初级职务。

第三条　建立统计专业职务聘任制度，应当根据实际需要设置专业工作岗位。凡需要设置统计专业职务的单位，各级职务都应有一定的结构比例和限额。

第四条　设置统计专业职务，要根据工作的要求，建立严格的岗位责任制、考核制和奖惩制。

各用人单位要依据《统计法》和本条例规定的统计专业职务的职责，结合本单位实际，确定受聘人员的职责和权限。

第二章　任职基本条件

第五条　担任统计专业职务的人员，必须拥护中国共产党的领导，热爱社会主义祖国，认真学习马列主义毛泽东思想，热爱统计工作，积极钻研业务，遵纪守法，坚持原则，实事求是，努力为社会主义现代化建设服务。

第六条　统计员

一、掌握一般统计专业知识和计算技术。

二、能够按照统计制度和统计方法的规定，准确及时填报或汇总报表。

三、能对统计资料进行一般的加工整理和简单分析。

四、中等专业学校或大学专科毕业见习一年期满。

第七条　助理统计师

一、掌握统计理论基础知识和有关业务知识，熟悉计算技术。

二、熟悉有关的统计制度和统计方法，能准确及时填报或汇总报表。

三、能够拟定比较简单的统计调查方案，独立进行调查研究。

四、能够对统计资料进行比较系统的加工整理，提供分析研究报告。

五、获得硕士学位；获得研究生班结业证书或获得第二学士学位；大学本科毕业见习一年期满；大学专科毕业担任统计员二年以上；中等专业学校毕业担任统计员四年以上。

第八条　统计师

一、掌握本专业比较系统的理论知识和较多的业务知识。

二、有一定的统计工作经验，能够拟定统计调查方案并组织实施。

三、能够对本专业有关的社会经济问题进行调查研究和综合分析，写出有一定水平的统计调查报告或有一定应用价值与学术水平的论文。

四、能阅读本专业一门外文书刊资料。

五、获得博士学位；获得硕士学位担任助理统计师二年左右；获得研究生班结业证书或获得第二学士学位，担任助理统计师二年以上；大学本科毕业担任助理统计师四年以上；大学专科毕业担任助理统计师五年以上。

第九条　高级统计师

一、掌握系统的统计理论知识和比较丰富的业务知识。

二、有丰富的统计工作经验和解决统计工作中重大问题的能力。

三、能够对社会经济问题进行系统的调查研究，写出较高水平的统计调查报告或较高应用价值和学术水平的论文，或能够对统计理论、统计制度和统计方法进行科学研究，提出有重要价值的建议。

四、掌握一门外语。

五、获得博士学位担任统计师二年以上；具有大学本科毕业及以上学历担任统计师五年以上。

第十条　为了广开才路，对确有真才实学、工作能力较强、贡献显著、符合任职条件的统计人员，虽不具备相应学历，也可通过考核、评审，聘任（任命）相应的统计专业职务。

第三章　职责

第十一条　统计员：负责一个岗位的统计业务工作。及时准确地填报或汇总国家和有关部门制定的统计报表，进行统计资料的一般加工整理和简单分析。

第十二条　助理统计师：负责一个岗位或组织指导一个专业某一方面的统计业务工作。拟定比较简单的统计调查方案，独立进行调查研究；及时准确地收集汇总统计资料，进行比较系统的加工整理和分析研究；指导统计员提高业务水平。

第十三条　统计师：负责组织和指导一个单位、一个专业的统计业务工作。拟定统计调查方案，组织实施一定范围的社会经济调查；系统地加工和整理统计资料，写出有一定水平的分析报告；指导助理统计师提高业务水平。

第十四条　高级统计师：负责组织和指导一个地区、一个部门、一个专业的统计业务工作。

拟定大型统计调查方案，组织实施大规模的社会经济调查；对社会经济的现状和发展作出科学的预测、预报；指导培养中级统计专业人才。

第四章　评审和聘任（任命）

第十五条　评审统计专业职务任职资格，要根据统计人员任职的基本条件，对统计人员工作成绩、履行岗位职责的能力，全面进行评议审定。

第十六条　聘任（任命）统计人员专业职务，应由本人提出申请或组织推荐，经统计专业职务评审委员会（简称评审委员会）评议审定符合相应条件的，由单位行政领导或按干部管理权限由相应行政领导根据工作需要和职务限额择优聘任或任命，并颁发聘书或任命书。未经评审委员会评议审定的，不得聘任或任命。

第十七条　评审委员会应由具有较高专业技术水平或担任较高专业职务、作风正派、办事公道的统计人员组成，其中中、青年应占一定比例。评审委员会的人选由本单位统计人员酝酿推荐，单位统计负责人提名，经单位领导批准。中级职务评审委员会人选，须报上一级统计部门批准。高级职务评审委员会由国务院各部委和各省、自治区、直辖市组建。本单位专业技术力量薄弱，可由上级统计部门评审委员会代评，也可聘请外单位专家和本单位专家共同组成评审委员会，承担评审任务。

第十八条　统计人员在担任统计专业职务期间，按照国家有关工资制度的规定，领取相应职务工资。调离原岗位或统计部门后，其原任专业职务即自行免除。

第十九条　评审、聘任或任命统计人员专业职务时，要坚持任人唯贤的原则，反对不正之风。

对于伪造学历、资历、谎报成果、骗取专业职务的，应予解聘或免除其担任的统计专业职务，其中情节严重的，还应给予适当处分。

第五章　附则

第二十条　国家统计局指导全国统计专业职务的评审、聘任工作，本条例的解释权属国家统计局。各省、自治区、直辖市和国务院各部委（局）可根据本条例的规定和实施意见，制定本地区、本部门实施细则，报国家统计局备案。

第二十一条　本条例适用于国家机关、事业单位。企业单位根据中央职称改革工作领导小组部署，参照本条例规定的原则，由各省、自治区、直辖市和国务院各部委制定实施办法。

中国人民解放军可根据本条例的有关规定制定实施办法。

第二十二条　本条例自批准之日起试行。

附录三：正态分布概率表

t	F(t)	t	F(t)	t	F(t)	t	F(t)
0.00	0.000 0	0.37	0.288 6	0.74	0.540 7	1.11	0.733 0
0.01	0.008 0	0.38	0.296 1	0.75	0.546 7	1.12	0.737 3
0.02	0.160 0	0.39	0.303 5	0.76	0.552 7	1.13	0.741 5
0.03	0.023 9	0.40	0.310 8	0.77	0.558 7	1.14	0.745 7
0.04	0.031 9	0.41	0.318 2	0.78	0.564 6	1.15	0.749 9
0.05	0.039 9	0.42	0.325 5	0.79	0.570 5	1.16	0.754 0
0.06	0.047 8	0.43	0.332 8	0.80	0.576 3	1.17	0.758 0
0.07	0.055 8	0.44	0.340 1	0.81	0.582 1	1.18	0.762 0
0.08	0.063 8	0.45	0.347 3	0.82	0.587 8	1.19	0.766 0
0.09	0.071 7	0.46	0.354 5	0.83	0.593 5	1.20	0.769 9
0.10	0.079 7	0.47	0.361 6	0.84	0.599 1	1.21	0.773 7
0.11	0.087 6	0.48	0.368 8	0.85	0.604 7	1.22	0.777 5
0.12	0.095 5	0.49	0.375 9	0.86	0.610 2	1.23	0.781 3
0.13	0.103 4	0.50	0.382 9	0.87	0.615 7	1.24	0.785 0
0.14	0.111 3	0.51	0.389 9	0.88	0.621 1	1.25	0.788 7
0.15	0.119 2	0.52	0.396 9	0.89	0.626 5	1.26	0.792 3
0.16	0.127 1	0.53	0.403 9	0.90	0.631 9	1.27	0.795 9
0.17	0.135 0	0.54	0.410 8	0.91	0.637 2	1.28	0.799 5
0.18	0.142 8	0.55	0.417 7	0.92	0.642 4	1.29	0.803 0
0.19	0.150 7	0.56	0.424 5	0.93	0.647 6	1.30	0.806 4
0.20	0.158 5	0.57	0.431 3	0.94	0.652 8	1.31	0.809 8
0.21	0.166 3	0.58	0.438 1	0.95	0.657 9	1.32	0.813 2
0.22	0.174 1	0.59	0.444 8	0.96	0.662 9	1.33	0.816 5
0.23	0.181 9	0.60	0.451 5	0.97	0.668 8	1.34	0.819 8
0.24	0.189 7	0.61	0.458 1	0.98	0.672 9	1.35	0.823 0
0.25	0.197 4	0.62	0.454 7	0.99	0.677 8	1.36	0.826 2
0.26	0.205 1	0.63	0.471 3	1.00	0.682 7	1.37	0.829 3
0.27	0.212 8	0.64	0.477 8	1.01	0.687 5	1.38	0.832 4
0.28	0.220 5	0.65	0.484 3	1.02	0.692 3	1.39	0.835 5
0.29	0.228 2	0.66	0.490 7	1.03	0.697 0	1.40	0.838 5
0.30	0.235 8	0.67	0.497 1	1.04	0.701 7	1.41	0.841 5
0.31	0.243 4	0.68	0.503 5	1.05	0.706 3	1.42	0.844 4
0.32	0.251 0	0.69	0.509 8	1.06	0.710 9	1.43	0.847 3
0.33	0.258 6	0.70	0.516 1	1.07	0.815 4	1.44	0.850 1
0.34	0.266 1	0.71	0.522 3	1.08	0.719 9	1.45	0.852 9
0.35	0.273 7	0.72	0.528 5	1.09	0.724 3	1.46	0.855 7
0.36	0.281 2	0.73	0.534 6	1.10	0.728 7	1.47	0.858 4

续前表

t	$F(t)$	t	$F(t)$	t	$F(t)$	t	$F(t)$
1.48	0.861 1	1.64	0.899 0	1.80	0.928 1	1.96	0.950 0
1.49	0.863 8	1.65	0.901 1	1.81	0.929 7	1.97	0.951 7
1.50	0.866 4	1.66	0.903 1	1.82	0.931 2	1.98	0.952 3
1.51	0.869 0	1.67	0.905 1	1.83	0.932 8	1.99	0.953 4
1.52	0.874 5	1.68	0.907 0	1.84	0.934 2	2.00	0.954 5
1.53	0.874 0	1.69	0.909 0	1.85	0.935 7	2.10	0.964 3
1.54	0.876 4	1.70	0.910 9	1.86	0.937 1	2.20	0.972 2
1.55	0.878 9	1.71	0.912 7	1.87	0.938 5	2.30	0.978 6
1.56	0.881 2	1.72	0.914 6	1.88	0.939 9	2.40	0.983 6
1.57	0.883 6	1.73	0.916 4	1.89	0.941 2	2.50	0.987 6
1.58	0.885 9	1.74	0.918 1	1.90	0.942 6	2.60	0.990 7
1.59	0.888 2	1.75	0.919 9	1.91	0.943 9	2.70	0.993 1
1.60	0.890 4	1.76	0.921 6	1.92	0.945 1	2.80	0.994 9
1.61	0.892 6	1.77	0.923 3	1.93	0.946 4	2.90	0.996 2
1.62	0.894 8	1.78	0.924 9	1.94	0.947 6	3.00	0.997 3
1.63	0.896 9	1.79	0.926 5	1.95	0.948 8	4.00	0.999 4

信息反馈表

尊敬的老师：

您好！为了更好地为您的教学、科研服务，我们希望通过这张反馈表来获取您更多的建议和意见，以进一步完善我们的工作。

请您填好下表后以电子邮件、信件或传真的形式反馈给我们，十分感谢！

一、您使用的我社教材情况

您使用的我社教材名称			
您所讲授的课程		学生人数	
您希望获得哪些相关教学资源			
您对本书有哪些建议			

二、您目前使用的教材及计划编写的教材

您目前使用的教材	书名	作者	出版社
您计划编写的教材	书名	预计交稿时间	本校开课学生数量

三、请留下您的联系方式，以便我们为您赠送样书（限1本）

您的通信地址			
您的姓名		联系电话	
电子邮箱（必填）			

我们的联系方式：

地　址：苏州工业园区仁爱路158号中国人民大学苏州校区修远楼

电　话：0512-68839320　　传　真：0512-68839316

E-mail：huadong@crup.com.cn　　邮　编：215123

网　址：www.crup.com.cn